唐朝往事系列

耿元骊 主编

陆羽

千年茶圣兴茶道

鲍丹琼 著

辽宁人民出版社

© 鲍丹琼　2025

图书在版编目（CIP）数据

陆羽：千年茶圣兴茶道 / 鲍丹琼著 . — 沈阳：辽
宁人民出版社，2025.1
（唐朝往事系列 / 耿元骊主编）
ISBN 978-7-205-10869-4

Ⅰ . ①陆… Ⅱ . ①鲍… Ⅲ . ①陆羽（？ –804）—传记
—通俗读物 Ⅳ . ① K825.6

中国国家版本馆 CIP 数据核字（2024）第 089188 号

出版发行：辽宁人民出版社
　　　　　地址：沈阳市和平区十一纬路 25 号　邮编：110003
　　　　　电话：024-23284191（发行部）　　024-23284304（办公室）
　　　　　http：//www.lnpph.com.cn
印　　刷：天津光之彩印刷有限公司
幅面尺寸：145mm × 210mm
印　　张：11
字　　数：201 千字
出版时间：2025 年 1 月第 1 版
印刷时间：2025 年 1 月第 1 次印刷
责任编辑：赵维宁　段　琼
封面设计：乐　翁
版式设计：一诺设计
责任校对：冯　莹
书　　号：ISBN 978-7-205-10869-4
定　　价：78.00 元

总　序

盛唐：中华文明的辉煌时代

唐朝有自己独特的气质。当我们提起唐朝，经过长达千年集体记忆形塑，大概每一个华人都会立刻呈现一幅宏大画卷萦绕脑海，泱泱大国典范形象勃现眼前，甚至还会莫名有一种自豪感油然而生。三百年波澜壮阔（实289年），四千位杰出人物（两《唐书》有姓名者约数），五千万烝民百姓（开元载簿约数，累计过亿），共同在欧亚大陆东端上演了一出雄浑壮丽、辉煌灿烂的人间大剧。

唐朝在中国历史上有着巍然的地位。它海纳百川，汲取万方长处；自信宏达，几无狭隘自闭之风。日本学者外山军治以域外之眼，推崇隋唐时代是"世界性的帝国"，自有其独到眼光。唐代在数百年乱世基础上，在经历多次民族大融合之后，引入周边各族之精英及其文化，融合再造生机勃勃的新一代文化，从而使以华夏文明为中心的中原文明再次焕发出生机与活力。唐朝，也成为中华文明辉煌的时代。如果在朝代之间进行比赛，唐代在大多数项目上都能取得前几名，"唐"也与"汉"共同成为中华代称。

唐朝有着空前辽阔的疆域。其开疆拓土之勇猛气概与精细作业之高超能力，一时无双。皇帝的"天可汗"称号，使唐成为周边各区域政权名义共主。这是一个大有为的豪迈时代，自张骞通西域以来，再次大规模稳定沟通西域，所谓"是时中国盛强，自安远门西尽唐境凡万二千里，闾阎相望，桑麻翳野"。在南方则形成了稳定通畅的广州通海夷道，大概是同时代世界上最远的航路。杜环、杨良瑶在中亚游历，促进了东西方海路沟通，大批波斯、大食商人来到广州，唐代和中亚、西方直接往来越来越密切，唐帝国是世界舞台上的优胜者。

大唐独有气质、巍然历史地位、空前辽阔疆域，共同形成了"盛唐气象"。"盛唐气象"也从最初描绘诗文格调的形容词，逐渐转变为唐代整个社会风范的代名词。"盛唐"逐步成为描绘唐朝基本面貌最常用词语，一个典范概括。唐朝各个方面，都呈现出进取有为和气质昂扬的面貌，无论是精神、文化还是生活上，都展现了独特时代风貌，其格局气势恢宏，境界深远，深深体现在盛唐精神、文化、生活等各个方面。

盛唐的精神

大唐精神体现在何处？首先是开放的心态，其次是大规模的制度建设。没有开放心态，就不会建成这些制度。唐朝有传统时代最开放的万丈雄心，不自卑，也不保守，更没有"文化本位主义"的抱残守缺。上层统治群体胡人血统很深，胡汉通婚情况很普遍，社会氛围基本不强调排外。唐高祖母独孤氏，太宗母窦氏、皇后长孙氏，这些都是鲜卑人。"胡客留长安久者，或四十余年"，来华的日本人很多在唐娶妻生子，大食国李彦、朝鲜半岛崔致远等，都考中进士，日本人阿倍仲麻吕进士及第后还当过官员。华夷观念上，没有鲜明对抗。唐朝人不自限天地，也不坐井观天。

在制度建设方面，唐朝延续了隋朝之初创，多方面建立了模板标杆，后代仿而行之，千年而未改，是盛唐精神最佳外在表现。在中央行政体制上，建立了完善的三省六部制，其体制健全，运行相对其他制度较为顺畅。结束了家国一体、门阀政治局面，以皇帝为核心，建立官僚政治制度，以严密官僚体系，分门别类推动行政运作，这个基本框架和运行模式历经改良在后世得到了长期沿用。在法律上，唐代创建了律令格式体系，形成了中华法系。特别是唐律，不仅仅在中国，在东亚历史上都有着重要地位，得到了长期沿用。在科举体制上，进一步完善科举模式，也得到了长期沿用。科举公平考试最受益者无疑是寒素出身者，推动并加快了社会阶层流动速度。在礼制这个社会等级秩序最鲜明标志物的建设上，唐代也有着最大贡献，形成了最早的国家礼典，在东亚文化体系当中影响巨大。

盛唐时期昂扬向上，走在各方面都开创事功的道路上，能出现贞观之治、开元盛世新局面，也就不足为奇。虽然安史之乱打破了原有局势，但是它并没有颠覆已经形成的大格局，所以唐朝仍能继续维系百年以上。

盛唐的文化

唐朝是文化的时代，各种艺术形式都让人有如臻化境之感。大唐是诗之国度，唐诗是诗之顶峰，唐诗至今仍是我们中国人日常最爱古典文化，谁不能脱口而出一两句唐诗呢！唐诗厚重与灵巧并重，对现实、人生总是充满着昂扬奋发的精气神，所体现出的时代精神是那么刚健、自豪！读李白诗，不由得让人有意气风发之感。读杜甫诗，不由得起家国之深思。才气纵横如李白，勤思苦练如杜甫，是唐诗当中最亮的双子星。读边塞诗，似亲行塞上，悲壮深沉。读田园诗，则宁静致远，平和悠适。即使安史之乱以后，大唐仍然有元稹、白居易、韩愈、柳宗元等诸多诗文大家。韩、柳更是开启古文运动，兴起一代文体新风。无论是诗还是文，大唐诗人都已长领风骚千年之久。即使到了白话文广泛通行的今日，唐诗、古文又有哪个华夏子孙不读之一二呢？

　　而绘画、书法、舞蹈与音乐、史学等都在中国历史上具有重要意义，是前此千年的总结，又是后此千年的开创。吴道子是唐代最有名的天才画家，"吴带当风"，被称颂为"气韵生动"，自成一派；而山水画也开始兴起，出现了文人画，两派画风都深深影响了宋朝人审美趣味，流风余韵至今日。书法在本质上已经脱离了记录符号，其实也是一种绘画，是绘画和文字本身含义的结合体。唐代书法大盛，书法理论自成一格。前期尊崇王羲之书法，盛唐之后形成了张旭草书新体，书风飘逸；又形成了颜真卿楷书，端庄正大，成为至今通行常用字体，其影响可谓远矣。舞蹈与音乐更是传统时代的顶峰，太宗时形成"十部乐"，广泛引入了域外曲调。盛唐时代，更是从玄宗到乐工，都精于音律，《秦王破阵乐》《霓裳羽衣曲》大名流传至今。唐代史学承前启后，《隋书·经籍志》确定了史部领先子、集的地位，一直沿用到《四库全书》。纪传体成为正史唯一体裁，也是在唐代得以确立，"二十四史"由唐朝修成有8部之多。设史馆，修实录，撰国史，成为持续千年的国家规定动作，影响之大，自不必言。

文化是盛唐精神的最佳展示，是大唐时代风貌的具象化展示，表达了全社会的心理和情绪。

盛唐的生活

盛唐时代经济富庶，生活安定，杜甫有一首脍炙人口之史诗可为证："忆昔开元全盛日，小邑犹藏万家室。稻米流脂粟米白，公私仓廪俱丰实。"这就是唐代经济社会繁盛的形象化表述。盛唐时代，"天下大稔，流散者咸归乡里，……东至于海，南及五岭，皆外户不闭，行旅不赍粮，取给于道路"，几乎是到当时为止农业经济条件下，所能取得的最高峰。南方特别是江南得到了广泛开发，开元、天宝之时，长江三角洲开发已经取得了显著成绩，工商业更加发达，经济水平在全国取得了领先性地位。

盛唐时代，也是宗教繁荣时代。高宗建大慈恩寺，请玄奘译经。武则天更是深度利用佛教，在全国广建大云寺，推动了佛教大发展。玄宗尊崇密宗，行灌顶仪式，成为佛弟子。除唐武宗灭佛之外，唐代其他皇帝基本是扶持利用佛教。在中国历史上，唐代是佛教全盛时代，整个社会笼罩在佛教影子之下。唐朝也崇信道教，高祖自称老子后裔，高度推崇道教，借道教提高李氏地位，建设了一大批道教宫观。太宗规定道士地位在僧人之前，高宗追封老子，睿宗两个女儿出家入道。玄宗对老子思想高度赞赏，尊《老子》为《道德真经》，并亲自为其注释，颁行全国。

在唐代社会生活中，婚姻、丧葬、教育、养老是最重要的内容。盛唐时代，婚姻仍然非常看重门第，观察对方家族的社会名望和地位，对等才能让子女结合，基本实行一夫一妻多妾制。丧礼是社会关系确认重要标志，唐代有厚葬之风。在丧葬仪式方面，朝廷出台了官方规定，形成了系统化、程序化仪式。教育在盛唐时代也被高度关注，中央设立六学二馆，地方上设置了郡学和县学，开元时期全国各州县普遍设学。唐朝强调以"孝"治国，唐玄宗亲自为《孝经》作注，提高了老人地位，对老人提供各种礼节性待遇。

盛唐时代，虽然围绕最高权力争夺不断，但是百姓生活尚称安乐。然而，"渔阳鼙鼓动地来，惊破霓裳羽衣曲"，大唐转折来得也很猛烈，安史之乱对盛唐造成了重大伤害。另外，在我们对大唐赞叹有加的同时，不得不说，唐代短板也很多，特别是原创思想开拓性不足，微有遗憾。在传统时代唐朝所具有的开放性足以为傲，但是对其相对的封闭性也要有明确认识，值得思考。唐朝社会精英可以对外开放，但是普通百姓必须遵守牢笼规则，遍布长安的高墙和里坊就是佐证。大唐女性，看起来可以袒胸露乳，气质昂扬，独立自主，但只是少部分贵族妇女。大部分普通女性，还是生活在枷锁之中，虽然还没有裹脚这种身体残害，但是被禁锢的附属品命运还是传统时代所常见。

总之，唐朝个性鲜明，"大一统"最终成为定局。在唐朝之前，只有汉朝在一个较长时期内落实了大一统。隋朝虽然恢复了大一统体制，但是流星般的命运让它没有时间稳固大一统。唐朝立国稳定，最终把大一统定局为中华政体的深层底蕴结构，从此，大一统有了稳定轨道和天然正义性，延续千年，成为中华民族社会心理的共同基本。

如此唐朝，谁又不爱，谁又不想了解呢？然而时代变迁，让每个人都从史籍读起，显然不可能。虽然坊间关于唐代的读物已有不少，其中品质高超者也为数甚多，但是在文史百花园当中，自当要百花齐放，因此即使关于唐朝的普及性读物已经汗牛充栋，我们还是要在这著述之海当中，继续增加一些新鲜气息，与读者共赏唐朝之美！我们曾表达过，孟浩然"人事有代谢，往来成古今"最能代表我们的心声。没有人，没有事，也就没有历史。见人，见事，方见历史。所以，我们愿意努力在更多维度上为读者提供思考和探寻唐代历史的基础，与已经完成的"宋朝往事"略有不同，在人和事两方面基础上，增加了典制内容。大唐三百年历程，人事繁杂，典制丰富。我们采中国传统史学模式当中的纪事本末、列传、典制体裁之意，并略有调整，选十事、五人、五专题进行定向描绘，各书文字流畅，线索清晰，分析准确精当，且可快速读完。希望读者能和我们一起从更多维度观察唐、了解唐、思考唐，回首"唐朝往事"。

公元 617 年，留守晋阳（今山西太原）的唐国公李渊起兵，拉开了大唐王朝序幕，攻势如破竹，一年不到就改换了天地。虽然正史当中塑造了一个平庸的李渊形象，但是实情是没有李渊的方略和能力，就不会建成大唐。玄武门之变，兄弟刀兵相见，血流成河；父子反目，无奈老皇退位。从玄武门之变到出现贞观之治，二十多年时光，选贤任能、开疆拓土、建章立制，李世民留给世界一段值得长期探讨、反复思考的"贞观"长歌。太宗才人武媚，与高宗李治一场姐弟恋，却开创了大唐一段新故事。武周霸业，建神都洛阳，成就武则天唯一女皇。神龙元年（705），李武势力默认，朝臣积极推动，"五王"主导政变成功，女皇被迫退位，重新成为李家儿媳。此后十年间，四次政变，四次皇位更迭，大唐核心圈就没有停止过刀光剑影，但是尚未伤到帝国根本。玄宗稳定了政局，"贞观之风，一朝复振"，再开新局，开放又自由，包容又豁达，恢宏壮丽的极盛大唐就体现在开元时代。

陆羽：千年茶圣兴茶道

"开元盛世"四字，至今脍炙人口。

盛极而衰，自然之理。盛世接着就是天宝危机，酿成安史之乱。这场大变乱，改变了中国历史走向，时间长，范围广，破坏大，影响深。战乱过后，元气大伤。河朔藩镇只是名义上屈服，导致朝廷也只能屯兵防备。彼此呼应，武人势力极度膨胀，群雄争霸，朝廷无力。唐宪宗元和时代，重新形成了短暂振兴局面，这也是唯一一位能控制藩镇的皇帝，再次构建了由中央统领的政治秩序。元和中兴也成为继开元盛世后，大唐王朝最后一次短暂辉煌。宪宗身后，朝廷局势一天不如一天，穆宗、敬宗毫无能力，醉生梦死。文宗时代，具体操办政务运行的朝臣，以李德裕、牛僧孺各自为首的政治集团党争不断，势同水火，"去河北贼易，去朝中朋党难"。宦官权重，杀二帝，立七君，势力凌驾皇权之上。导致皇帝也难以忍受，文宗试图利用"甘露之变"诛杀宦官，但是皇帝亲自发动政变向身边人夺权功败垂成，朝臣一扫而光，大唐也就踏上了不归路。

大唐功勋卓著的名人辈出，自不能逐一详细介绍，只好有所选择。狄仁杰，我们心目中的"神探"，实是辅周复唐大功臣，两次为相，为君分忧，为民解难。特别是劝说武则天迎回李显，又提拔张柬之等复唐主力人物。生前得到同时代人赞誉，死后获得了后世敬仰。郭子仪在战乱中显露英雄本色，平安史，击仆固，退回纥，是力挽狂澜的武将代表。长期位极人臣，生活在权力核心地带，谨慎经营，屹立不倒，"完名高节，福禄永终"，可谓文武双全，政治智慧超群。上官婉儿是唐朝著名女性代表，有着出色的文字能力，是可以撰拟诏敕的"巾帼宰相"，还可以参与军国权谋，但命运多舛，未有善终。近年来墓志出土，形成了一波婉儿话题。韩愈，千古文宗第一人。谏迎佛骨，显示了韩愈风骨。一代文化巨人，"匹夫而为百世师，一言而为天下法"，努力振兴儒学，文起八代之衰，推动"古文"运动，千年之后，仍然能够感受到他的影响。陆羽，唐代文人的代表，撰写了世界上第一部茶叶专著——《茶经》，号为"茶圣"，影响千年，成为古今中外吟咏不已、怀念不止的人物。

大唐创业垂统，建章立制。三省六部，成为中国古代官僚行政的典范。三省六部是决策机构，九寺五监是执行机构。虽然三省屡经变迁，但是所确立的中枢体制模式，却是千年如一。六部分科管理行政，其行政原理至今还在运行。九寺五监，今日"参公""事业"单位名目仍可见其遗意。唐代法律完善，律令格式体系齐备，是中华古典法系的杰出代表，对东亚影响可谓广泛。大唐生活，千姿百态。衣食住行，是维系每个大唐人生存的基本，婚丧学老，是每个大唐人成长所必有的经历。八件大事，又都和等级制度挂钩，是观察唐朝日常的最佳窗口。古都长安，是东亚中心，也是当时"世界"之都，是经济中心，是文化交流中心，是思想和学术的高地。巍巍长安，是盛唐气象直接承载体，长安风华引领着世界风潮，展示着盛唐文明所达到的高度。吐鲁番地处丝绸之路要地，是中外文明交汇融通之处。多元人口组成，多元文化集结地，是大唐开拓西域的关键节点，具有重要的军政和战略地位。凡此种种，理当书之。

以上，就是"唐朝往事"的总体设计。我们希望以明晰的框架，建设具有整体感的书系。既有主线，又可分立；有清晰流畅语言，有足够的事实信息，也有核心脉络可以掌握。提供给读者既不烧脑又不低俗的"讲史"，以学术为基础，但是又不是满满脚注的学究文。专业学者用相对轻松的笔调来记录和阐释，提供一点不一样的阅读感受。这个目标能否实现还很难说，但是我们正在向此努力。我们21人以一年时光，共同打造的20部小书，请读者诸君阅后评判！

感谢鲍丹琼（陕西师范大学）、侯晓晨（新疆大学）、靳小龙（厦门大学）、李航（洛阳师范学院）、李瑞华（西北大学）、李效杰（鲁东大学）、李永（福建师范大学）、刘喆（北京师范大学）、罗亮（中山大学）、雒晓辉（中国社会科学院古代史研究所）、孟献志（首都经济贸易大学）、孙宁（山西师范大学）、王培峰（山东师范大学）、许超雄（上海师范大学）、原康（淮北师范大学）、张春兰（河北大学）、张明（陕西师范大学）、赵龙（上海师范大学）、赵耀文（重庆大学）、朱成实（上海电机学院）等学界友朋（按姓名拼音为序）接受邀请，给予大力支持，参加"唐朝往事"的撰写工作，更要感谢他们能在一年多的时间内不停忍受我的絮叨和催促，谢谢大家！感谢辽宁人民出版社蔡伟先生及其所带领的编辑团队，是他们的耐心细致，才使得本书以这样优美的状态呈现出来。

现在，亲爱的读者，请您展卷领略"唐朝往事"，与我们一起走进大唐，思考大唐！

耿元骊

2024年3月26日于唐之汴州

目录

引 子

中唐之变

本书的主人公是"茶圣"陆羽。众所周知，他撰写了世界上第一部茶叶专著——《茶经》。同时期人封演将茶道大行归功于陆羽，但"就个人来说，每个人都是他那时代的产儿"。从这点来看，陆羽生活的时代其实很不一般，他出生于开元盛世，成长于繁荣鼎盛却暗潮汹涌的天宝年间，尽管只是竟陵城内的一位无名少年，却因京师朝堂的争斗迎来了改变命运的伯乐，青年时期恰逢唐朝遭遇安史之乱的巨变，大战之后是盛世梦碎、山河飘零后的迷茫。兼济天下还是独善其身，抑或另寻出路？每个有志之士都在面临自己的抉择，小人物如何在世风骤变的大环境下蹚出一条自己的路，这是陆羽要思考的问题。我们无法得知他思考的过程，却可以看到他苦恼的模样，以及最终的抉择。他说：

> 不羡黄金罍，不羡白玉杯。
>
> 不羡朝入省，不羡暮入台。
>
> 千羡万羡西江水，曾向竟陵城下来。

淡泊名利、精行俭德——这是他的答案。一代"茶圣"陆羽及其所撰伟大著作《茶经》的横空出世并非无源之水、无本之木，其所处的时代具有怎样的风貌？茶道大行的背后有着怎样的历史积淀？而他又为推动时代发展起到何种作用？将历史人物置于时代发展的进程、错综复杂的社会关系中，才能发现鲜活的、有趣的人。

一、忆昔开元全盛日

> 忆昔开元全盛日，小邑犹藏万家室。
>
> 稻米流脂粟米白，公私仓廪俱丰实。

九州道路无豺虎，远行不劳吉日出。

齐纨鲁缟车班班，男耕女桑不相失。

　　杜甫的名篇《忆昔》是提到开元盛世时经常被引用的诗歌。我们的主人公陆羽尽管是个身世悲惨的孤儿，出生在物阜民丰、路不拾遗、夜不闭户的太平盛世里，也算是不幸中的万幸。

　　隋唐以前的魏晋南北朝时期，国家长期处于分裂对峙的状态，南北关系非常紧张，时不时就有战争，更谈不上正常的经济文化往来。隋朝实现了统一，结束了南北分裂割据的局面，并修筑了举世闻名的大运河，极大地便利了南北交流，但隋祚短促，二世而亡。唐朝取隋而代之，经过几年的南征北战，到贞观二年（628）已基本实现了全国的统一。战争的终结，统一局面的形成，是经济文化交流得以实现的基础条件。由于炀帝的暴政，隋末农民起义不断，社会经济凋敝不堪，民不聊生。对此，以唐太宗为首的统治者在政治、经济、军事、法律、文化等方面进行了一系列卓有成效的改革，贞观初年便已经出现"天下大稔，流散者咸归乡里，斗米不过三四钱"的局面，唐太宗"贞观之治"也成为中国历史上著名的治世。史书还说东至大海，南极五岭，社会治安好到不闭门户，出门在外也不必携带粮食，路上就能补给。这自然是为了夸赞贞观"治世"下百姓生活质量的提高，却反映出在全国大一统局面下，东方与西方、南方与北方的联系加强，全国成为一个紧密联系的整体。

之后，经唐高宗、武则天诸帝的努力，到唐玄宗李隆基从他的父亲睿宗手中接过皇位时，虽然最高统治集团内部暗流涌动，但社会整体是安定的，经济亦较繁荣。而这一年（先天元年，712）唐玄宗才28岁，正是大有可为的年纪。这位仪表非凡、体魄健美、精明强干的年轻天子在登基的次年（先天二年，713）就铲除了威胁自己统治的姑姑——太平公主。先天二年十一月，成为真正乾纲独断的大唐皇帝的唐玄宗在群臣请求下加尊号为"开元神武皇帝"，十二月，改元"开元"，开始了他非凡的统治。

开元天子一心以唐太宗为榜样，以极大的激情投入振兴唐朝的事业中，他年轻而富有朝气，工作起来废寝忘食，史书说他忧勤国政，常将道理悠长的章疏规讽放置在左右以便随时读取。开元年间，玄宗先后任命正直干练的姚崇、宋璟、张嘉贞、张九龄等为相，进行了一些大刀阔斧的改革，使唐朝国力达到鼎盛，史称"开元之治"。

大凡治世局面的出现，都免不了要施行整顿吏治、改善财政、改革军事之类的举措，就不多谈了，需要说一下的是玄宗时期的文学吏治之争。玄宗是一位多才多艺的皇帝，也爱好文学，从他的本心来讲是十分喜欢文学才华出众的大臣的，当然也有以文学粉饰太平、大兴文治的意思。开元九年（721），为相的张说"为文俊丽，用思精密"，是当时的文坛领袖。但这样的人往往有些文人的清高，不乐俗物。在涉及实际问题的时候，玄宗又需要依靠具有吏干的官员去处理，当时正在进行的检田括户（搜括逃户和他们的田地）工作正是由"明辨有吏干"的宇文融主持。张说出身不显，在武后垂拱四年（688）亲试的词标文苑科考试中以近万名考生中独占鳌头的骄人成绩而被武则天赏识，又以文学得到玄宗青睐，作为宰相，他援引拔擢人才的标准是文章，如受他赏识的徐坚、贺知章、韦述、孙逖、张九龄等都以文学享有盛名。而"无文"的宇文融，就被他轻蔑地斥为："此狗鼠辈，焉能为事。"以宇文融为代表的是吏治派官僚，主要包括两类人：一类是门荫出身的上层人士，如宇文融、李林甫，另一类是杂色入流或以吏干出身的中下层官吏，如牛仙客、郭知运、张守珪等。由于用人标准和好恶的不同，在朝臣中遂形成了文学与吏治两派，政治斗争也不可避免地展开了。最后玄宗烦不胜烦，将张说和宇文融都赶出了中央政府，来了个眼不见为净，但有人的地方就有江湖，争斗远未结束。直到他们的后继者张九龄与李林甫时还在明争暗斗，后以张九龄罢相，李林甫执掌政柄而告终。李林甫这个人具备极强的行政管理才能，在他辅佐玄宗主持朝政的16年里，制度改革仍在进行，经济持续发展，边防得到加强，唐朝的繁荣达到了巅峰。但他以兵部尚书兼中书令，相当于把文武官吏的任免大权全部集中到了手中，又因善于揣摩玄宗心意而深受信任，包揽了大大小小的政事。权力高度集中的隐患便是一旦发生意外，或者换一个没有驾驭能力的人来接管这一摊子事，就会造成整个国家机器陷入瘫痪。开元盛世的繁荣表象下已经埋下一引即爆的隐患。

但在当时，全国呈现一派欣欣向荣的景象，正如杜甫念念不忘的那样，这是一个物阜民丰、四夷来朝、海内晏然的黄金盛世。

农业方面，重视农田水利灌溉，玄宗执政时期全国共建56个农田水利工程，各地大兴屯田，全国共有军屯992屯，垦田面积达500万亩左右。手工业方面，纺织、陶瓷、矿业、造船等主要手工业部门的技术水平、产品种类以及生产规模都超过了前代。商业方面，西京长安、东都洛阳、扬州、益州、广州、泉州、明州等城市经济繁荣；商人队伍越来越庞大，商业资本也十分雄厚，出现了不少富可敌国的大商人；开元年间还出现了一个新的产业——茶业，由于禅宗对饮茶风气的传播，这一区域性风俗遂从南方流传到北方，大量的茶叶通过大运河运输到北方，茶叶贸易热闹非凡，在邹、齐、沧、棣等地以及京师长安一带出现了很多卖茶的店铺。交通运输方面，陆路交通以长安为中心，形成几条重要的交通干线：（一）从长安往东经洛阳、汴州（今河南省开封市）达山东半岛，又自汴州北上可达幽州（今北京市），南下可达扬州；（二）从长安往西北经兰州、出敦煌通西域，又自兰州经鄯州（今青海省海东市乐都区）可到吐蕃；（三）从长安往西南经汉中达成都，由成都可到南诏；（四）从长安往东北经河东（今山西省运城市）到太原，又自太原经幽州可达营州（今辽宁省锦州市西北）及东北地区，经云州（今山西省大同市）可到回纥；（五）从长安往南经襄州（今湖北省襄阳市）、潭州（今湖南省长沙市）、衡州（今湖南省衡阳市）到广州，又自衡州能到邕州（今广西壮族自治区南宁市）。水路则以大运河沟通南北水道，经过不断开凿休整，形成一个覆盖全国主要经济发达地区的水上交通网，当时人形容为"天下诸津，舟航所聚，旁通巴汉，前指闽越，七泽十薮，三江五湖，控引河洛，兼包淮海"。除水陆交通外，唐朝还有完善的驿站制度。在水陆交通要道上大致是30里置一驿，全国有水驿260所，陆驿1297所，水陆兼驿86所，陆驿备马、驴，水驿备船，以供官吏往返及文书传递。官方驿站之外，还有私人开设的邸店，杜佑《通典》记载，开元年间东到宋州、汴州，西到岐州的一路上都开设了店肆，为往来行人提供美酒美食，每店皆有供客租赁的驴，叫作驿驴；南到荆州、襄阳，北到太原、范阳，西到蜀川、凉府，也皆有店肆，供往来商旅住宿休憩。经济繁荣、百姓生活水平的提高与茶叶消费正相关。得益于发达的交通，使陆羽的全国漫游成为可能，同时，又为茶叶的远距离、大规模流通贸易提供了必备的运输条件。

玄宗还注重对儒释道三教的并用。儒学、佛教和道教可以说是中国传统文化的"三驾马车"，一般以居于正统思想地位的儒学为首，佛教与道教则视不同王朝、不同皇帝的政治需要而各有偏重。于李唐皇室而言，因以老子李耳为始祖，故以道教为国教，确定了有唐一代的崇道政策。武则天当政时期为给自己称帝制造神圣依据，自称是弥勒佛化身，大力弘扬佛教，佛教迅速发展，地位在道教之上。玄宗的宗教政策是尊儒、崇道，但不抑佛。玄宗尊儒，一方面不断抬高儒家始祖孔子的地位，追谥孔子为文宣王；另一方面，十分重视儒学的教育普及工作，在中央、州县的各级官学教育之外，允许私人办学，开元二十一年（733），下敕"许百姓任立私学"。开元二十六年（738），又下敕令天下州县每乡之内各置一学，拣择师资进行教授，这就把学校教育普及社会基层，有益教化。对于道教，玄宗是历史上有名的崇道皇帝。他给老子加的尊号是"大圣祖高上大广道金阙玄元天皇大帝"，将祭祀老子的玄元庙升格为宫；设立崇玄学，置博士、助教各 1 人，学生 100 人，作为研究道学理论与培养道学人才的地方，还在科举中加入道举；他本人亦十分礼遇道士，著名高道李含光、罗公远、叶法善、司马承祯、张果都是玄宗的座上宾，陆羽的好友女道士李季兰也曾因诗才受到召见。要说明的是，虽然玄宗主观上痴迷道教，但在统治前期，对道教的崇奉基本是理智的，或利用道教作为政治斗争的手段，或以道家无为而治的理念作为休养生息的指导方针，于国家是有益的；但后期，对道教神仙丹药、长生不老的追求占主要方面，崇道于是向佞道发展。对于佛教，在开元初年的时候，为了扭转武则天当政时遗留下来的佛教势力过于膨胀的局面，玄宗曾出台过一些沙汰僧尼、限制兴建佛寺、禁止俗人铸像写经的措施，但在统治稳定后，他也留心利用佛教来加强佛教信徒对政权的支持。开元二十六年（738），诏敕两京及天下诸州郡立龙兴、开元二寺。他支持译经活动，对新传入中国的密宗也抱有极大兴趣，礼遇著名的"开元三大士"（即善无畏、金刚智、不空三位密教梵僧）。总之，三教并用、共同发展的政策对于政治的稳定、社会的安定、民智的提高、宗教的发展都有很大益处，而我们的主人公陆羽正是这种大环境的受益者。他是禅院长大的孤童，又受到儒家教化，成年后却高蹈不仕，以"山人""隐士"自处，往来亦多名僧、高道、儒士之辈，这种儒释道三教融合的思想也反映到了《茶经》之中。

唐代还是一个兼容并包、开放多元的时代。南北朝时期的那种文化壁垒被打破，各地区之间经济文化往来加强。在民族关系以及对外关系上也十分开明，唐太宗曾自豪地声称："自古皆贵中华、贱夷狄，朕独爱之如一。"可见，唐朝的统治者从一开始就以海纳百川的胸襟气魄接纳各种文化的交流，既吸收外来文化之精华，为中国传统文化注入新鲜血液，又以强盛的国力、高度发达的文化对周边地区与国家产生极其深刻的影响，形成了包括汉字、儒教、律令、汉传佛教为基础的东亚文化圈。包括茶文化在内的唐文化就随着各种政治的、经济的、宗教的、艺术的活动传播到边疆乃至其他国家去了。

二、欢乐极兮哀情多

开天盛世的欢声笑语、华清宫的霓裳羽衣被渔阳鼙鼓骤然打断。天宝十四载（755）十一月初九，安禄山在范阳大阅誓众，发所部兵及同罗、奚、契丹、室韦各部凡 15 万众，号称 20 万，起兵反唐。这就是改变唐朝历史走向的"安史之乱"。叛军势如破竹，一个月之内就占领今河北、山西、河南的大部分地区。到年底，哥舒翰率军 20 万，镇守潼关；郭子仪在振武破敌，乘胜收复马邑（今陕西省朔县东），解除叛军从北边对关中和太原的威胁；颜真卿、颜杲卿兄弟在河北诸郡抗敌，极大地牵制叛军行动，这才群情稍振。到次年初，李光弼、郭子仪在河北大破叛将史思明，形势朝着有利于唐朝的方向发展。但在这个时候，唐玄宗接到叛军在陕郡"兵不满四千，皆羸弱无备"的情报，认为有机可乘，就遣使令哥舒翰出兵收复陕、洛。前线将领哥舒翰、李光弼、郭子仪均以为潼关地形险要，易守难攻，不宜轻出，而唐玄宗在杨国忠的鼓动下一意孤行，一再派遣宦官催促哥舒翰出战。哥舒翰被迫于六月初四领兵出关，结果功败垂成，潼关失守，关中告急。

　　玄宗在打算迁幸前最后一次登上兴庆宫花萼相辉楼，以往经常在这里大宴群臣、与民同乐，如今登楼却是四顾凄怆，很难不令人心生惆怅。为了缓解悲伤的情绪，便命人登楼献歌，没想到更心塞了。有一少年歌者唱："山川满目泪沾衣，富贵荣华能几时。不见只今汾水上，唯有年年秋雁飞。"玄宗听后潸然泪下，不待曲终就仓皇离去。这几句歌词出自宰相李峤的《汾阴行》，全诗很长，前半篇极力渲染汉武帝东巡汾阴的浩大声势，后半篇笔调一转，抒发对盛衰无常的感慨。"千龄人事一朝空，四海为家此路穷。豪雄意气今何在？坛场宫馆尽蒿蓬。"汉武帝如此，玄宗自己又何尝不是如此？汉武帝还比他幸运些，至少在下诏罪己后汉朝并未发生大规模的动乱，而玄宗才真正是"眼见他起高楼，眼见他宴宾客，眼见他楼塌了"。之后便是大家熟知的长安沦陷，玄宗蜀中蒙尘，肃宗灵武即位，开始了长达 8 年之久的艰苦战争。在安史之乱前，唐朝是一个统一的庞大帝国，幅员辽阔、经济发达、政治稳定、文化繁荣；而经受战争摧毁、苦难洗礼的国家经济凋敝、财政窘迫，藩镇势力割据地方使得朝廷疲惫不堪，而中央则崛起了一股新的宦官势力，还要不时受到外族的侵扰，盛世局面终究是一去不返了。

在时代风气上，亦不复盛唐时的浪漫与豪迈，经历沧桑巨变、苦难挣扎的人们普遍被一种迷惘、苦闷的情绪笼罩，正如程千帆所言"那是一个从噩梦中醒来却又陷落在空虚的现实里，因而令人不能不忧伤的时代"。宗教历来是治疗精神苦闷与寄托未来希望的良方，主张顿悟成佛的南禅宗在 8 世纪中叶以后的大发展也就不足为奇了。在世俗社会中，则表现出一种追求安逸、及时行乐的普遍心理，以图治疗战争带来的创伤，抑或说经历战争后的人们变得更加实际。这也是《唐国史补》说贞元以后上层风俗日趋奢华的原因所在，或侈于游宴，或侈于书法、图画，或侈于博弈，或侈于卜咒，或侈于服食，追求一切现实的享乐。茶禅一味，禅宗理趣与茶之本性的惊人一致，陆羽对茶之仪式性、艺术性、审美性、精神性的改造，无不契合当时的社会风气，而这或许就是"风俗贵茶，茶之名品益众"的最佳注脚。

三、人间相学事春茶

1998年，陕西省考古研究院对西汉景帝阳陵的帝陵封土东侧编号11—21号外藏坑进行考古发掘，出土植物叶状物，后经检测认定是茶叶，这是我国目前发现最早的茶叶，距今已有2000多年。证明西汉时期已利用茶叶的有力史料是王褒的《僮约》。它记载了西汉时蜀人王褒到一位杨寡妇家做客，遇到一位极其不听话的奴仆，惹得他大怒。杨寡妇说这童仆经常顶撞人，没人愿买。王褒当即决定买下来加以管束。这个童仆颇有契约意识，说道："要使唤我，就得签协议，不签协议，我也是不做的哟。"王褒于是以15000文铜钱的价钱买下他，并当即写了一份主仆协议——《僮约》，明确规定了奴仆必须干的活儿和生活待遇。其中就有"烹茶尽具""武阳买茶"之责。此外，《茶经》引扬雄《方言》"蜀西南人谓茶为蔎"、司马相如《凡将篇》"荈诧"中的"蔎"和"荈诧"一般也被认为是茶叶。华佗《食论》云："苦茶久食，益意思。"记录了茶的药用价值。整体而言，汉代的茶事资料还十分稀少，关于茶是否已被当作饮品使用，也尚存争议。

到魏晋南北朝时期，关于茶的史料已经明显增多，且明确已被作为饮品使用。从现有资料看，这一时期的饮茶主要集中在巴蜀以及长江中下游地区。

西晋孙楚《出歌》云："姜、桂、茶荈出巴蜀。""茶荈"就是指茶。张载《登成都楼》诗最后四句云："芳茶冠六清，溢味播九区。人生苟安乐，兹土聊可娱。"认为茶美味冠于水、浆、醴、凉、医、酏等6种饮料之上，声名远播。成都还出现了粥，据《北堂书钞》记载，西晋时期有蜀中妇人用茶叶做成茶粥售卖。两晋之际的杜育《荈赋》是中国历史上第一首以茶为主题的诗歌，全面描述了茶树生长至茶叶被饮用的全部过程：茶树的生长环境要"灵山惟岳""丰壤"；采摘在秋季；煮茶用水要汲取岷江上游所流下的清水；饮茶的器具要选用东瓯（即越瓯）；如果酌取茶汤，则要用匏瓜做的盛器；煮好的茶汤沫是往下沉的，而细轻的汤花则浮上来，光亮鲜明似耀眼的白雪，华丽灿烂又如欣欣向荣的春花；饮茶能达到"调神和内，倦解慵除"的功效。可见，对于茶的种植、生长环境、采摘时节，甚至烹茶、选水以及茶具的选择和饮茶的效用等都有了比较清晰的认识。

长江中下游地区也较早出现饮茶之风。三国时期，东吴末代皇帝孙皓当政时，每次宴会常常狂饮，规定无论参加者酒量多少都至少要喝 7 升以上，他的爱臣韦曜不善饮酒，酒量不过 2 升，孙皓便令人暗中将茶汤装进他的酒壶里以茶代酒。说明东吴宫廷内已有茶。刘宋山谦之《吴兴记》："乌程县西二十里，有温山，出御荈。"可见乌程已是南朝重要的产茶地。两晋时期有位叫王濛的名士酷爱饮茶，有客来访就请对方喝茶，当时还有很多士大夫不习惯饮茶，对于去王濛家有些心理阴影，要去的时候就打趣："今日又要遭水厄了。"东晋时，卫将军谢安有一次前去拜访吴兴太守陆纳，陆纳仅设茶果招待，但他的侄子却擅自准备了美味佳肴。待谢安走后，陆纳杖打侄子四十大板，责其不知俭朴。南朝的齐武帝更是在遗诏中明确指示："在我的灵座勿以牲为祭，仅设饼、茶饮、干饭、酒脯就足够了。天下无论贵贱，皆同此制。"这是初次以茶为祭品的文献记载。与此同时，饮茶习俗逐渐从南方上层社会向民间蔓延，如《茶经》引《广陵耆老传》记载，晋元帝时广陵有一老妇人每日早晨提着器茗到街市上卖茶，市人争相购买。僧道之士亦嗜茶，南朝著名道士陶弘景说茶能轻身换骨，丹丘子、黄山君就经常服用；僧人饮茶可举昙济道人于八公山设茶茗招待贵客的例子。

综上可知，南人饮茶已成风俗，但北方还少有接触。又因为南北朝分裂对峙，饮食习惯的差异往往成为互相攻讦的口实，南人不屑北人饮食"腥膻"，北人瞧不上南人饮茶，取了诸如漏卮（无底杯）、酪奴之类的绰号。

到了隋朝统一南北，对于茶叶的普及作用主要体现在两个方面：一是据说隋文帝曾患有头痛病，后遇一僧人告诉他："山中有茗草，煮而饮之当愈。"隋文帝服用之后果然病愈，自此迷上了饮茶，为投帝王所好，官员们极力搜罗上贡，饮茶之风因此渐盛。二是大运河的开凿。晚唐皮日休曾肯定大运河的价值："尽道隋亡为此河，至今千里赖通波。"大运河的水路直航大大降低了货物流通中的运输成本，南方的茶叶得以通过运河运输到北方，当茶叶沿着大运河由南向北大量转运时，饮茶之风也随之传播，南北交往的加强也促使风俗的渐染成为可能。

这些历史积淀为陆羽及其《茶经》的横空出世奠定了基础。终于在中唐这个特殊时期，催生出一代"茶圣"陆羽。自此开启"自从陆羽生人间，人间相学事春茶"的华章。

第一章

早年经历

一、禅院孤童

开元二十三年（735），大唐帝国承平日久，一派盛世景象。远在京师1800里之遥的复州竟陵（今湖北省天门市）龙盖寺的住持智积禅师如常在悠悠晨钟中醒来，开始一天的功课。相传该寺肇始于东汉，因建在西湖覆釜洲之龙盖山上而得名。西晋高僧支遁游历至此，爱其风景怡然，于是驻锡此地。龙盖寺因"支公主持而基业渐广"，传至唐代，已成为门人众多的一大禅院。寺内古木参天，后院篁粗如臂，寺周碧水环绕。许是冥冥之中自有天意，这一日，智积禅师行至西湖之滨，见一孩童茫然无措地立于堤上，遂心生怜悯，将其带回寺中。智积自然不能未卜先知自己的一个善意之举将如何改变这个小孩儿的一生，遑论"自从陆羽生人间，人间相学事春茶"的后续影响了。但以我们的后见之明来看，此番善举对于雅好禅茶的智积而言，也称得上是佛家所言的"福报"了。

这名幼童便是陆羽。陆羽，字鸿渐，一名疾，又字季疵，只是当时他还没有名字。据一些史料记载，陆羽长大一些后，曾以《易经》占卜，得"渐"卦，卦辞曰："鸿渐于陆，其羽可用为仪。"便用为姓名了。还有一种说法是，智积禅师俗家姓"陆"，以己姓冠之。不论如何，作为一名孤儿，不知自己的姓名也是件无如之何的事了。后来陆羽的好友周愿就曾提到其"无宗祊之籍"，"宗祊"意为家庙，也就是说陆羽不知家族谱系，不知父母是谁。因为《茶经》里提到"远祖纳"，于是有观点认为陆羽祖籍吴兴，是东晋吴兴郡守陆纳的后裔。这其实并无根据。唐人喜欢将世系附会名人，是很常见的现象。比如，与陆羽交好的皎然以谢灵运十世孙自矜，但据贾晋华考证，他实际上是梁吴兴太守谢脁的七世孙，谢灵运于他是九世从祖。又如戴叔伦，权德舆为他撰写的墓志中上溯其祖先到春秋时期宋国的戴氏、西汉的儒学大师戴德载，其实也没有确凿可考的证据，不足为信。陆羽连父母都不知道，远祖就更加无法稽考了。

尽管陆羽"不知所生"，但在他成名之后，其出生照例带上了传奇色彩。上元二年（761），陆羽作自传时尚说3岁育于积公之禅院，而到大中末年（约859）成书的《因话录》里已经变成"初生儿"，再到后来又衍生出群雁以羽翼庇护新生婴儿之类的传说。

此外，陆羽还有不少号，居吴兴（今浙江省湖州市），称竟陵子；居上饶（今属江西），则号东岗子；居南越（今岭南），称桑苎翁。此是后话，暂且不提。

应该说，陆羽是幸运的。唐代寺院经济发达，无衣食之忧，庇护着孤儿陆羽度过一个安稳的童年。当时，佛寺已经饮茶成风，僧侣出于提神醒脑、延年益寿的目的，不但煎茶品茗，也利用寺院土地培育种植茶叶，陆羽耳濡目染，对茶的热爱从小便浸润在他的骨子里。而抚育陆羽的智积禅师是武则天、玄宗时期佛法颇深的高僧，长安年间义净翻译《金光明最胜王》等20多部佛经时，曾承担笔受证文之职，他的言传身教对陆羽早期的学识养成是极有帮助的。不过，陆羽并不愿意皈依佛教，他9岁读书属文，向往孔圣之道，与智积产生了意见分歧。二人之间曾有以下对话：

> 陆羽："终鲜兄弟，无复后嗣，染衣削发，号为释氏，使儒者闻之，得称为孝乎？羽将授孔圣之文，可乎？"
>
> 智积："善哉！子为孝，殊不知西方染削之道，其名大矣。"

智积（尊称"积公"）不明白的是纵然佛法无边，对于不知父母、如无根浮萍的孤儿来讲，无法寻根已是人生一大憾事，再无后嗣，孑然存于人世是何等寂寞、何等无望的事啊。积公盛怒之下，一改往日怜爱，罚以打扫寺地、清洁僧厕、践泥圬墙、负瓦施屋乃至牧牛之类的杂役。陆羽虽是小小少年，心智却坚定非常，无纸可书，便以竹画牛背为字。偶然得到张衡的《南都赋》，尽管有许多不认识的字，却仍在放牧之地模仿青衿小儿，端坐展卷，口动诵读。陆羽的认真虽然令人动容，却与积公希望他皈依佛道的愿望南辕北辙，积公怕他去道日远，竟又加强了管束力度，将陆羽拘束在寺中修剪草木，并令寺中年长者加以管教督促。陆羽一边干活儿一边默诵所学，有时懵懵怔怔，发觉学过的知识因为繁重的劳作而遗忘，不由得灰心木立、无心劳作。灰心怅然之状看在管教者眼里竟成了慵懒，平白遭受了无数鞭打。可怜陆羽一面心系文字，一面忧心蹉跎岁月，恐不知书，不禁悲从中来、伤心落泪。凶恶的管教者以为陆羽对他心怀怨愤，又鞭其背，直到树条抽断了才停止。在身体与精神上的双重折磨下，陆羽终于不堪忍受，卷衣出逃。

二、戏班优伶

此次出逃，陆羽遇到了"伶党"，所谓"伶党"，指的就是以乐舞戏谑为业的艺人团体。他们主要掌握两种技能：一是音乐舞蹈；一是"谐戏"，也就是以语言为主的滑稽表演。关于这一段经历，陆羽曾在自传中说："以身为伶正，弄木人、假吏、藏珠之戏。"这是何意呢？

实际上，这是三种不同的散乐技艺。"木人之戏"即傀儡戏，因刻木为偶，以机关控制其活动进行表演，又叫"木偶戏"。唐代流行的傀儡戏多为滑稽小戏，深受唐人喜爱。傀儡戏还发展出多种形式，一种是与现代木偶类似的提线木偶。天宝年间，梁锽曾作《咏木老人》，又叫《傀儡吟》，诗道：

> 刻木牵丝作老翁，鸡皮鹤发与真同。
>
> 须臾弄罢寂无事，还似人生一梦中。

可知木偶靠丝线牵引机关动作，制作相当精巧，表演时间不长，却情节生动，令人有恍若一梦之感。还有一种叫盘铃傀儡的，因盘铃伴奏而得名。据《刘宾客嘉话录》记载，与陆羽同时期的杜佑在扬州为节度使时，曾憧憬退休生活："酒足饭饱后跨着小马，穿着粗布襕衫，上街看盘铃傀儡，岂不美哉！"可见傀儡戏在当时已经大行于闾市了，不论是大城市扬州，还是陆羽所在的复州都有公开演出。

"弄假吏"就是"参军戏"，是唐代一种重要的俳优表演形式，一般由参军、苍鹘两个角色进行滑稽式的表演，有时用于揭露贪官污吏的罪行或者讽刺社会现象，故大受百姓欢迎。《乐府杂录》提到开元中有李仙鹤擅长此戏，明皇特授其韶州同正参军。陆羽也是表演参军戏的高手，还曾为参军戏撰词《韶州参军》。到文宗大和年间，元稹任浙东观察使时，有俳优周季南、季崇及妻刘采春善弄《陆参军》。这《陆参军》戏有对白，有歌唱，有情景动作，已经发展得相当完善了，内容则很可能是根据陆羽跌宕起伏的一生改编的。

至于"藏珠之戏"，类似于现在的变戏法，主要是考验表演者的手速与机巧。可以通过宋人的一首《观藏珠》一窥究竟：

> 敏手机心颇自安，遮藏有路巧千般。
>
> 主公当面无因见，只怕旁人冷眼看。

可见陆羽擅长多种技艺，且水平颇高，小小年纪便成了技艺突出的伶正。这与他的聪俊多闻是分不开的，他虽然其貌不扬，又有口吃，却诙谐有辩才，而傀儡戏与参军戏多为滑稽式的表演，正可一展所长。此外，陆羽还将演戏的脚本以及一些民间滑稽故事加以整理，写成三篇《谑谈》。也有史料记载陆羽曾撰《教坊录》，这恐怕不足信。该书虽已亡佚，但宋人李上交《近事会元》录其遗文，其中记有郑嵎《津阳门诗》。郑嵎是大中五年（851）的进士，此时与陆羽去世的贞元末（805）相隔50多年，从生活年代上推测，便可知陆羽不可能见到他的诗文。从遗文内容来看，《教坊录》与唐人崔令钦所撰《教坊记》有相仿之处，很可能是后人抄缀《教坊记》而成，却假托陆羽之名。《教坊录》虽不是陆羽所作，却反映出他在艺术理论与实践上的成绩为时人所认可。即便到了现在，也无法否认陆羽在中国戏曲发展史上占有一席之地，《中国戏曲发展史纲要》一书便以陆羽切入"参军戏"，任半塘的名作《唐戏弄》也多次提到陆羽。

此间还发生了一件事，积公得知陆羽做起了伶人，十分可惜，追来劝道："吾本师有言：'我弟子十二时中，许一时外学，令降伏外道也。以吾门人众多，今从尔所欲，可捐乐工书。'"好像一名本为孩子规划了通途大路却又不得不妥协的严父，既无可奈何，又充满忧虑，只能退一步，由着孩子的心愿罢了。古往今来，孩子与家长的各执己见，大概率总是以后者的退让告终，原因无他，疼爱而已。这份疼爱正是陆羽性格中"诙谐""多用自意"得以滋长的养料。积公亦师亦父，陆羽后来在外地听闻积公去世的消息，大为悲恸，哭之甚哀，作《六羡歌》道：

不羡黄金罍，不羡白玉杯。

不羡朝入省，不羡暮入台。

千羡万羡西江水，曾向竟陵城下来。

不管是颠沛流离，还是名动天下，陆羽的底色在他少年时已经奠定，竟陵城下龙盖寺里的启蒙既是振翅高飞的起点，亦是心之所安的归宿。不慕财富，不爱荣华，不羡高官厚禄，心之所系，唯有万水千山始于足下的自由。

客观上来讲，从寺院出逃的少年陆羽能安然生活，且找到一份营生，得益于开元、天宝盛世的良好社会环境。公私仓廪的丰实为社会安定提供了物质条件，政治的稳定与文化的包容使得整个社会风气轻松活泼又积极进取。整个大唐沉浸在欢声笑语之中。加之玄宗皇帝在音乐上的天赋异禀和大力发展，特别是他对俗乐的提倡，使得这一时期的乐舞艺术极为繁荣，上自宫廷，下至民间，都经常举行各种乐舞活动。

遇到重大的国家礼仪活动或者喜庆事件，唐政府更是通过举行声势浩大的大酺以示庆贺。这一聚集性的饮酒聚会活动，往往场面宏大、激动人心，伴以音乐、舞蹈、戏曲、杂耍、马戏、竞技比赛等活动。两京大酺自不必说，地方的大酺亦是热闹非凡。

据《陆文学自传》记载，天宝中，州人大酺，陆羽还以"伶正之师"的身份参与其中。从"伶正之师"可以看出其在伶人团体中的地位与重要性又提升了一步，俨然已经是教习之类的人物。但这次经历带给陆羽的远不止在州县大酺中出出风头而已，而是实现了人生逆袭——遇到了他的伯乐竟陵太守李齐物。

一般认为陆羽与李齐物的此次相遇在天宝五载（746），原因是史书记载这一年原河南尹李齐物被贬为竟陵太守。事情是这样的：

在天宝三载（744）李亨被立为太子前，李林甫一直积极拥立武惠妃之子寿王李瑁为太子。所以，在李亨成为太子后，李林甫担心他日后即位会对自己不利，主导了几次大狱以图倾覆东宫。首先便是天宝五载的"韦坚案"。韦坚因任水陆转运使时输送江淮财物，赢得了玄宗的宠信，为李林甫所嫉恨。同时，他的妹妹是李亨的太子妃，本人又与左相李适之亲善，更使李林甫如鲠在喉。恰逢天宝五载正月，李亨为忠王时的府僚皇甫惟明入朝觐见时劝玄宗远离李林甫，为李林甫所探知。真正是"火种落进干柴堆——一点就着"。李林甫遂命御史中丞杨慎矜秘密侦查韦坚、皇甫惟明与太子李亨的行踪，以贵戚不应与边将结交为由，构陷韦坚与皇甫惟明。又说二人欲共立太子，将太子也拖下了水。太子虽断尾求生，通过与太子妃韦氏和离自保。但韦坚与皇甫惟明却被一贬再贬，最后被李林甫杀害于贬所。韦坚案牵连甚广，左相李适之、尚书裴宽、京兆尹韩朝宗等一大批朝臣受到牵连。李齐物因与李适之亲善，也于该年秋被贬官。

　　但我们根据《新唐书·玄宗纪》《册府元龟》等书知道，天宝六载（747）正月戊子，玄宗皇帝亲祀南郊，礼毕，大赦天下，赐酺三日。也就是说，李齐物虽是在天宝五载被贬，与陆羽相识却是在天宝六载正月的大酺中。新到任不久的竟陵太守慧眼识珠，于优伶中发现了陆羽，并见而异之，亲授诗集。这一年，陆羽是个堪堪长成的15岁少年，却已经在颠沛流离的自食其力中绽放出独特的光彩。他具备聪颖刻苦、坚韧不拔的品质以及极强的适应能力，而这往往是达成所愿的先决条件。

　　李齐物，字道用，是开国功臣淮安王李神通的曾孙，为官整肃，堪称宗室翘楚。他虽是根正苗红的宗室子弟，经历却非一帆风顺。年幼时正值武则天大肆迫害李唐宗室的黑暗期，直到神龙政变恢复唐祚，才得以从岭南回到长安。天宝五载，又受到韦坚、李适之牵连，被贬官竟陵，离开繁华的长安城来到了沧浪之滨。高贵的皇亲与低贱的优伶，本是两条毫不相关的平行线，由于命运之手的拨弄而有了相交的一日。或许是陆羽突出的艺术天分散发出智慧的光芒，让李齐物起了惜才之心；又或许是这个身处逆境却奋勇向前的少年身上那股倔强劲儿激发了李齐物的感怀之意，不但授其以诗集，还推荐到火门山（即天门山）邹夫子处学习。陆羽终于得以一偿夙愿，负笈火门山，学习他孜孜以求的儒道知识。犹如凤凰浴火涅槃，自此陆羽“始入士子伍”，开始了他向学问道的历程。

三、问道学子

火门山位于竟陵城西北40里，据传，光武帝刘秀行军时曾经过此地，队伍浩浩荡荡，火把映红了夜空而得名。又因俗忌火，又叫天门山。火门山海拔只有一百七八十米，矗立在一马平川的江汉平原，显得山体俊秀、林木葱郁，是个隐居的好去处。邹夫子具体事迹无考，应是一位以教书自给且较有名望的隐居之士。

玄宗曾于开元二十一年（733）下敕允许百姓任立私学，并允许私人讲学寄于州县官学中。唐代私学很发达，大致有家学、族学、寺学、私人讲学与隐居习业等多种形式。家学是在家中接受父母兄长教授或延请师傅来家中授学，适用于知识水平较高的家庭或者官宦人家。族学是大家族为子弟习业设立的学院，一般规模较大，除了书房、教室外，还有卧室及食堂等，便于为族中子弟集中授学，有时也接纳亲朋好友家的子侄。寺学是寺院设置的义学，延引俗家子弟习经史文学。有些寺院还有藏书丰富的书楼，因此吸引了不少士子在佛寺读书习业。从陆羽十几岁混迹伶人团体时便能写出《谑谈》三篇来看，其成长的龙盖寺很可能也有寺学，为他的启蒙教育打下了一些基础。私人讲学在唐代并不兴盛，主要依靠讲学者的学识以及知名度来吸引学生，若是名家大儒，其讲学规模能达数百上千人之多。另一种则是隐居习业，这是唐后期较受文人喜爱的读书方式，往往以风景秀丽的名山为中心，像北方的嵩山、终南山、中条山，南方的庐山、会稽山、青城山、天台山等都是士子们钟爱的隐居场所，陆羽就学的火门山邹夫子采用的就是这种形式。在远离城市喧嚣的山中，既可专心治学，又可陶冶情操，更可促进士子的文思。

陆羽跟随邹夫子系统学习了4年左右，至天宝十载（751）拜别恩师，回到竟陵。这期间，他潜心钻研，学识有了很大精进，纵观陆羽一生的撰述成就以及在文学上的造诣，可知这段求学经历为他打下了坚实的基础。江汉地区是唐代重要的产茶区，陆羽在攻读之余，不忘走访附近的产茶区，入林采茶，观察茶叶的生长习性。相传，陆羽还为邹夫子采茶、煮茶，并在火门山下凿泉引水，这处泉水遗址现在被称为"陆羽泉"。

陆羽返回竟陵的次年，也就是天宝十一载（752），京师朝廷的"地震"再次影响到千里之外的竟陵，为陆羽送来了另一位至关重要的人物。

在玄宗统治时期，财政一直是他的注意所在，宇文融、韦坚、杨慎矜、王鉷、杨国忠等一批财政官员相继受宠。同时，天宝年间的中央朝廷又围绕着宰相与太子之间的矛盾展开激烈争斗。前面提到了天宝五载（746）的"韦坚案"，正所谓"风水轮流转"，彼时充当打手的杨慎矜，因在办案过程中未彻底贯彻李林甫的意志，被他拉入了"黑名单"。起因是在审理案件时，杨慎矜察觉出玄宗并不想牵连到太子，因而改弦更张、保持中立，引起了李林甫的极大不满。杨慎矜是隋炀帝的玄孙，李林甫令王鉷诬告杨慎矜是隋家子孙，心系克复隋室，故蓄异书，妄言国家休咎。杨慎矜以及他的兄弟慎余、慎名都被处死，此案又牵连了一大批官员，朝中人人自危，噤若寒蝉。

依附李林甫的王鉷和杨国忠崭露头角，成为玄宗新宠，二人分掌全国财政大权。但随着杨国忠受宠日深，取李林甫而代之的欲望愈加强烈。在天宝九载（750）时，杨国忠就曾联合吉温，驱逐了李林甫的心腹京兆尹萧炅和御史中丞宋浑。天宝十一载（752）四月，发生了王鉷的弟弟王𫟼与原来的鸿胪少卿邢璹之子邢缙的谋反案，杨国忠趁机构陷王鉷，断了李林甫的左膀右臂。在参与审理案件时，又授意攀咬李林甫，说他私交王鉷兄弟及突厥叛将阿不思，同时联合当时的左相陈希烈以及大将哥舒翰作证。李林甫专权，陈希烈做了多年唯唯诺诺的"伴食"宰相，心里憋着气，自然乐意看李林甫吃瘪。一番操作下来，虽然没有立时扳倒李林甫，但还是起到了离间玄宗与李林甫关系的作用。病中的李林甫急火攻心，终于在这年的十一月十二日撒手人寰。埋下的隐患便是杨国忠除接管原王锬所领京兆尹、御史大夫以及二十余使外，还继承了李林甫的相权，再加上他本身分掌的财权以及对关内、京畿、剑南及山南西道的军政大权，这是何等庞大的权力！玄宗把如此庞大的权力集中于一人，偏听偏信，对于决策造成的损害是不可估量的，安史之乱的爆发以及事发后的处置失措不过是自食恶果罢了。

附带说一下，此前李林甫虽也大权集于一身，却还没有到杨国忠这样的地步。而且，李林甫政治手腕高超，虽然重用胡人出身的边将安禄山，却也时常对其进行敲打。安禄山在李林甫面前只有做小伏低的份儿，谦卑恭谨到什么程度呢？史书说他拜见李林甫时"悚息，腰渐曲"，每次与李林甫对话，即便在寒冬腊月都会紧张到汗流浃背。但到杨国忠掌权后，安禄山就改变了原来的态度，两人明争暗斗不断。

京师大人们的争斗本与初出茅庐的陆羽无甚关系，只不过李林甫、杨国忠前后相继几十年的专权所造成的后果即将影响到皇皇大唐盛世中的每一个子民，故备述于此。

有直接关系的一点是，毫无例外地，又有一大批倒霉的官员牵涉进"王銲谋逆案"中，其中就有王銲的近亲——集贤直学士、礼部员外郎崔国辅。二人究竟是何种亲缘关系，今不得而知，总之，崔国辅从令人艳羡的清要郎官被贬为了竟陵司马。六年前的李齐物虽然官声不错，却"无学术"，崔国辅则不然。他是开元十四年（726）的进士，学识渊博、诗名卓著，尤以五言绝句为人所称道。今人对他的大名可能不太熟悉，但在当时，崔国辅名气很大。大诗人杜甫的高光时刻——因献"三大礼赋"而受到玄宗赏识待制集贤院，背后就有崔国辅的促成之功。当时杜甫困顿长安已久，科第落榜、干谒无门，郁郁不得志。天宝十载（751）正月，玄宗接连祭祀太清宫、太庙和南郊，杜甫遂进三篇赋纪颂其事，即所谓"三大礼赋"（《朝献太清宫赋》《朝享太庙赋》《有事于南郊赋》）。玄宗注意到杜甫之后，就召他来试文章，由集贤院学士崔国辅和于休烈担任考官，二人对杜甫深加赞赏、一通夸赞，杜甫于是得以待制集贤院。为表感激，杜甫事后还写了一首《奉留赠集贤院崔于二学士》，诗云："欲整还乡旆，长怀禁掖垣。谬称三赋在，难述二公恩。"这样一位天子近臣、誉满京师的大诗人骤然遭到外贬，除了政治境遇的改变，心理上想必也是落寞、寂寥的。不承想，在竟陵遇上了诙谐幽默、谈吐有物的陆鸿渐。

脱离乐籍，又在邹夫子处潜心学习多年的陆羽早已今非昔比，故两人相识之后颇有共同语言。相处三年，交情至厚，谑笑永日。诗文是他们交流的一大主题。崔国辅以五言绝句著称，多写宫闱儿女之情，含思婉转，深得南朝乐府民歌遗意。高棅《唐诗品汇》于五绝一体，以崔国辅与李白、王维、孟浩然并列为"正宗"，可见其在五绝上的成就了。殷璠《河岳英灵集》赞其诗风"婉娈清楚，深宜讽味，乐府数章，古人不及也"。与这样一位大诗人交往，陆羽的文学水平得到了很大提高，《河岳英灵集》记载了二人有酬唱歌诗并结集成册。后来权德舆赞美陆羽"词艺卓异"，元人辛文房在《唐才子传》中评其"工古调歌诗，兴极闲雅"，离不开崔国辅这三年的教诲与指点。

除了坐而论道，两人也经常较定茶水之品。虽然史料不载崔国辅的茶学造诣如何，但玄宗时期，宫廷已有"斗茶"，玄宗本人就曾与他宠爱的梅妃斗茶作乐，文人士大夫也把饮茶看成一件雅事，常常以茶赠友或以茶待客。身处潮流尖端的长安文人雅士们不但在宴会时品茗论道，也会写诗交流心得。崔国辅骤然被贬，遇到从小长自禅院、以茶为友又善谈谑的陆羽算得上偶得知音。如果说，邹夫子奠定了陆羽的儒学基础，那与崔国辅的三年交往则在很大程度上提升了陆羽的眼界学识以及个人声望。而那些关于茶水品质的讨论，对于陆羽从理论上认识茶、思考茶是极有帮助的。两人分别时，崔国辅将友人赠送的白驴、乌犎牛各一头以及文槐书函一枚转赠给陆羽，以示器重。还赋《今别离》诗一首，曰：

> 送别未能旋，相望连水口。
> 船行欲映洲，几度急摇手。

陆羽遂拜别崔国辅，踏上了考察茶事之路，先出游义阳（今河南省信阳市一带）、巴山，后又转道宜昌，品峡州茶，汲蛤蟆泉。

第二章

乱世离人

一、安史乱离

　　"渔阳鼙鼓"骤然响起，不但惊破了《霓裳羽衣曲》，还中断了陆羽的调研之路。天宝十四载（755）十一月初九，身兼范阳、平卢、河东三镇节度使的安禄山以"有密旨，令禄山入朝讨杨国忠"为名，于范阳起兵，号众 20 万。河北州县为安禄山辖境，所过州县，或望风而逃，或开门出迎，或为贼所擒，未得及时上报。玄宗直到安禄山起兵的第七天才得到确切消息。这个时候，政府大权集于杨国忠一人的弊端便完全暴露出来，中央竟难以组成一个有效的作战指挥部，偌大的朝廷无人提出应对之策。而由于长久疏于政务，又与朝臣长期有隔阂，昔日敏锐多智、壮志凌云的开元天子早在安逸中丧失了对政治的敏感度和对全局的把控。他在消息闭塞中自我安慰，以至于一再贻误战机，既不能正确地估量敌人的实力，也不能作出恰当的战略部署。安禄山准备充分，势如破竹；而唐朝方面，军队百姓久不知兵事，猝不及防下难以抵抗，叛军很快攻陷洛阳。

天宝十五载（756）六月初八，关中的屏障潼关失陷，通向京师的门户洞开，长安危矣。前线失利的消息传来，十一日，长安"士民惊扰奔走，不知所之"，昔日繁华的长安城乱作一团。到了十二日晚，玄宗不得不相信情况确实不妙，但他已无暇顾及自己治理了40余年的国家，只命心腹龙武大将军陈玄礼秘密整顿六军。到十三日黎明，便抛弃了他的群臣与子民，只带着杨贵妃姐妹、宰相杨国忠及少数几个皇子、公主以及亲信宦官匆匆逃离了大明宫。十四日，行至马嵬驿时，随行将士杀死杨国忠，又逼玄宗缢杀了杨贵妃，史称"马嵬兵变"。之后，玄宗继续向成都进发，而太子李亨则北上灵武。

天子奔蜀，乱军入据关中，士人纷纷渡江南下，又以江淮为主要寄居地。这在不少史料中有反映，《新唐书·权皋传》记载："自中原乱，士人率渡江。"顾况《送宣歙李衙推八郎使东都序》云："天宝末，安禄山反，天子去蜀，多士奔吴为人海。"李白也说："天下衣冠士庶，避地东吴，永嘉南迁，未盛于此。"大批流民也蜂拥南下，以至于北方荒草千里、兽游鬼哭，一片萧条凄惨之状。

陆羽当时也随之避乱，经过鄂州、黄州等地，辗转至越中，结识了吴兴诗僧皎然。关于这段经历，他在自传中说："泊至德初，秦人过江，子亦过江。"在南迁过程中，陆羽仍不忘考察所过之处的茶事，这些都为之后撰写《茶经》打下了基础。避乱过程中见到的悲惨景象与亲身经历给陆羽留下了深痛的印象，昔日的皇皇大唐，如今山河破碎，人民流离失所。他在定居湖州后，愤而写下《四悲诗》：

欲悲天失纲，胡尘蔽上苍。

欲悲地失常，烽烟纵虎狼。

欲悲民失所，被驱若犬羊。

悲盈五湖山失色，梦魂和泪绕西江。

但江南也并非风平浪静。在河北尽丧、两京沦陷，士子、百姓大规模南迁的浪潮下，不少人以为朝廷将迁入江南，镇守江陵的玄宗第十六子永王李璘擅自引兵沿江东下，企图抢先占领金陵（今江苏省南京市），割据江淮。当时肃宗已即位于灵武，以其阴谋叛乱，割据江东为名派兵讨伐，加上地方势力的联合抵抗，李璘于至德二载（757）二月兵败身死。

上元元年（760）十一月，原宋州刺史刘展反，连陷扬、润（今江苏省镇江市）、升（今江苏省南京市）等州，刘展部将张景超据苏州，孙待封陷湖州。江淮继"永王之乱"后，再度陷入动乱，湖州也受战火波及。陆羽愤于战乱，感痛时事，挥毫写下《天之未明赋》。

"刘展之乱"无疑给江淮人民带来了深重的灾难，但这一事件的起因却并不简单，甚至有点"逼上梁山"的悲催，后续影响也非常深远。刘展出身不详，在安史之乱中以陈留参军的身份参与勤王，得以脱颖而出，乾元二年（759）五月擢为滑州刺史，不久，改宋州刺史，充淮西节度副使，可谓"暴贵"。他与另一位淮西节度副使李铣均和他们的上司淮西节度使王仲升交恶。王仲升在铲除"贪暴不法"的李铣后，联合监军宦官邢延恩向肃宗奏禀刘展的"不臣"之状，怂恿肃宗除去刘展。当时，河南地区抵抗安史叛军的基本是河南地方将领，肃宗既依靠这些力量，又害怕地方势力坐大，手握强兵又"倔强不受命"的刘展是肃宗疑忌的对象。而且，当时民间流传着"手执金刀起东方"的谣言，邢延恩入奏肃宗时就说刘展"姓名应谣谶"，需早日铲除。他们的计策是以代李峘为江淮都统的名义将刘展从宋州调离，等刘展释兵赴镇之际，将他中途抓获。

刘展或许的确"刚强自用"，却未必有反心，甚至在接到调任江淮都统的制书时已心生警觉，怕是骗局而不肯赴任。直至邢延恩到广陵（今江苏省扬州市）解李峘的印节以授刘展，刘展才率领七千兵赴任。刘展并未如所料的释兵赴镇，邢延恩意识到他可能已经有所察觉，赶紧联合原江淮都统李峘、淮南节度使邓景山发兵拒之，并移檄州县，宣称刘展已反。他们没有料到的是，在素有威名、御军严整的刘展面前，江淮人望风畏惧，不堪一击。江淮军队根本抵挡不住刘展的精兵悍将。仅仅一月余，刘展在攻下广陵后，就横扫了濠、楚、润、升、宣、苏、湖、舒、和、滁、庐等州，所向披靡。江淮本地无法组织起有效的抵抗，朝廷遂敕令屯兵任城的平卢兵马使田神功率五千精兵南下讨刘展，刘展与田神功多次交战不敌，于上元二年（761）正月兵败被擒，"刘展之乱"始平。

相比于"永王之乱"，这次兵乱导致江淮十几个富庶州县成为交战场地，经济破坏、生灵涂炭。更加令人扼腕的是，战乱的平定并不意味着百姓苦难的终结，田神功平定"刘展之乱"后，纵容平卢军大掠十几日，扬州波斯商户被杀者达数千人之多。对此，司马光感慨道："安史之乱的时候，乱兵都没有到达江淮，到现在，这里的老百姓才遭到了荼毒。"

天地不仁，以万物为刍狗。生逢乱世，人命如草芥、如蝼蚁，何其不幸！

而所造成的影响却远不止于此，肃宗在"永王之乱"后对江淮的军事布防被打破，朝廷财富仰仗东南的需求与兵祸破坏之间又矛盾横生。既已种下剥削的因，必然会结出反抗的果，江淮农民起义的星星之火已经撒落，燎原之势近在眼前！

对于担惊受怕、朝不保夕的江淮人民而言，总算是结束了连月的混战。大唐子民们总是善于忍耐、乐观开朗的，只要有微薄的希望，他们就能顽强地抖擞起精神重建家园。然而，却连一点喘息也很难得。

上元二年（761），江淮大旱导致大规模的饥荒，以至于到了"人相食"的地步。代宗宝应元年（762）秋，继去年大旱大饥之后，江淮又遭大水以及水灾后的灾疫，史载"死者十七八，城郭邑居，为之空虚"，存者无食，死者无棺，哀鸿遍野。

在这种情况下，江淮百姓所受的盘剥却空前沉重。原本江淮就是平叛期间最重要的财赋供给来源，经过上元年间的天灾、兵祸后，租庸使元载仍认为江淮虽经兵荒，其民却比其他诸道要富，要征收天宝十三载（754）以来所欠租调，地方官员不问是否拖欠，也不论资产高下，只要查到民有粟帛就征收一半，甚至更多，导致大量百姓流离死亡。忍无可忍的百姓揭竿而起，轰轰烈烈的浙东农民起义爆发了。其中，声势最为浩大的是浙东袁晁起义。

宝应元年（762）八月，台州人袁晁于浙东明州翁山县（今浙江省舟山市）纠集数万人起义，攻陷台州，并以台州为大本营，分三路进攻。起义得到了广大农民的热烈响应，"民疲于赋敛者多归之"。义军挟破竹之势，横扫浙东，温州、明州、婺州（今浙江省金华市）、睦州、衢州、越州等广大地域尽为其所有。并且，一度挺进江西，攻克信州（今江西省上饶市）。面对浙东的动乱，浙西诸州积极征募军士、整顿防务。当时陆羽所在的湖州也受到了波及，朱覃、姚廷在德清，朱泚、沈皓在武康响应袁晁，后虽分别被李光弼部将卒孜与湖州刺史独孤问俗部将辛敬顺镇压，但一度造成湖州地区人心惶惶。

起义最终被河南道副元帅李光弼部将柏良器、袁傪、王栖曜、李长荣等率军击溃。于广德元年（763）四月，生擒袁晁，平浙东州县。

今天看来，经历了兵祸、天灾又疲于赋敛的百姓在走投无路的情况下揭竿而起，值得同情，但席卷数十州的动乱给当时的江南经济造成了不可估量的破坏也是毋庸置疑的。这在李华、戴叔伦、刘长卿等人的诗文中都有反映。李华《衢州龙兴寺故律师体公碑》中说"群盗据州，寺半为墟"，说的就是袁晁军占领衢州后连寺庙也难逃一劫。戴叔伦《送谢夷甫宰余姚县》云："邑中残老小，乱后少官僚。廨宇经兵火，公田没海潮。"可见，地方州县的政治、经济都遭受了严重摧残。刘长卿《送朱山人放越州贼退后归山阴别业》对战后的残破景象也有深刻描写：

> 越州初罢战，江上送归桡。
>
> 南渡无来客，西陵自落潮。
>
> 空城垂故柳，旧业废春苗。
>
> 闾里相逢少，莺花共寂寥。

至德元载过江到上元元年（760）定居湖州的这4年里，陆羽的行踪不明，恐怕与江南的动乱有关。当时，士庶僧俗为避乱而四处逃亡者不在少数。戴叔伦为避"永王之乱"，曾随亲族搭商船逃难到江西鄱阳。袁晃的党众散掠居民，亦导致僧众四处逃窜，皎然也被迫离开湖州，前往常州、扬州一带。这一时期，陆羽和所有乱世中的芸芸大众一样，飘摇如浮萍。

人生无家别，何以为烝黎！乱世离人泪，淋漓满襟袖。大唐子民备尝苦难，在生存危机面前艰难挣扎，他们盼着战乱终结，重兴大唐。

二、结庐苕溪

陆羽初到吴兴便认识了皎然，二人一见如故，相交莫逆，多有唱和。皎然俗姓谢，字清昼，长城（今浙江省长兴县）人，自称谢灵运十世孙，是著名的诗僧，对于茶叶也有着深刻的认识与喜爱，与陆羽志趣相投。

上元元年（760）春秋之际，陆羽应皎然之邀，来到杼山妙喜寺与皎然、灵澈同住。妙喜寺始建于梁武帝大同七年（541），原在湖州西面金斗山上，唐太宗贞观六年（632）春移至杼山。皎然是当时的妙喜寺住持，其《九日与陆处士羽饮茶》诗记录了重阳佳节与陆羽同在寺内品茗赏菊之事。这一段隐居杼山的经历，使陆羽对杼山了解颇深。后来颜真卿撰《湖州乌程县杼山妙喜寺碑铭》，关于妙喜寺沿革、位置、环境的记述便是依据陆羽《杼山记》中的记载。

是年秋，陆羽结庐于湖州城郊苕溪之湄。苕溪又称苕水，有二源，出天目山之南者为东苕溪，出天目山之北者为西苕溪，在湖州汇合注入太湖。相传此水夹岸多苕花，秋天时飘散在水上如飞雪，故名。在这里，陆羽度过了一段相对平静的生活，主要活动就是潜心读书、结交名士以及考察茶事。

随着刘展之乱的平定，江淮暂趋安定，苕溪草堂的落成为陆羽提供了潜心著书的客观条件。根据《陆文学自传》可知，在上元辛丑岁时，陆羽已完成如下作品：《君臣契》3 卷，《源解》30 卷，《江表四姓谱》8 卷，《南北人物志》10 卷，《吴兴历官记》3 卷，《湖州刺史记》1 卷，《茶经》3 卷，《占梦》上、中、下 3 卷。上元辛丑岁也就是上元二年（761），这一年陆羽 29 岁。

有学者对《陆文学自传》的真实性表示怀疑，但对于陆羽写过自传这一点基本没有异议，这通过陆羽晚年在岭南节度使府的同僚兼好友周愿的叙述（"羽自传竟陵人"）以及僧齐己游竟陵时在陆羽故居见到的传碑都可以证明。基于此，我们认为《陆文学自传》或许在事件的逻辑性上存在一些问题，但内容基本是真实的，是源于陆羽原作的。在上述著作中，《源解》卷帙浩繁，多达 30 卷，又有多部关于湖州的地方人物志记，需要收集大量资料后才能完成，此前颠沛流离的陆羽恐怕并不具备这种条件。陆羽在隐居苕溪后有了安定的环境可以阖门著书是没有问题的，但要说这些著作都完成于他29岁之前却不太现实。即便是准备比较充分的《茶经》，当时完成的也是初稿，之后又几经修订，遂成定稿。

另一方面，由于士人避乱江南，在江浙一带形成了一个新的文化活动中心，在这里，陆羽的交游空间与层次得到了大大提升。据学者统计，陆羽在湖州交往的人士，有据可查的有60多人，间接交往的达上百人之多。陆羽此后"茶仙"之名传遍天下，固然与《茶经》本身的影响力分不开，但与文人达士的交往也无形中提升了他的知名度。与陆羽交往最频繁，对他影响最大的自然是江南名僧皎然了。从一见如故到尽心提携，可以说皎然是带领陆羽打开士大夫圈子的领路人。

上元二年（761），陆羽与皎然同往苏州拜会旅居吴越的刘长卿。刘长卿是中唐最有名的诗人之一，自许"五言长城"，于天宝十一载（752）中进士第，因他很有声望，被推举为"棚头"。但入仕之后却因性格刚直，两遭贬黜，第一次于乾元二年（759）夏秋间被贬播州南巴尉，不久因同贬者上诉而被追回苏州重推，上元二年（761）秋返回苏州故居。陆羽正是在此时拜访北归的刘长卿，在苏州期间，游虎丘，临剑池，品观音泉，也就是他后来品题的"天下第五泉"。并应永定寺住持之请，为该寺题写匾额。丹阳的皇甫冉、皇甫曾昆仲与陆羽也多有交往，陆羽赴栖霞寺考察时，兄弟俩都作诗相送。

　　陆羽与湖州刺史卢幼平的交情也颇为深厚。大历三年（768），卢幼平离任，陆羽与皎然、卢藻、潘述、李询、郑述诚等诗友泛舟湖上，依依送别。陆羽在《秋日卢郎中使君幼平泛舟联句一首》中写"魏阙驰心日日，吴城挥手年年"，在《重联句一首》中写"去郡独携程氏酒，入朝可忘习家池"，依依惜别之情跃然纸上。二人之间的友谊并未因卢幼平的离开而中断，到大历八年（773）春，卢幼平以祭岳渎使、大理少卿的身份奉诏祭祀会稽山时仍邀陆羽同往，一行人在山阴（今浙江省绍兴市）发现一块古卧石，经陆羽鉴定为晋永和中兰亭废桥柱。晋永和九年（353），"书圣"王羲之在会稽山阴之兰亭曲水流觞、饮酒赋诗的"兰亭雅集"是唐代文人心驰神往的诗文聚会，一直被模仿，但从未被超越。陆羽的慧眼独具得益于其对山水、地理、古物的熟稔，无怪皎然赞他"好古"，独孤及也说陆羽多识名山大川。

　　这一时期，陆羽与湖州当地以及因各种各样的原因寓居湖州的名士保持着密切的互动，除以上所述人物外，与湖州武康人孟郊，曾隐居剡溪、镜湖间的朱放，往来剡中的女冠李冶，隐居湖州西塞山的张志和，游历吴越的阎伯钧、朱巨川等人都有往来唱和。

这段偷得乱世一时安的日子大体是平静的，除了闭门读书、与名僧高士酬唱交往外，陆羽还得以继续考察周边地区的茶事。

据《茶经》可知，三吴地区很早就开始饮茶。三国时期东吴末代皇帝孙皓因爱臣韦曜不善饮酒，便令人暗中将茶汤装进他的酒壶里以茶代酒。东晋时，吴兴太守陆纳仅设茶果招待卫将军谢安，虽然是为表俭朴之举，却也说明当时已出现以茶待客的情况。湖州吴兴郡作为三吴重镇，不但人文气息浓厚，也是茶文化孕育的沃土。

寓居湖州期间，陆羽或扁舟往山寺，或独行野中，弄泉品茗。仅《茶经·八之出》"湖州"条，就列举了长城县顾渚山谷，山桑、儒师二坞，白茅山悬脚岭，凤亭山伏翼阁，飞云、曲水二寺，啄木岭，安吉、武康二县山谷10个产茶区。顾渚山又名西望山、吴望山，位于湖州长兴与常州义兴交界处，西靠大山，东临万顷太湖，气候温和湿润，土壤肥厚，山阴处多云雾，适宜茶叶生长。其中明月峡的茶生于悬崖峭壁之间，尤为绝品。顾渚山往西北是凤亭山，连接西咽山，中有悬脚岭。后来，常、湖二州分山造贡，宴会于此。关于陆羽对武康、安吉茶区的考察，有地方志的记载作为佐证，据清朝道光年间的《武康县志》载，武康村因鸿渐岭而得名。

但是，这种动荡中的一时安稳并不能带来真正的闲适与放松，反而使得有识之士在清醒中苦闷忧虑。盛世梦碎，满目疮痍，危机尚未过去，苦难也未终结。陆羽常独行野外，诵佛经，吟古诗，杖击林木，手弄流水，夷犹徘徊，自曙达暮，至日黑兴尽，号泣而归，颇有阮籍穷途之哭的意味。

三、铸造风炉

代宗广德元年（763）正月，穷途末路的史朝义自缢而亡，安史之乱总算平定了，大唐百姓奔走相告，欣喜若狂。我们最耳熟能详的是杜甫的《闻官军收河南河北》。这位在安史之乱中辗转流离、饥寒交迫，连幼子都不幸饿死的大诗人喜极而泣地吟道："剑外忽传收蓟北，初闻涕泪满衣裳。却看妻子愁何在，漫卷诗书喜欲狂。"陆羽有没有作诗不知道，但他也没闲着，激动之余，铸造了一只具有纪念意义的风炉，并在风炉的一只炉脚上刻上"圣唐灭胡明年铸"的字样，这个"明年"就是广德二年（764）。

风炉是烧水煮茶的器皿，造型与古代的鼎类似，多用铜铁铸造，也可用陶泥，壁厚三分，边缘宽九分，中间空六分，涂上泥土以提高炉温。炉内设置有放燃料的炉架，架分三格：一格刻翟，翟是火禽，对应离卦；一格刻彪，彪是风兽，对应巽卦；一格刻鱼，鱼是水虫，对应坎卦。炉腹开三窗、底下开一窗通风、漏灰，下有叫作"灰承"的铁盘用来盛灰。

三足中的另两足分别刻"坎上巽下离于中"和"体均五行去百疾"。第一句说的是煮茶水的基本原理，因为按照卦的含义，坎主水，巽主风，离主火，代表煮茶的水在上，风从下面吹入，火在中间燃烧，也与炉架三格所刻的"鱼""彪""翟"的图案对应。

另一炉脚所刻"体均五行去百疾"表明五脏调和，则百病不生，讲的是茶的药理作用。古代中医学讲究阴阳、五行理论，认为木、火、土、金、水五行对应人体的五脏：肝属木、心属火、脾属土、肺属金、肾属水。茶的药理作用，基本为唐代医学家所熟知。世界上第一部政府支持编纂的药典——《新修本草》将茶列为药品，认为有"主瘘疮，利小便，去痰热渴，令人少睡，主下气，消宿食"的功效。大约同时期的本草著作《食疗本草》也指出茗"利大肠，去热解痰"。陈藏器更是大肆吹捧，他在《本草拾遗》声称："诸药为各病之药，茶为万病之药。"药王孙思邈的《千金要方》与《千金翼方》中也记载了多则茶疗方。这些观点被陆羽吸收到《茶经》中。茶自然不是包治百病的灵丹妙药，但是根据现代科学测定，茶叶中含有咖啡碱、氨基酸、茶单宁、芳香物质、各种维生素和矿物质，确实具有兴奋中枢神经、增加血液循环、促进新陈代谢、解毒消炎等功效。

炉腹的三个小窗上分别铸刻"伊公""羹陆""氏茶"，连起来就是"伊公羹""陆氏茶"。伊公是商朝初年著名的贤相伊尹，用"以鼎调羹""调和五味"的理论治理天下，在历史上留下了"伊尹相汤"的佳话。伊尹借羹说味，阐发治国理念；陆羽模仿先贤，在平定安史之乱的次年，设计出类似于古鼎的风炉，将"伊公羹""陆氏茶"并刻于风炉之上，有祈愿国泰民安的美好祝愿在里面。联系到他在战乱期间所作《四悲诗》《天之未明赋》与风炉炉脚所刻"圣唐灭胡明年铸"字样，便不难理解其对大唐平定战乱的喜悦之情，刻铸于茶鼎，既是纪念，又是祝福，是他社会理想的体现。当然，陆羽将茶、羹并列，以伊尹自比，可见其性格中自信傲然的一面。

遗憾的是，几乎未发现陆羽所设计的鼎形风炉的考古实物。据沈冬梅考证，台北自然科学博物馆收藏的一组唐代花岗岩石质茶具中有风炉，虽然因为是明器，器高只有10厘米左右，且器形结构不细致，但已可使我们了解唐代风炉的大致形状。它是一个大致直身的圆筒形，底有三足，口缘较宽，内有涂泥作炉膛，炉身每两足之间开一窗，共三扇，炉底亦开一扇，内置炉箅子（作承炭、通灰、漏烬之用），另配一个三足铁灰承。

陆羽以前，没有专门的茶具，自陆羽造具设器，茶具便从日常器具中独立出来。风炉位列二十四器之首，在设计上充满了独到之处，既有道家八卦及阴阳五行学说，又蕴含了陆羽的美学思想以及社会理想，具有特别的意义。陆羽的努力使得这种专用于茶道艺术的炉具与普通生火用炉具分离开来，唐代诗歌中常有直接称呼为"风炉"的，如岑参《晚过盘石寺礼郑和尚》："岸花藏水碓，溪水映风炉。"又因其状似古鼎，被称为"鼎"或"茶鼎"。皮日休和陆龟蒙分别作过一首题为《茶鼎》的诗，皎然、姚合、李商隐、张祜等也有诗记载。制作风炉的材质有多种，铜制的叫作"铜炉"，或美称为"金鼎"，如皎然《饮茶歌消崔石使君》诗中说："越人遗我剡溪茗，采得金芽爨金鼎。"也有铁制的，如陆龟蒙《茶鼎》诗："新泉气味良，古铁形状丑。"有陶土制成的，也叫"红炉"，白居易《睡后茶兴忆杨同州》中说："白瓷瓯甚洁，红炉炭方炽。"

到宋代，这种鼎形风炉仍在使用，黄庭坚《奉同六舅尚书咏茶碾煎烹三首》（其二）中有"风炉小鼎不须催，鱼眼长随蟹眼来"之句，洪刍亦云："何如唤取陆鸿渐，石鼎风炉来试茶。"

第三章

《茶经》问世

一、遍访茶踪

安史之乱虽然平定，但北方赤地千里，满目疮痍，南方虽也是天灾人祸不断，相对而言还是要好得多，再加上北人南渡带来的大量劳动力以及先进的生产技术，经济中心自此南移。战后，江南开始休养生息、恢复经济。大批寓居江南的士人与当地文人圈往来唱和，形成了良好的人文氛围。得益于政治、经济与人文环境的改善，游历考察成为可能。

大历二年（767）到三年（768）之间，陆羽在常州义兴县（今江苏省宜兴市）君山一带访茶品泉，当时有山僧向常州刺史李栖筠献上佳茗，陆羽认为此茗芬香甘辣，冠于他境，可荐于上。李栖筠采纳了陆羽的建议，将之上贡，这就是著名的"阳羡茶"。自大历三年后，直到唐末五代常州都一直贡茶不绝。脍炙人口的"天子须尝阳羡茶，百草不敢先开花"说的就是阳羡茶作为贡茶的鼎鼎大名。

大历五年（770），皇甫冉在丹阳养病，陆羽行数百里前往探望，两人究孔释之名理，穷歌诗之丽则。兴之所至，登舟访孤岛，持竿坐钓矶，恣意风流。陆羽并无恒产，当时的经济状况恐怕不佳。恰逢鲍防当时为浙东观察使薛兼训的从事，是越州地方行政长官。鲍防此人善属文，工于诗，喜结纳文人雅士，具有很强的号召力，所谓"登会稽者如鳞介之集渊薮，以公故也"。于是，皇甫冉建议陆羽前往越州，作《送陆鸿渐赴越》诗并序相赠。

陆羽每到一地，有游历当地山川，考察茶事并将所见所闻记录下来的习惯。独孤及说他"多识名山大川之名"，崔子向在诗句中赞"荆吴备登历，风土随编录"，就是说他足迹遍布长江中下游地区，并记录当地风土人情。陆羽到访山明水秀的越州后，曾徜徉于银带般秀丽的剡溪考察茶事，并作有《会稽东小山》诗：

> 月色寒潮入剡溪，青猿叫断绿林西。
>
> 昔人已逐东流去，空见年年江草齐。

浙东产茶州有越、明、婺、台四州。其中，越州余姚县在唐以前就是产茶区，所产瀑布仙茗是当时的名茶。除此之外，剡县所产的剡茶品质也很不错，皎然《送许丞还洛阳》《送李丞使宣州》《饮茶歌诮崔石使君》这几首诗中都有提到，最后一首更是称道剡溪茶"素瓷雪色缥沫香，何似诸仙琼蕊浆"，具有"涤昏寐""清我神"以及"得道"的功效。奇怪的是，陆羽虽实地考察过剡溪茶，却并未将之载入《茶经》。如果说《茶经》初稿完成时，他还未去过越州，对剡茶缺乏了解，却也未在后期的修订中增补。这说明虽然剡茶的品质不错，也受到皎然等一部分人的喜爱，但名气与影响力有限，尚不是普遍意义上的"名茶"。

陆羽这次在越州寓居时间不长，随着鲍防离任入朝，陆羽也返回湖州。往来越州，杭州是必经之路，陆羽曾有停留，《天竺灵隐二寺记》一文很可能就是写于此处。这篇文章虽已亡佚，但《咸淳临安志》卷二三写道："醴泉。陆羽《寺记》：'大历六年，忽出醴泉，酌之疗疾，又有卧犀泉。'"《茶经》中也记载了杭州钱塘县（今浙江省杭州市）的天竺、灵隐产茶。陆羽还撰有《武林山记》一文，《咸淳临安志》与《淳祐临安志》中收有佚文。从这些佚文内容可以看出他对二寺与武林山的自然与人文景观都非常熟悉。实际上，陆羽的确多次到过杭州，并与灵隐寺的道标、宝达情谊深厚。道标，俗姓秦，浙江富阳人，精于诗章，与长兴皎然、会稽灵澈齐名，有"雪之昼（皎然），能清秀；越之彻（灵澈），洞冰雪；杭之标（道标），摩云霄"的民谚。《宋高僧传·道标传》中还收录了陆羽对道标的花式吹捧，其诗曰："日月云霞为天标，山川草木为地标，推能归美为德标，居闲趣寂为道标。"

天竺（今法镜寺）、灵隐二寺一带便是现在的西湖龙井一级产区。但当时还没有如雷贯耳的"西湖龙井"之名，只能算是龙井茶的前身。到北宋，"龙井"之名始为人所知，名扬天下则是在明代了。

先前提到陆羽建议常州贡茶，最初贡数万两，后来常州之贡不敷所需，到大历五年（770）时，朝廷又令相接的湖州长兴也贡茶，并在顾渚设官焙茶舍。这件事情也是陆羽促成的。《茶经》叙浙西茶产地时以湖州为上，常州为次，说明在陆羽看来，湖州茶较常州茶更胜一筹。为此，他曾写信给国子祭酒杨绾推销："顾渚山中紫笋茶两片，此物但恨帝未得尝，实所叹息。一片上太夫人，一片充昆弟同啜。"杨绾任国子祭酒是大历五年（770）二月的事，同年，顾渚贡茶，实有"茶仙"陆羽积极推广的功劳。

唐朝中后期的皇帝大多爱好饮茶，代宗李豫也是如此，还有一则被后世津津乐道的逸闻。

据说，竟陵大师积公被陆羽的茶艺养刁了嘴，喝别人煎的茶总觉得索然无味，于是，自陆羽出游江湖后便宁缺毋滥，不再饮茶了。同样崇佛嗜茶的代宗听闻此事，大感稀奇，便召竟陵大师积公入内供奉，并命宫中善茶高手煎茶，积公只啜了一口便放下了。代宗还不相信，令人私访陆羽，带回宫中。第二天，赏赐积公斋食时，让陆羽偷偷煎茶。积公捧着茶碗喜形于色，边赏边啜，竟然都喝完了。代宗派人去问，积公回答："这茶像是陆羽煎的。"代宗不由得佩服积公知茶之深，让陆羽出来与他相见。

且不论这则故事的真实性如何，对于积公知茶、陆羽善茶、代宗爱茶的刻画倒颇为有趣生动，姑且录之。

言归正传，回到陆羽对茶事的考察上来。陆羽对顾渚紫笋茶的推崇是"实践出真知"。晚唐茶人皮日休说他开始得到《茶经》，以为对于茶事的考察已经相当完善了，后来又得陆羽所撰《顾渚山记》二篇，知道这里头也多言茶事，说明此文有很多论茶的内容，而从现在所存的几条佚文来看，可能还记载了顾渚山的风景名胜。可见陆羽一贯秉承"风土随编录"的习惯，对顾渚山进行过细致深入的考察。

二、湖州往事

大历七年（772）九月，在安史之乱中力挽狂澜的颜真卿出刺湖州是浙西文坛的一件大事。颜真卿在任平原（今山东省德州市）太守时毁家纾难、组织义军抵抗安史叛军，旗帜般支撑着河北军民的意志，这才撑住大唐帝国不至于土崩瓦解。玄宗大为感动，发出"朕不识颜真卿形状何如，所为得如此"的感慨。天下士子无不为之折服，顶礼膜拜。但他刚正不阿、忠言直谏的品质却容易为自己招致仇怨，肃宗时期不见容于权宦李辅国，代宗即位，又被宰相元载嫉恨。自永泰元年（765）春，被元载排挤出朝后，这位花甲之龄的老臣先是被贬峡州别驾，不久，改吉州别驾。大历三年（768）改任抚州刺史，至六年罢刺。大历七年九月出刺湖州，翌年正月到任。

　　湖州吴兴郡是人户众多的上州，山泽所通，舟车所会，物阜民康，又因受安史之乱波及较轻，成为唐中后期朝廷财政的主要来源。加之，此地崇文重教，自汉晋以来，冠簪之盛天下闻名。颜真卿初到湖州便意识到此地文风鼎盛，着意大兴文教，首先着手的便是重修因安史之乱中断的《韵海镜源》。该书以隋文帝时陆法言与颜之推等人所定《切韵》为纲，在此基础上，又增14761字，广引《说文解字》《苍雅》等字书，阐释字义，每字先列古篆，再摘录经史子集中两字以上成句者，编纂而成，故曰"韵海"，以其镜照原本，无所不见，故曰"镜源"。就内容而言，是一部考证字体、训释字义、审定音韵的字书、韵书，但就体例来说，它以韵隶事、征引众书，又具备类书的性质。

　　早在天宝末任平原太守时，颜真卿已组织文士撰成200卷，后在安史之乱中遗失了50余卷。任抚州刺史时期，与州人左辅元、姜如璧等增而广之，成500卷，但未及刊削。到了人文荟萃的湖州后，颜真卿思及此未竟之业，顿觉天时、地利、人和齐备，是时候大干一场了。

　　与此同时，朝廷重臣、书坛泰斗颜鲁公出刺湖州的消息不胫而走，四方之士慕名奔赴。有颜真卿抚州任上的属官沈咸、扩增

《韵海镜源》的左辅元、著名诗人李益、大书法家李阳冰、萧颖士之子萧存、著名道士吴筠、隐士陆羽、烟波钓徒张志和、高僧皎然及法海等，可谓儒释道三教汇聚，济济一堂。

大历八年（773）春仲的某一日，天朗气清，惠风和畅，颜真卿率领浩浩荡荡的队伍前往湖州城南 5 里处的岘山。此山原名显山，避中宗李显讳而改名岘山，山顶有一不规则的长方形石樽，因形似酒樽，可贮酒五斗，得名"洼樽"。开元中，唐太宗李世民的曾孙李适之任湖州别驾时，曾携友登山，令侍从将酒倒入这石樽中，欢饮赋诗，一醉方休。到李适之在天宝初年升任左相，"洼樽"也名声大噪，被称为"李相洼樽"。颜真卿一行人迤逦前行，走至"李相洼樽"前，不禁感怀昔人，效仿前贤饮酒赋诗以寄其志。

颜真卿率先吟道："李公登饮处，因石为洼尊。"

评事刘全白接续："人事岁年改，岘山今古存。"

接下来，长城县尉裴循、诗僧皎然、高道吴筠、嘉兴县尉陆士修、处士陆羽、释尘外以及颜氏子弟等 20 余人联句，以湖州防御副使李萼收尾，其中陆羽吟的两句是："松深引闲步，葛弱供险扪。"这便是著名的《登岘山观李左相石尊联句》。这个尘外就是韦渠牟，也是个奇人，当过道士又做过和尚，后来跑去做官，还做到了太常卿这样的高官。在权德舆撰写的《韦渠牟集序》里提到韦渠牟与竟陵陆鸿渐、杼山僧皎然是方外之侣，他们的交情就是在湖州期间结下的。

六月间，颜真卿与金陵沙门法海、前殿中侍御史李萼、陆羽、国子助教州人褚冲、评事汤衡、清河丞柳察、长城丞潘述、长城尉裴循、常熟主簿萧存、嘉兴尉陆士修及后进杨遂初、崔宏、杨德元、胡仲、南阳汤涉、颜祭、韦介、左兴宗、颜策等30余位文士集聚湖州州学及放生池商讨修书事宜。《韵海镜源》卷帙浩繁、博引群书，其选择资料、编列成序、注释抄正、编排统稿、润文修饰等工作，千头万绪，非真才实学不能当此大任。陆羽"茶圣"之名太盛，往往使我们忽略了他的文名，而在时人眼中，他首先是一位文士。而且，陆羽涉猎颇为驳杂，除了诗文外，还擅长地方志、人物志、山水记、谱牒，对于易学也有研究。《韵海镜源》在取材上不拘一格，兼采诸子百家、三坟五典，儒释道兼容并蓄，半僧半儒半隐兼博学多闻的陆羽在编纂上出力甚多，《新唐书·萧存传》里就特意提到颜真卿在湖州时与萧存、陆鸿渐等人讨摭古今韵字所原，作书数百篇一事。

编书期间，"大历十才子"之一的耿湋造访湖州，他与卢纶、李端、钱起、司空曙齐名，其诗风清淡质朴，此时正奉诏至江淮寻访图籍。耿沨的到访引起湖州文人圈的兴奋。唐代文人喜游宴，爱聚会，茶酒人生，潇洒恣意。众人聚于湖州城南水亭，不论新朋旧友，或品茗叙情，或弹琴赋诗，凉风习习，浸润人心，便有人提议以"风"联句。

早前同游岘山的裴幼清率先吟道："清风何处起，拂槛复萦洲。"

"回入飘华幕，轻来叠晚流。"杨凭很快接道。杨凭与他的弟弟杨凌、杨凝都是有名的才子，号称"三杨"，三人后来分别在大历九年（774）、十一年与十三年进士及第，传为一时佳话。

杨凝续接："桃竹今已展，羽翣且从收。"

抚州秀才左辅元云："经竹吹弥切，过松韵更幽。"

嘉兴尉陆士修吟："直散青蘋末，偏随白浪头。"

湖州判官权器云："山山催雨过，浦浦发行舟。"

陆羽接道："动树蝉争噪，开帘客罢愁。"

颜真卿续曰："度弦方解愠，临水已迎秋。"

皎然号为"诗僧"，才思敏捷："凉为开襟至，清因作颂留。"

耿沨与诸人不同，不能久留此地，故而满怀愁绪，只听他吟道："周回随远梦，骚屑满离忧。"

一位乔先生续接："岂独销繁暑，偏能入迥楼。"

"王风今若此，谁不荷明休。"阳翟令陆涓由景及情，以对政治清明、王风淳化的美好祝愿收煞，也为这次聚会画上了圆满的句号。

韵海诸生修书之余，少不了宴会游乐、饮酒赋诗，除了此前宴耿湋留下的《与耿湋水亭咏风联句》外，还有《又溪馆听蝉联句》，送别耿湋诗，复有《送耿湋拾遗联句》。

流年易抛掷，勤学正道好，《韵海镜源》的修订工作在诸公的通力合作下有条不紊地展开。金秋时节，修书场地转战到杼山。杼山位于湖州城的西南，山高300尺，周回1200步，地形高爽，山上有皎然任住持的妙喜寺。一日，诸公相约游山，登高赏桂，颜真卿作为使君，可能因公务繁忙无暇出席。登至山顶，四方盛景尽收眼下，陆羽思及未能同游的颜真卿，折下一支造型美丽、含苞待放的青桂，着人奉寄使君。颜真卿收到青桂，不免为这个虽然其貌不扬，却心思细腻、待人真挚的陆羽感动，回赠《谢陆处士杼山折青桂花见寄之什》一首，诗云：

> 群子游杼山，山寒桂花白。
>
> 绿英含素蕚，采折自逋客。
>
> 忽枉岩中诗，芳香润金石。

全高南越橐，岂谢东堂策。

会惬名山期，从君恣幽觌。

　　经历几朝风雨的颜鲁公隐隐明白了为何贤士大夫皆爱与之交游。他是"意有所适，不言而去"的陆羽，却也是"与人为信，雨雪虎狼不避也"的陆羽，他的真挚守信、细致体贴值得朋友们真心以待。

　　其间，浙西观察判官、殿中侍御史袁高巡部至州，多次登历杼山。为便于携友登高远眺、游赏赋诗，颜真卿起意立亭于杼山东南，并将此事委托给陆羽。因此亭于癸丑岁、癸卯朔、癸亥日落成，陆羽取名为"三癸亭"。

　　冬去春来，韵海诸生又迎来了旧友皇甫曾，皎然有《春日陪颜使君真卿皇甫曾西亭重会韵海诸生》一诗流传后世。皇甫曾离任舒州司马后曾有一段旅居湖州的经历，其间与颜真卿、皎然等人多有唱和。其中，《三言喜皇甫曾侍御见过南楼玩月》联句人数较多，摘录如下：

喜嘉客，辟前轩。天月净，水云昏。——颜真卿
雁声苦，蟾影寒。闻裛浥，滴檀栾。——陆羽

> 欢宴处，江湖间。——皇甫曾
>
> 卷翠幕，吟嘉句。恨清光，留不住。——李萼
>
> 高驾动，清角催。惜归去，重裴回。——皎然
>
> 露欲晞，客将醉。犹宛转，照深意。——陆士修

　　欢宴有时尽，清光难停留，朋友间的欢愉度日也好，谈笑风生也罢，终有曲终人散的一日。皇甫曾离开湖州时，皎然作《同颜鲁公泛舟送皇甫侍御曾》相送。附带一提，在皎然和时人的诗作中经常称皇甫曾为"侍御"，如《杂言重送皇甫侍御曾》《送皇甫侍御曾还丹阳别业》等，这是因为皇甫曾在被贬舒州司马前曾历官殿中侍御史，而并非他当时以"御史"身份查访湖州。又因《新唐书·艺文志》与《唐才子传》中记载的是"侍御史"，也易使人不明真相，在此简单介绍之。

　　唐朝御史台三院，一称台院，其僚曰侍御史，众呼为"端公"；一称殿院，其僚曰殿中侍御史，众呼为"侍御"；一称察院，其僚曰监察御史，也被称为"侍御"。同时期的人称呼皇甫曾为"侍御"，说明他所任的是后二者之一，与皇甫兄弟交好的独孤及在为皇甫冉所作《唐故左补阙安定皇甫公集序》中明言"君母弟殿中侍御史曾"，可知皇甫曾确曾担任过殿中侍御史。至

于《新唐书·萧颖士传》与姚合的《极玄集》中说他曾任"监察御史"倒未可知。不排除有从正八品上的监察御史升任从七品殿中侍御史的可能性。唐人之所以多称其为"侍御",而不以"前舒州司马"呼之,则是因为御史台官作为皇帝耳目,是很清贵的官。也是因为这个缘故,"侍御"之名在唐诗中很常见。

大历九年(774)春,《韵海镜源》的编撰接近尾声,于韵海楼东堂重校。待巨著杀青,颜真卿与诸生泛舟东溪,以贺修书大成之喜。盛宴之后总是落寞,相知相聚也免不了风流云散、天各一方,众人在依依不舍中告别,相约下一次的聚会。

京师朝堂风云莫测,大历十二年(777)三月擅权专政多年的元载伏诛。颜真卿否极泰来,拜刑部尚书,十一月,上《韵海镜源》360卷。代宗览而嘉之,这部凝聚韵海诸生大量心血的巨著被珍藏于皇家图书馆集贤书院及宫廷藏书秘阁中。

往事悠悠不可追,那些在湖州上演的相知相惜、聚散离合都化为历史尘埃中的吉光片羽。千古流芳的则是《韵海镜源》以及大历年间的浙西联唱,除上文提到的诗文外,还有《七言重联句》《七言醉语联句》《水堂送诸文士戏赠潘丞联句》《竹山连句题潘氏书堂》等,陆羽皆参与其中。耿㳘评价陆羽"一生为墨客,几世作茶仙",从他在编纂《韵海镜源》中所做的贡献以及与诸贤的往来唱和看，这个评价是恰如其分的。他是茶人，亦是文士。

三、撰写《茶经》

关于《茶经》的成书时间，一直以来都有争论，一般按其自传所说认为初稿撰写于上元二年（761）前，此后又经过反复修订。上元二年前，陆羽足迹遍布川东、陕南、鄂西、崤东、赣北、皖南、皖北及江苏升州、扬州、润州等地，考察茶事，做了大量的基础工作，对于茶叶的栽培、种植，茶树的品质、采摘以及煮饮器皿、饮用方式都有了一定了解。隐居湖州期间又有相对安定的环境可进行撰写，完成了《茶经》的初稿。当然，当时陆羽所考察的范围尚不足全国茶叶产区的三分之一，这份初稿还不太成熟，精通茶道的皎然就曾说"楚人《茶经》虚得名"。陆羽虚心接受挚友的意见，在这之后，又不断对《茶经》进行修订补充。

《茶经》初稿完成后曾广为传抄，成书于 8 世纪末的《封氏闻见记》里记载了一则故事：

代宗广德二年（764），御史大夫李季卿宣慰江南，走到临淮县，听说有个叫常伯熊的人善茶，便请他来表演茶艺。常伯熊身披黄衫，头戴乌纱帽，煎茶时举止优雅，一面手执茶器，一面通报茶名，区分指点、讲解从容，颇具观赏性，使得左右无不刮目相看，也赢得了李季卿的肯定。待李季卿行到江南，听说陆羽善茶，又请来了陆羽。陆羽身着野服，随茶具而入，出场颇为随意，煮茶程式又有常伯熊演示在前，李季卿先入为主，以为陆羽是个"剽窃者"，心鄙之，只酬钱30文。陆羽大受其辱，愤而著《毁茶论》。

这其实是一桩"李逵遇李鬼"的乌龙事件。常伯熊与陆羽的煮茶程式之所以相同，是因为陆羽作《茶论》（即《茶经》），说茶之功效并煎茶、炙茶之法，造茶具二十四事，远近倾慕，以至于"好事者家藏一副"。常伯熊正是在陆羽《茶论》的基础上进行润色，才有了区分指点茶艺之事。李季卿不知其所以然，这才闹出了这场乌龙。但这件事情也反映出，在广德年间陆羽所著《茶经》初稿已经风靡到何种地步，之后，茶道大行，王公朝士无不饮者。

一般认为，陆羽对《茶经》的第一次修订在广德二年。前面说过，在安史之乱平定的次年（广德二年）陆羽设计了一只造型独特的风炉以示纪念，并镌刻"圣唐灭胡明年铸"七字铭文于风炉之上。而这件事反映在《茶经·四之器》中，证明了陆羽在制造出风炉后对《茶经》进行过一次修订，但改动应该不会太多。

第二次修订得益于《韵海镜源》的编纂。宋人李师道为《茶经》作序时提到自己曾见过《茶经》的4种版本，内容繁简不同，尤以"七之事"出入最大。"七之事"在全书中所占篇幅最大，囊括我国古代茶事记载48则，征引书目45种。其所征引的来源，除了陆羽平时读书积累外，也有的辑录自《修文殿御览》等类书，还得益于编纂《韵海镜源》时所见材料。《韵海镜源》卷帙浩繁，颜真卿邀请陆羽等人刊削前更是多达500卷，经史子集，无所不包。陆羽在编纂过程中，采辑相关茶事资料，对《茶经》又进行过增补完善。而陆羽定居吴兴后，遍访茶踪，对茶事进行过大量考察，这些新的识见也应该会被吸收到《茶经》中。学界一般认为，现在所见的《茶经》最终定稿出现时间不会晚于建中元年（780）。

《茶经》全书7000余字，分为上、中、下3卷，共10篇，主要内容如下：

上卷3篇，分别是"一之源""二之具""三之造"。"一之源"主要介绍茶的起源，茶树的形态特征，"茶"的字源，茶树生育的生态条件、栽培方法，茶叶的品质鉴别、功效等。"二之具"

主要介绍采茶、蒸茶、制作茶饼、干燥定型以及计数封藏所需的各种工具。"三之造"主要叙述饼茶的采制方法和品质鉴别方法。

中卷1篇，为"四之器"。主要罗列了28种煮茶与饮茶用具，并说明每件用具的制作原料、制作方法、规格及用途。

下卷6篇，分别为"五之煮""六之饮""七之事""八之出""九之略""十之图"。"五之煮"着重论述烤茶的方法和燃料、煮茶用水和煮茶火候，提出了茶汤的精髓。"六之饮"叙述饮茶风尚的沿革、传播以及饮茶习俗，认为真饮茶者只有排除饮茶所有的"九难"（九个难以掌握的环节：加工、鉴别、茶器、用火、选水、烘烤、碾末、烹煮、饮法），才能领略饮茶的奥妙真谛。"七之事"系统收集了上古至唐代与茶有关的历史资料，叙述茶人、茶事、茶的产地及功效。"八之出"论述茶叶产区，评各地所产茶之优劣，对于不甚了解地区，则坦言"未详"。"九之略"讲哪些采茶、制茶、煮茶、饮茶器皿可省略。"十之图"提出将《茶经》内容绘于白绢，挂于墙上，便于一望而知。

可知，最终修订的《茶经》体例严谨，各个章节编排合理，系统总结了唐代中期以前的茶叶历史、发展以及功效，涉及茶的栽培、采摘、制造、煎煮、品饮、文化、药理等方方面面，是当之无愧的世界第一部茶书，在茶文化史上具有无可比拟的重要地位。

《茶经》自问世以来便享有盛誉，受到文人士大夫的热烈追捧。当时饮用的茶有粗茶、散茶、末茶、饼茶，最主要的是饼茶，通过斫开、煎熬、炙烤、捣碎的方法处理后放入瓶罐中。一种是用滚沸的水冲泡，叫作"痷茶"；另一种是在茶中加入葱、姜、枣、橘皮、茱萸、薄荷之类的调味品，煮得沸腾，也就是晚唐皮日休在《茶中杂咏序》中所说的"浑以烹之"，皮日休说喝这种茶好像在喝蔬菜汤。陆羽则把这两种调制方式皆视为"沟渠间弃水"，他提倡煮茶法，重视茶汤的精华，也就是"沫饽"。通过器具和饮用程式的规范化、礼仪化，赋予饮茶以强烈的仪式感，将品茗升华为精神上的享受。皮日休推崇陆羽提倡的饮茶方式，认为自陆羽著《茶经》3卷，"才区分茶的产地源流，记录制作茶叶的工具，教人制茶技术、竹茶器具、煮茶方法。使得喝茶的人，可以祛除疾病，都要赶得上医生了"。

后世学者也给予《茶经》高度评价。宋代欧阳修著《集古录》时提到，茶见于前史，自魏晋以来有之，但后世提到茶必然会提到陆羽，则是因为为茶著书始自陆羽。明代朱权《茶谱》自序在历数茶的功效后说："始于晋，兴于宋，惟陆羽得品茶之妙。著《茶经》三篇。"另一位明人陈文烛甚至在《茶经序》中将陆羽与稷并举，说："稷树艺五谷而天下知食，羽辨水煮茗而天下知饮，羽之功不在稷下。"凡此种种，都说明了历史对陆羽《茶经》的高度认可。直到现在，陆羽与《茶经》仍是爱茶之人心中高山仰止的存在。

由于《茶经》在世界茶叶发展史上的杰出贡献，在海外流布甚广。美国茶学专家威廉·乌克斯评价"自此陆羽成名，其所成就，在其国内实属罕见，茶业界崇奉其为祖师"，对于《茶经》一书则说："中国学者陆羽著述第一部完全关于茶叶之书籍，于是在当时中国农家以及世界有关者，俱受其惠。"

第四章

晚年生活

一、风云再起

历时 8 年的安史之乱被视为唐王朝由盛转衰的分水岭，给大唐造成了严重的影响，主要体现在以下几个方面：其一，战乱导致经济破坏，全国著籍人口从天宝十三载（754）的 5200 万锐减至战后的 1600 万，原来的均田制与租庸调制难以为继，而新的赋税制度尚未形成。其二，战后以河北故地付安史降将，形成了

"不禀朝旨，自补官吏，不输王赋"的割据状态，而为了达到制约目的，在战时设置的中原藩镇也就不宜罢去了，这样一来，造成所谓的藩镇林立局面，终唐之世都没有彻底解决藩镇问题。其三，由于玄宗幸蜀，太子李亨北上灵武自立为帝造成的二元政治格局，导致政局不稳。肃宗在朔方军的支持下仓促即位，一方面不得不倚仗朔方军的支持，另一方面又绞尽脑汁地掌控以朔方军为首的平叛力量。控制的办法是频繁更换军队领导人以及扶植宦官势力进行制约，如此一来，无疑大大影响了平叛进程。更有甚者，由于宦官弄权，造成平叛将领被逼自杀、造反，影响就更恶劣了。其四，本是皇权衍生品的宦官势力过度膨胀，反过来又与皇权形成尖锐矛盾，权宦李辅国甚至对代宗说出"大家（皇上）但内里坐，外事听老奴处置"的话来。代宗朝虽然陆续除掉了李辅国、程元振、鱼朝恩等权势熏天的大宦官，但大量宫廷斗争造成的消耗也是显而易见的。其五，战乱期间西北军队赴内勤王造成边境空虚，吐蕃、党项趁机内侵，广德元年（763）甚至逼得代宗出逃陕州（今河南省三门峡市），后来虽然依靠郭子仪等大将收复了长安，但此后朝廷每年都需征调大量防秋兵到京西北防御吐蕃，又对经济、军事造成沉重的负担。

这些错综复杂的关系相互交织，牵一发而动全身，是陆羽生活的时代背景，也是我们探求陆羽的思想行为时需要拨开的重重迷雾。否则就会流于茶香萦绕的安谧表面，而忽视平静水面下的暗流涌动。

大历十四年（779）五月代宗崩逝于大明宫紫宸殿，他的长子李适即位，开启了德宗统治时代。德宗是在绚烂辉煌的开元年间出生、成长的，但开元盛世的美丽画卷在他14岁那年被安史之乱的刀光剑影粉碎。此后，这位尚显稚嫩的少年不得不在家国灾难前迅速成长起来，他亲眼见过人民的苦难，也经历过战火的洗礼，内心无限渴望能够重振朝廷权威、恢复昔日的荣光。再加上代宗治国能力着实有限，在他统治时期外有边境危机，内有藩镇作乱、农民起义，朝廷里宦官乱政、奸相（元载）祸国，天似乎仍未明，人们仍陷落在现实的痛苦与信念沦丧的迷茫失落里苦苦挣扎。在这种时刻，年富力强的德宗得继大宝带来了全新的气象，也带来了中兴的希望。

德宗一登基就施行了释放宫人，裁撤伶人，纵放驯象、鹰犬、斗鸡等一系列善政。在经济上，罢四方进献，纠正历年的贡献弊政；以户部尚书刘晏判度支，总领天下财赋；又在宰相杨炎的建议下实行两税法，不论是本地的原住户还是外来的客户，一律以现居住地为准，以土地和财产的多少来缴纳赋税。在军事上，通过尊郭子仪为尚父，加太尉、中书令衔，增实封2000户的方式明升暗贬，解除了他的兵权；不久，又利用西川节度使崔宁回朝觐见之机，罢去他节度使之职，另以荆南节度使张延赏为西川节度使；平定了当时屯驻泾州（今甘肃省泾川县）的安西、北庭行营留后刘文喜之乱。在政治上，德宗一改其父代宗倚重宦官的做法，严禁宦官干政，改用朝官。在外交上，太常卿韦伦出使吐蕃返程时，吐蕃宰相论钦明思随来修好，西北边境暂获安宁。一切看起来是那么充满希望。

然而，理想很丰满，现实很骨感。德宗即位初的踌躇满志很快被现实狠狠拍打，归根到底，一是国家没钱，二是他太想打压跋扈藩镇的嚣张气焰了。在第一个问题上，德宗采取种种聚敛钱财的手段，自毁新确立的赋税制度，引得民怨沸腾。这些聚敛手段中也包括与本书密切相关的"茶税"，这个容后再述。这里先来看他在藩镇问题上因举措失当而引起的河北藩镇的联合抵抗。

起因是建中二年（781），成德节度使李宝臣死，其子李惟岳秘不发表，诈以李宝臣的名义奏请朝廷，请求继任节度使，被朝廷拒绝。于是，李惟岳自为留后，又请魏博节度使田悦出面陈情，不想还是遭到了德宗的断然拒绝。德宗此举侵害了藩镇的集体利益。因为按照所谓的"河朔故事"，以土地传子孙是重中之重。此前，魏博节度使田承嗣去世时，他的侄子田悦便受诏为留后，继而被任命为节度使。李惟岳拉上田悦为自己陈情也有这方面的考虑。面对德宗的一意孤行，成德李惟岳、魏博田悦、淄青李正己联合山南东道梁崇义一起反抗，史称"四镇之乱"。德宗削藩意志坚定，立刻调兵遣将，几乎调动了全国的勤王军队予以征讨。本来战争形势一片大好，山南东道因为地褊兵少，很快被邻镇的淮西李希烈攻破，节度使梁崇义自杀而亡，始作俑者李惟岳也于次年春天被部将王武俊杀害，田悦与李纳（李正己于建中二年八月病逝，其子李纳擅领淄青军政）同样遭受重创。但是，由于德宗对有功藩镇的封赏失当，导致即将到手的胜利果实化为乌有。

为分化成德镇的实力，德宗采取将成德七州之地一分为三，分任三将的办法。具体是以张孝忠为易、定、沧三州节度使，以康日知为深、赵二州都团练观察使，以王武俊为恒、冀二州都团练使。王武俊首先就不干了，李惟岳是他亲手所杀，自以为功劳在康日知之上，现在却要和康日知平起平坐，平时就看不上眼的张孝忠反而位居节度使，叫他怎么咽得下这口气？德宗还让王武俊拨粮食 3000 石给朱滔，马 500 匹给马燧，是可忍孰不可忍！王武俊愤而拒诏，坚决不让出赵、定二州。幽州节度使朱滔也有自己的不满，当时奉诏南征时，德宗可是许诺了将所占成德之地划给他管辖的，现在诏令退出深州，引兵北还幽州，明晃晃的出尔反尔、过河拆桥。被马燧围困的田悦得知二人的不满，立即派人秘密游说，经过一番讨价还价，三人结成同盟，商定共抗朝廷。要说德宗这个人，他确实是想有所为的，心怀重振朝廷权威的壮志，所以主动向跋扈的藩镇亮剑，但是他坚决却不坚毅，一旦挑衅惹祸、无法收场后，很快就会退缩认怂。这次也一样，一听到消息，立即赐爵朱滔通义郡王，但朱滔反心已定，杀掉军中不愿反叛的将士，率军夺取赵州宁晋县。同时，王武俊的儿子王士真在赵州围困康日知，王武俊则统军会同朱滔救援田悦与李纳，叛军互为援引，声势复振。

建中三年（782）七月，缺乏识人之明的德宗又给自己埋了个大雷，令李希烈兼平卢、淄青、兖郓、登莱、齐州节度使，发兵讨李纳。李希烈可不是个善茬，早有不臣之心，德宗此举正中他下怀，于是统兵北上许州（今河南省许昌市），暗地里却与叛乱藩镇勾结。十一月，朱、王、田、李四人公然结盟称王，朱滔称冀王，王武俊称赵王，田悦称魏王，李纳称齐王。十二月，他们共推兵力最强的李希烈为帝，李希烈自称天下都元帅、太尉、建兴王。五镇沆瀣一气，战争至此全面升级。

二、漂泊江湖

陆羽的晚年开启于云谲波诡的藩镇动乱中，他的诸多好友纷纷卷入其中，有人建功立业，有人舍生取义，有人牵连枉死。而他自己，辗转各地，为生存，为情谊，为梦想，漂泊江湖，皓首穷茶。

建中三年（782），陆羽蒙当时在湖南观察使嗣曹王李皋幕府为从事的戴叔伦推荐，受邀为幕府宾客。于是，他应邀前往湖南，朋友们折柳相送，权德舆《送陆太祝赴湖南幕同用送字》诗云：

不惮征路遥，定缘宾礼重。

新知折柳赠，旧侣乘篮送。

此去佳句多，枫江接云梦。

太祝是太常寺属官，正九品上，负责祭祀时出纳神主与读祝文。《新唐书·陆羽传》中记载了诏拜陆羽为太子文学与太祝之事，但未载具体时间，通过权德舆此诗知道最晚不会超过建中三年。按照古人的习惯，虽然两次征召，陆羽都没有就职，但大家仍可以用这种官职来称呼他。

陆羽到达长沙后不久，李皋于十月改洪州刺史、江西观察使，戴叔伦、陆羽随之赴洪州（今江西省南昌市）。此时的大唐动荡再起，继朱滔、王武俊、田悦、李纳称王之后，被德宗寄予平叛希望的李希烈于十二月反戈一击，公开叛唐。当时李皋正扶母丧归河南安葬途中，行到荆南，德宗令其归镇参与平叛。一开始，德宗其实是做了两手准备的，在调兵平叛的同时，还想着"不劳军旅"劝服李希烈。因此，听取了奸相卢杞的建议，派德高望重的颜真卿前往宣慰。此计一出，百官愕然，宰相李勉密奏德宗说："这一去，将失去一位国老，令朝廷蒙羞啊！"走到河南时，河南尹郑叔则也劝颜真卿："李希烈反状已明，这是去送死。"颜真卿难道不知此去凶多吉少吗？可他是颜真卿啊！昔日，以一腔孤勇策动河北诸郡抵挡住安史叛军的势如破竹，现在虽已垂垂老矣，却依然不坠"虽千万人吾往矣"的赤胆忠心。不出所料，颜真卿一到李希烈军中就被囚禁了，其间遭受威胁、谩骂、折辱无数。

建中四年（783）正月，德宗终于不再对李希烈抱有希望，派哥舒曜率原凤翔、邠宁、泾源三镇兵以及奉天、好畤的神策军出兵讨伐。二月，哥舒曜克复汝州。三月，李希烈对鄂州展开攻袭，被刺史李兼抵御住了。同时，还遭到江西节度使曹王李皋的反击。作为江汉地区战事的负责人，李皋还是非常得力的，他在黄梅斩李希烈帐下大将韩霜露，收复黄州（今湖北省黄冈市），后又收复蕲州（今湖北省黄冈市蕲春县北）、江州（今江西省九江市）。这些胜利暂缓了李希烈的南侵势头。

　　李皋奉命讨伐李希烈期间，戴叔伦起初代领使府，随着战事愈演愈烈，奔赴行营为掌书记。戴叔伦临行前写诗酬别好友崔载华："临风脱佩剑，相劝静胡尘。自料无筋力，何由答故人？"没有豪气干云，也没有慷慨激昂，反而流露出一种渴望安宁的心愿，以及在现实面前的无力感。这是他对好友袒露的真实心态，恐怕可以代表很多士人的心理。渴望安宁却又不得不战，因为后者是使命，是不可推卸的责任。大唐文人的可爱正在于他们的真实——正视本心却又挺膺担当，而社会正是由这样的人来支撑，来推动。随李皋四处征讨的戴叔伦在黄梅大捷后作《江西节度出使记》纪功，蕲州之战后又作《蕲州行营作》诗。后来发生泾原兵变，德宗出奔奉天，在南方藩镇多闭境自守的情况下，戴叔伦则在曹王李皋派遣下向在奉天的德宗皇帝进贡。他吟"岁除日又暮，山险路仍新"，但又说"陪臣九江畔，走马来赴难"，即便路上千难万险，仍是星夜赴难在所不惜。

既然府主与好友都不在，陆羽也就离开了洪州，移居信州上饶县东茶山。在隐居上饶的这段时间里，他建宅筑亭，种植茶树，凿石引泉，颇具意趣。信州刺史姚钦倾慕其风，经常前来拜访。如果我们光看陆羽种茶引泉的隐居生活，或许会产生岁月静好的感觉。不可否认，这是历史的一个面相，甚至也是真相，但真相的背后是无数的战士在负重前行，为大唐的普通百姓荡平魑魅魍魉。他们可能是天潢贵胄李皋，可能是文弱书生戴叔伦，也可能是耄耋老者颜真卿，不分年龄、不分身份，是身为大唐臣子的自觉与自尊在支撑着他们"苟利国家生死以，岂因祸福避趋之"！

李希烈的南侵势头被遏制，转而对襄城（今河南省襄城县）发起猛烈进攻，企图威胁东都，德宗又派永平、宣武、河阳都统李勉为淮西招讨使进行救援。原本李勉采用围魏救赵之策，遣部将攻袭李希烈占据的许州，想以此解襄城之围。可惜，德宗喜欢遥制领兵将领的毛病又犯了，李勉部还没到许州就接到德宗的斥责诏书，只得撤兵返回，半途遭到敌军袭击，伤亡过半，辎重兵械损失惨重，领兵将领唐汉臣与刘德信分别逃往汴州和汝州。李勉派去助守东都的援兵也被李希烈切断后路，不得返汴。襄城之围未解，东都也告急了，形势瞬间转危。到了这种时候，德宗也没得选了，不得不征调"惯于闹事"的泾原兵东出平叛，正是这支军队引发了著名的"泾师之变"。

建中四年（783）十月初，泾原节度使姚令言率5000名泾原兵离镇赴援，当时天气寒冷，又逢下雨，冒雨行军的泾师盼着到达长安后获得丰厚的赏赐，但朝廷一无所赐，京兆尹王翃奉命犒师，提供的却是粗菜粝饭，甚至于"肉败粮臭"，这些老兵油子瞬间就怒了，踢翻饭菜，扬言道："我等抛弃父母妻子，将死于敌，却连饭都吃不饱，还如何对阵！听说皇上的琼林、大盈二库宝货堆积，何不取而自活！"于是，就从浐水鼓噪而回，大肆抢掠，京师大乱。德宗听闻消息，大惊失色，急令赏赐布帛20车，并让普王和翰林学士姜公辅前往安抚，但已经于事无补了。二人刚出宫门，叛军已经陈兵丹凤门下，仓皇之间，只有宦官窦文场、霍仙鸣所率百余人护着德宗以及少量宫妃、太子、公主从北苑便门逃出，来不及跟随的十之八九。

先前说过，德宗在即位初期是疏斥宦官的，但他任命的神策军使白志贞竟然在关键时刻掉链子，招募的禁军多是京中富商挂名，乱军入城，德宗召禁军护卫时竟然没有一个人来！德宗成为第三位出逃大明宫的大唐天子，帝王权威扫地，担惊受怕地逃到奉天（今陕西省乾县），后来李怀光之乱爆发，再奔梁州（今陕西省汉中市），自此之后又回到了怀疑朝官、信任宦官的老路上来。这是后话。

战争还在继续，且随着皇帝离开京师，局面更加混乱。在京城，叛军拥立朱泚的兄长——此时正被德宗软禁在京的朱泚为帝，公开另立朝廷，与唐廷展开了殊死搏斗。德宗在奉天被围月余，最困难的时候连饭都吃不上，不得不派人黑夜里去城外采芜菁根，也就是俗称的"大头菜"，可见已经弹尽粮绝到何种地步。奉天城朝不保夕，生死存亡之际，悍将李怀光率5万大军自河北战场回师，在醴泉（今陕西省礼泉县北）击溃了朱泚的阻击部队，朱泚见形势逆转，怕受官军两面合围，于是撤奉天之围，退回了长安。

李怀光5万雄师的到来解德宗于倒悬，起到了扭转乾坤的作用，于唐是有大功的。但是德宗受奸臣卢杞等人挑唆，加之本身对武将的猜忌，再度作出令人大跌眼镜的决定。德宗并未召见千里赴难的李怀光，而是诏令他径屯西渭桥，与李晟等将领一起收复长安。李怀光自得知德宗出奔奉天的消息，自河北战场昼夜兼程、奔赴千里而来，近在咫尺却不得德宗召见，一腔热血被冷水当头浇下，心中的愤懑与寒心可想而知。这一对君臣在互相猜疑中开始离心离德、渐行渐远。李怀光最终也走上了反叛之路，而他的反叛更导致德宗腹背受敌，仓促之下再从奉天逃往梁州。

在南方，原本正与李希烈作战的南方诸镇听闻"泾师之变"的消息，除曹王李皋外，均引军退还本镇作壁上观。弹尽粮绝、救援不至，被困于襄城的哥舒曜、困于汴州的李勉都不得不弃城而走，华州刺史李澄举城投降。李希烈占据襄、汴、滑三州，控制了江淮财赋运输线，这样一来等于扼住了唐廷的咽喉。兴元元年（784）正月，德宗在翰林学士陆贽建议下发布罪己诏，赦免除朱泚以外所有的反叛者，同时，还宣布停罢除陌、间架、竹、木、茶、漆、铁税之类，总算是起到了一些收获人心、鼓励士气的作用。据史书记载，哪怕是骄兵悍将听到诏书内容，都感动得热泪盈眶，老百姓们可以少交很多税，也很高兴。在这种情况下，河北藩镇内部出现了分裂，为唐廷的各个击破提供了可能性。但志得意满的李希烈自恃兵强马壮，在汴州公然称帝，国号大楚，改元武成，与唐廷分庭抗礼。一时间，出现了三个朝廷，局势之混乱可见一斑。

为进一步夺取东南财赋之地，李希烈以 5 万之众进犯宁陵（今河南省宁陵县）。濮州刺史刘昌奋勇抵抗，于是李希烈派杜少诚率步骑 1 万多人南攻寿州（今安徽省寿县），企图对江淮形成南北夹击之势。濠、寿、庐三州团练使张建封率部力战，将杜少诚阻于霍丘（今安徽省霍邱县）。杜少诚转而攻蕲、黄二州，想要切断长江运路，被曹王李皋手下大将尹慎大败于永安戍（今湖北省黄冈市）。同时，鄂州刺史李兼在夏口（今湖北省武汉市）击败李希烈部将董侍，粉碎了对方想要截断长江财赋运输线的阴谋。李希烈连番受挫，兵势穷蹙。兴元元年（784）十一月，大败于陈州后就逃窜回蔡州老巢龟缩不出。在官军强大的军事压力下，李希烈阵营内部出现分裂，贞元二年（786）三月被部下大将陈仙奇毒杀，他的妻子、儿子也被一并杀害。至此，南方的战火总算平息。

但是，奉命宣慰的颜真卿却没能见到这一天。在兴元元年（784）八月的时候，李希烈听闻弟弟李希倩在京师被杀的消息，愤怒之下派人杀害颜真卿于蔡州龙兴寺。李皋是最先得知这个消息的，他从蔡州归顺的人那里听说此事，还没有听完对方的话，就已经悲伤得涕泗交流。颜老大人以身殉国的消息传开，三军呜咽，草木同悲。德宗得知后也是痛悼异常，废朝五日，赠谥"文忠"。按谥法，"经纬天地曰文，道德博闻曰文"，又"危身奉上曰忠，虑国忘家曰忠"，"文忠"是朝廷对臣子的极高评价。傲骨不随岁月除，纵成枯骨也无悔。颜鲁公走完了属于他的斗士的一生。

历史当然不会记录山人陆羽得知此消息后的心情，但这是可以料想得到的。他待朋友向来赤诚，更何况是于国有大功、于他自己有提携照拂之情的颜鲁公呢？后来，陆羽撰写《僧怀素传》，追忆怀素与颜真卿切磋书法之事，颜真卿徜徉而笑的神态、细问怀素学习心得的关怀以及感叹怀素草书精妙的话语，无不刻画出这位老大人在他心目中宽和待人、提携后辈的形象。

占据京师的朱泚在李晟、浑瑊、骆元光、尚可孤等将领的联合围攻下被击溃，兴元元年（784）七月，京师光复，德宗从梁州返回长安，结束了颠沛流离的逃亡生涯。又派马燧征讨李怀光，在贞元元年（785）八月平定了李怀光之乱。河北藩镇内部在朱泚称帝、朱泚弟朱滔势力膨胀后出现裂痕，之后德宗朝廷所采取笼络田悦、王武俊、李纳，孤立朱滔的措施奏效，河北藩镇动乱最终以朱滔在兴元元年六月病死幽州，其余三镇去王号，与唐廷重新建立臣属关系告终。这是双方相互妥协的结果，经此之后，德宗认识到朝廷没有武力解决藩镇问题的实力，也消磨了起初的锐气与魄力，回到代宗以前"姑息"怀柔的老路上来。

如果我们抱着"理解之同情"去看待德宗，也能明白他那种梦想被现实狠狠击碎后的痛苦，甚至是被迫与"乱臣贼子"妥协的屈辱。但是，作为封建帝王而言，缺乏战略眼光与应变能力的代价是血流成河、伏尸千里。想要恢复朝廷权威的初衷固然好，若没有与之匹配的能力，就会给人民带来巨大的灾难。从这个角度来看，"姑息"尽管屈辱，却可使战乱四起的国家重回安定，而安定正是大唐百姓所急需的。

随着南北烽火的平息，陆羽那颗为好友们时刻悬挂的心也可以暂时落回肚子里。在贞元元年（785）的时候，迎来了旧友孟郊。孟郊是湖州武康人，早年曾参加过皎然、陆羽等人的湖州诗会，中年隐居河南，目睹过藩镇之乱下百姓的苦难。他从"两河春草海水清，十年征战城郭腥。乱兵杀儿将女去，二月三月花冥冥。千里无人旋风起，莺啼燕语荒城里"的战乱之地来到陆羽的茶山新舍，犹如进入武陵桃源，不禁提笔写下《题陆鸿渐上饶新开山舍》诗，"凿石先得泉"一句说的就是陆羽在茶山开凿的泉水。此泉色白味甘，被称为乳泉，后人又叫它"陆羽泉"。离上饶不远的弋阳县也有陆羽踪迹，《太平寰宇记》中记载弋阳县的万寿泉经陆羽品评，认为是信州第三泉。

根据权德舆《萧侍御喜陆太祝自信州移居洪州玉芝观诗序》的记载，贞元二年（786）秋，"连帅大司宪李公"入朝觐见，由当时正权领信州的御史萧瑜代领留后事务，陆羽在萧瑜的邀请下赴洪州，居玉芝观。这位"连帅大司宪李公"就是之前在鄂州抵挡住李希烈兵锋的刺史李兼，他已于贞元元年（785）四月时改为洪州刺史、江西都团练观察使。贞元二年（786），辟权德舆为观察使判官。权德舆，字载之，天水略阳人，是出了名的神童，据说4岁能诗，15岁已积文成帙，出个人诗文集了。权德舆并没有像一般士人一样去考进士，可他的名声太大，先后被韩洄、杜佑、包佶、李兼等节度、观察使辟属。后来，连雅好文学的德宗都听说了他的大名，召入朝为太常博士，开启了他掌纶诰、拜宰相的开挂人生。当时，权德舆虽然还称不上执文坛之牛耳，也已经是声名远播的大才子，他描绘陆羽从信州移居洪州时的盛况，"凡是他到达之处，那个地方一定先派人来郊外迎接，奉上各种饮料表示欢迎"。称赞陆羽以文词受到时人的认可与追捧。陆羽与萧瑜的相处非常融洽，常互赠诗歌，一般是萧瑜唱之，陆羽酬之，法曹参军崔载华和之，唱和之作被编录成集，开篇以萧瑜《喜陆太祝移居洪州玉芝观诗》领首，权德舆作序。诗集虽已亡佚，但从一代文宗权德舆"其词清越""粲然可观"的评价来看，颇具文学价值。

贞元二年（786）末发生戴叔伦被人诬告之事，除夕前往抚州辩对，陆羽坚定地相信好友的清白，并写信前去安慰处于低谷中的戴叔伦。贞元三年（787），案子昭雪，戴叔伦洗刷冤屈后，作《抚州被推昭雪答陆太祝三首》感谢陆羽的信任有加。

贞元五年（789）左右，陆羽赴岭南为节度使李复的从事。岭南不仅山高水远，且潮热多瘴疠，往往是贬官、流放罪人的地方，因此，唐人不可避免地有着畏惧心理，更谈不上什么"宜居城市"了。不过，陆羽远赴岭南倒是有迹可循。这位节度使李复与陆羽早有渊源，他是陆羽的伯乐李齐物的儿子。唐代幕府宾主之间往往关系亲密，辟属亲故入幕的情况很常见。不管是李复想要招个"自己人"来辅佐自己，还是陆羽想投奔李复，都解释得通。到贞元八年（792）李复被征拜宗正卿入朝的这段时间里，陆羽在岭南度过。因寓居东园，自号东园先生。

唐末有位叫段公路的士子曾亲游五岭，并采撷岭南民风土俗、饮食衣制等，写成一本叫作《北户录》的书，书中的记载可以帮助我们了解陆羽在李复幕府的生活。该书卷二"斑皮竹笋"条讲到贞元五年（789）秋，有犯盐禁的海户避罪逃到罗浮山，在第十三岭遇到竹围21尺，39节、节长2丈的巨竹，海户剖成篾带了回来。后来被一军人得到一篾，觉得甚是奇特，将它献给了李复，李复就命陆羽"图而记之"。这是陆羽的老本行了，他本身就爱记载风土人情，绘制图经、图记之类。《北户录》接着又记，李复对广州桑苎翁说："视听之外，经籍没有著录或者不合而有的，不知凡几。更何况这竹子载在图记，不足为奇。汉太尉许慎《说文》中的长节竹，叫作'笭'（音'钟'）的，不就是罗浮山龙钟的意思吗？"这里的广州桑苎翁就是陆羽，李肇在《唐国史补》中即称陆羽"于南越称'桑苎翁'"。听了李复的这番话，陆羽也讲述了两则奇闻来证明草木长在山海之间，奇形怪状的很多：一是天宝末年，韦虚舟寓于庐山瀑布泉，当时夏月多雨，见到瀑布之中流出一阔5寸，长1尺2寸的桃叶；一是至德初，徐凝于海盐县白塔山沙渚之上，得到一桃核片，可贮一升。陆羽博闻多识、能写会画，足以充当文牍刀笔之用，又诙谐幽默、能说会道，随兴讲两则趣闻八卦不在话下，与府主的相处想必融洽。他的太子文学官衔很可能就是府主李复奏授的。

当然，陆羽也非一般的士人，若他羡"朝入省、暮入台"，大可以应朝廷征召去做官。除却与李复的私人关系，用足迹丈量、考察岭南广大地域的好泉佳茗应该也是吸引他不远千里前往的动因。陆羽在岭南的行迹见载于一些地方志中。宋代史地名家王象之的《舆地碑记目》卷三《韶州碑记》就说陆羽题名在仙人石室中，古传是陆鸿渐尝水至此。《韶州府志》记载"陆羽题名并镌'枢室'二字，余襄公有《记》"。余襄公就是北宋著名的政治家余靖，韶州曲江（今属广东省韶关市）人，曾应乐昌知县黄子京之邀撰写《同游泷溪石室记》，其中提到石室中有陆羽题名墨迹。此事又载于《乐昌县志》。泷溪石室位于今广东省乐昌县西石岩寺内，寺内不仅有陆羽题名，还有六祖慧能休憩的石床，故被称为"仙人石室"。

　　一同辅佐李复的还有周愿、马总等人。周愿曾因参与《韵海镜源》的修撰而与陆羽共事过一段时间，但因有事中途离开了。一同供职于李复幕府的经历加深了他们之间的情谊，到元和四年（809），周愿出任竟陵太守，游览陆羽年少时居住的西塔寺（即龙盖寺改名），睹物思人，作《牧守竟陵因游西塔著三感说》怀念陆羽。文章高度赞扬陆羽学识精深，精通各家学说，交游广阔，各路士大夫都和他友好。又说他能言善辩，诙谐幽默；文才德行，都赶得上孟子了，但是唯一没有达到的就是取得高官职务。周愿追忆说贞元十三年（797）李复出任义成军节度使时，他和马总又做了李复的幕下宾。但这一次并未见陆羽踪影，陆羽应是在离开广州后就回到了第二故乡——湖州的青塘别业隐居。

　　青塘别业位于湖州府城的青塘门外，于大历十年（775）建成，是一处幽静雅致的居所。当年，陆羽新居落成，皎然、李萼等诗友结伴前来祝贺，义兴权明府也从君山赶来，新朋旧友欢聚一室，均为陆羽乔迁新居而欢欣雀跃。皎然《喜义兴权明府自君山至，集陆处士羽青塘别业》诗中描述道："身关白云多，门占春山尽。最赏无事心，篱边钓溪近。"置身于别业，坐看满山春色、云卷云舒，连日子都似变得悠长起来。对于闲云野鹤的陆处士来说，的确是一处悠然度日的好去处。叶落归根、年老思归，竟陵已没有亦师亦父的积公，于陆羽而言，湖州才是最深的牵挂，这里承载了他的光辉岁月与意气风发。有杼山的好友皎然，有青塘别业宾客满堂的回忆，有熟悉的一切，在此终老也算是为自己与湖州的缘分画上了完满的句号。

一生行走在路上的陆羽年事已高，不再适合四处漂泊，距离湖州不远的杭州和苏州倒尚在行程范围之内。贞元十年（794）前后，陆羽曾在苏州虎丘小隐。《吴郡志》载虎丘之北有"陆羽楼"，是贞元中陆羽寓居虎丘的故址。《苏州府志》记有他在虎丘山凿泉种茶的事迹，后世称他所凿的井为"陆羽井"。产茶的灵隐山也是陆羽暮年经常游历的地方，《宋高僧传》卷二一《唐杭州灵隐寺宝达传》说贞元中陆羽常游灵隐，并与宝达禅师往来。

此后，陆羽事迹不可考知。贞元十九年（803），漂泊一生的陆羽在他的第二故乡湖州溘然长逝，死后与挚友皎然同葬于杼山。

三、闭门著书

　　陆羽在时人眼中，首先是诗人、文人，其次才是茶人。这从耿㳚评价他"一生为墨客，几世作茶仙"，权德舆赞他"以词艺卓异为当时闻人"可以证明。宋人费衮《梁溪漫志》中说陆羽为茶所累，并发表议论："人不可偏有所好，往往会因嗜好而掩盖其他长处。比如陆鸿渐，本是唐代的文人达士，特以好茶，使人误以为他只能品泉别茶而已。"又说："他书皆不传，盖为《茶经》所掩。"如其所言，因为《茶经》的名声太大以至于后世对陆羽的了解往往停留在茶学成就上。实际上，陆羽博学多才，在文学、书法、地理、历史、艺术方面均有建树。他一生著作宏富，仅据《陆文学自传》，就有《君臣契》3卷、《源解》30卷、《江表四姓谱》8卷、《南北人物志》10卷、《吴兴历官记》3卷、《湖州刺史记》1卷、《茶经》3卷、《占梦》3卷。据学者研究，陆羽的确撰写过自传，但现存的《陆文学自传》并非原貌，而是经过后人加工的。以上作品自然也未必撰于陆羽29岁以前。故本篇虽编目于陆羽晚年，但因多数作品没有明确系年，所以按类整理，却不一定是陆羽晚年所撰，而是对其毕生著作的一个梳理，这一点还请读者知悉。

陆羽善诗，作有《四悲诗》《天之未明赋》《会稽东小山》《六羡歌》《四标诗》《绝涧》《玩月》《题康王谷泉》等。另有一些诗文曾结集成册，惜已不传。如在竟陵与崔国辅交游三年，有"酬酢之歌诗并集传焉"；颜真卿任湖州刺史期间曾与客会饮，唱和《渔父词》，首唱是张志和之词（西塞山前白鹭飞，桃花流水鳜鱼肥。青箬笠，绿蓑衣，斜风细雨不须归），颜真卿、陆羽、徐士衡、李成矩等人共和 25 首；居洪州玉芝观时，与萧瑜、崔载华往来唱和，诗文编录成集，权德舆作《萧侍御喜陆太祝自信州移居洪州玉芝观诗序》记录此事。

大历年间浙西文坛盛行在宴会中联句，两人或多人创作，联结成篇。陆羽也在各种宴饮活动中留下联句之作，如《秋日卢郎中使君幼平泛舟联句》《远意联句》《暗思联句》《乐意联句》《恨意联句》《登岘山观李左相石尊联句》《水堂送诸文士戏赠潘丞联句》《连句多暇赠陆三山人》《与耿沣水亭咏风联句》《又溪馆听蝉联句》《送耿沣拾遗联句》《三言喜皇甫曾侍御见过南楼玩月联句》《七言重联句》《七言醉语联句》《竹山连句题潘氏书堂》等。

文章方面，传记类作品有《陆文学自传》《僧怀素传》。后者是为中唐草书大家怀素所写的传记，见载于《全唐文》卷四三三。与一般的人物传记体例不同，《僧怀素传》并未叙述传主的个人信息、生平情况等，而是侧重怀素学书的刻苦与师承，特别是描述怀素与颜真卿交流笔法时用词生动，文采斐然，虽是篇六七百字的短文，却有着小说情节似的一波三折。难能可贵的是这篇小传中提出了许多重要的书学概念，足见陆羽本人对于书法的真知灼见。关于书法，《全唐文》同卷还收录陆羽《论徐颜二家书》，内容是陆羽对当世名家颜真卿与徐浩书法的点评。另有如下作品。

《与杨祭酒书》：这是大历五年（770）时陆羽写给国子祭酒杨绾的信，北宋钱易《南部新书》中保留了五句："顾渚山中紫笋茶两片，此物但恨帝未得尝，实所叹息。一片上太夫人，一片充昆弟同啜。"可见，陆羽曾大力推销顾渚茶。常州贡茶就是常州刺史李栖筠在陆羽推荐下进贡，从而得到皇帝认可的。杨绾出任国子祭酒在大历五年二月，同年，诏令湖州与常州一道分山造茶，很可能是陆羽"恨帝未得尝"的叹息直达天听的结果。

《洪府户曹柳君笺事状》：赵璘《因话录》卷三提到陆羽与他的外祖柳淡交情深厚，曾为任户曹参军的柳淡代写《笺事状》。

陆羽十几岁从龙盖寺出逃时曾混迹优伶，童星事业干得风生水起，不但戏演得好，还能写剧本。

《谑谈》：《白孔六帖》卷六一记载"陆羽为优人，作《诙谐》数千言"，《新唐书·陆羽传》也如此记载。此《诙谐》即《陆文学自传》中所云混迹伶党时撰写的《谑谈》3 篇。

《韶州参军》：成书于唐末的《乐府杂录》是一部记载唐代音乐、歌舞、杂戏、技艺方面的资料书，书中记载陆羽曾为《韶州参军》撰词。关于参军戏，前文已有提及。《韶州参军》就是参军戏表演的一个脚本，陆羽本身就是表演参军戏的高手，数千言的《谑谈》都能信手拈来，一个剧本更是不在话下了。

"茶仙"陆羽在当时就享有盛名，除了《茶经》一书，还有相关茶学论著。

《水品》：南宋赵彦卫的《云麓漫钞》卷十说陆羽别天下水味，各立名品，有石刻行于世。因此，有观点认为指的是张又新《煎茶水记》中所列的陆羽品评二十种名水。但据同治《湖州府志》卷五十六《艺文略》引《云麓漫钞》此句，说的是陆羽著有《水品》一书，并标注"佚"。同书卷十九在记述金盖山的地理环境时，引用过一条唐陆羽《水品》的佚文"金盖故多云气"，可见陆羽的确著有《水品》一书。内容很可能不仅是评判名水，还涉及山川环境。南宋的爱国诗人陆游嗜茶，曾在《戏书燕儿》一诗中说："水品茶经常在手，前身疑是竟陵翁。"意思是手边常备

《水品》和《茶经》，就好像自己和陆羽一样懂茶，说明到南宋时还能见到《水品》一书。

《毁茶论》：根据《封氏闻见记》的记载，李季卿宣慰江南时曾先后召常伯熊和陆羽来煎茶，常伯熊身披黄衫，头戴乌纱帽，煎茶时举止从容优雅，而陆羽身衣野服，煎茶程序又与常伯熊一致，于是李季卿以为陆羽是徒有虚名之辈，"心鄙之"，命奴仆取钱30文打发"煎茶博士"陆羽。陆羽心高气傲，往来于名流，受此羞辱，愤而著《毁茶论》。《新唐书·陆羽传》与《唐才子传》采用此说，但历代书目均未见著录，故而陆羽是否著有此文成谜。我们认为陆羽性格"褊躁"，比较执拗，在遭受羞辱之下，是很有可能著《毁茶论》的，但从他之后仍积极践行茶事活动来看，所谓的"毁茶"应当不是毁茶事、废茶道，而是破除一些流于形式的"瞎讲究"。也有一种可能，当李季卿了解事情原委，并且知晓陆羽的为人后，便不会"以衣取人"，从后面李季卿在扬子驿邀请陆羽辨别南零水可知二人"不打不相识"，已有"倾盖之欢"。

陆羽还是知名的地志学家，这是当时文人的共识，如独孤及做常州刺史时，无锡令敬澄修葺惠山寺泉，听闻"有客竟陵陆羽，多识名山大川之名"，特向他求教。陆羽一生撰写了众多的方志，尤以湖州方志为最多。

《吴兴图经》：颜真卿在大历十二年（777）被征召回京前，曾重修湖州的项王庙碑。据其所撰《项王碑阴述》，西楚霸王项羽曾避仇于吴，后人立庙祭祀不绝，又有种种神异事迹，而这些都是他从陆羽所撰《图经》中得知的。不过，颜真卿《梁吴兴太守柳恽西亭记》一文在介绍湖州乌程县南水亭的历史时，又征引自陆羽《图记》。这一经一记的差别，可能是因为这部吴兴方志是图文结合的。贞元十五年（799），大才子顾况撰述《湖州刺史厅壁记》，他的参考书有"《旧记》，吏部李侍郎纾；《图经》，竟陵陆鸿渐撰"，也将陆羽所撰之书称为《图经》。综合考虑，取《吴兴图经》之名。

《杼山记》：大历九年（774），坐落于杼山的三癸亭落成，颜真卿撰《湖州乌程县杼山妙喜寺碑铭》以兹纪念。碑铭中关于杼山历史、地理与典故的记载源自陆羽，颜真卿特意在文中标明"处士竟陵子陆羽《杼山记》所载如此，其台殿廊庑建立年代并具于《记》中"。《杼山记》原文不存，唯颜真卿文中转录部分内容。

《顾渚山记》：初见于皮日休《茶中杂咏序》，他说陆羽撰有《顾渚山记》2篇，其中多言茶事。《太平广记》中有4条佚文引自《顾渚山记》，分别是"获神茗""飨茗获报""绿蛇""报春鸟"，从内容看，多为茶事、茶史以及顾渚山的自然风物，可视为一本涉及茶事的顾渚山风土志。

《天竺灵隐二寺记》：陆羽曾作《天竺灵隐二寺记》，潜说友《咸淳临安志》中录有佚文，记载了该地的灵隐寺、石门涧、连岩栈、伏龙栈、理公岩、呼猿洞、葛坞朱墅、醴泉、袁君亭、丹灶堂、隐居堂、许迈思真堂等景点。这篇文章后来曾刻制成碑，立于下天竺寺的曲水亭畔，现已无传。

《武林山记》：《咸淳临安志》存"秦王缆船石"一条，虽仅存这一条，但内容却非常重要。据传，秦始皇东巡至此曾用这块大石缆船。陆羽《武林山记》云："自钱塘门至秦皇缆船石，俗呼为'西石头'。"后来这块大石有着非常传奇的经历。五代时，吴越国王钱俶曾在"秦始皇缆船石"旁建兜率寺，并在"缆船石"东侧石壁上雕琢两尊佛；到北宋末年又出现了一位奇僧——思净和尚，这位和尚将这块大石镌刻成弥勒半身像，"缆船石"就变成了"大石佛"。陆羽好古，对于历史沿革多有研究，信手一记便成了考察杭州古迹遗存的珍贵资料，可惜全文不存，甚是遗憾。

《游慧山寺记》：慧山也作惠山，这篇文章被收录到《全唐文》中，是陆羽唯一遗存的完整志记。此文旁征博引，考证慧山的历史、古迹的由来，又重点介绍了从慧山寺俯瞰五湖的恢宏气势。前面说过，根据独孤及《慧山寺新泉记》的记载，无锡令在修葺慧山寺泉时曾请陆羽做顾问，或许就是在这个时候陆羽写了此篇游记。慧山寺以泉水闻名，位列陆羽评定的天下名水榜第二，皇甫冉的《杂言无锡惠山寺流泉歌》一诗也是极尽赞美之能事。

《武夷山记》：宋代道士张君房的《云笈七签》卷九六存陆鸿渐《武夷山记》佚文"人间可哀之曲一章并序"一条，《太平寰宇记》卷一○一在记武夷山地理方位时也说"陆鸿渐有记"。由此可见，到宋代仍能见到陆羽所撰的《武夷山记》。

陆羽还编著有大型类书。《新唐书·艺文志》"类书"类里著录陆羽《警年》10卷，又见于宋樵《通志》卷六九、《崇文总目》卷六。虽不知其内容，从"类书"的分类来看，应是辑录各种资料，按类编排的大型资料书。陆羽还是卷帙多达数百卷的《韵海镜源》的编撰主力，事见前文，不再赘述。

此外，便是《陆文学自传》中所言的《君臣契》3卷、《源解》30卷、《江表四姓谱》8卷、《南北人物志》10卷、《吴兴历官记》3卷、《湖州刺史记》1卷、《占梦》3卷了。因这些书均已亡佚，不知其具体内容。从书名来推测，《君臣契》似是鉴于安史之乱中百姓流离失所、民不聊生，希望朝廷能君臣相契，重振朝纲，对照陆羽《四悲诗》《天之未明赋》之类的作品，均是感愤乱世之悲惨境遇而作，可见其虽是一介布衣，却关心时事，心怀家国。《源解》在《梁溪漫志》中被著录为《姓源解》，应是一部考订姓氏源流的书，多达30卷，说明内容十分丰富。从这些作品中可以看出陆羽对姓氏、谱牒、人物颇为关注，尤其对湖州地方人物注意尤多，除《自传》所提及相关论著外，明人宋雷《西吴里语》中还提到另一部湖州地方人物志。

《吴兴人物志》：明代宋雷所撰《西吴里语》是一部专门记录吴兴逸事的杂记，其中提到陆羽作《吴兴人物志》10卷。经陈郑考证，应当可信，理由有三：其一，宋雷此书还提到陆羽其他作品，可见对陆羽的情况比较了解，作为湖州当地人，对湖州的情况更加熟悉；其二，陆羽撰有不少关于湖州的著作，尤其是人物专著，说明其对湖州的人物比较了解，有条件且有可能撰写《吴兴人物志》；其三，书中提及的王韶之作《吴兴郡疏》、张文规作《吴兴杂录》、张玄之作《吴兴山墟名》等都确有其事，说明宋雷对这些著作是做过一番考证的，因此陆羽作《吴兴人物志》应该也是准确的。陈郑认为这部书应是专门记录吴兴一地的各类人物，篇幅有10卷之多，说明搜罗人数庞大，涉及广泛。可备一说。

我们知道陆羽曾在《茶经》中提及远祖陆纳，以至于有部分观点信以为真，但不知姓名、不知父母、不知宗祊的孤儿又如何能追溯到杳无可查的先祖呢？从这些著作中似乎可以看到形单影只的陆羽为了寻根是如何埋首于浩繁的典籍中苦苦追寻，他编著卷帙浩繁的姓氏书、谱牒书，搜罗吴兴历史上的名人，穷其所能，也仅能得到一份缥缈的渴望。与其说陆纳是他的远祖，不如说他希望是。

李肇《唐国史补》对陆羽的评价是"有文学，多意思，耻一物不尽其妙，茶术尤著"，可以说是个比较精准的判断。陆羽喜游历、广交友、多意思，是以词艺闻名当世的文人，是以茶术名声大噪的"茶仙"，也是博闻多识的杂家。

第五章

陆羽的朋友圈

陆羽性格诙谐，一生交游广阔，周愿有句名言形容他："天下贤士大夫，半与之游。"观察陆羽的交游圈子，发现他的朋友主要可以分为文人士大夫与僧道隐逸之士两类，文人如颜真卿、李萼、皇甫冉、皇甫曾、刘长卿、戴叔伦、权德舆、孟郊、耿沣、卢幼平、柳淡，僧道如皎然、灵澈、尘外（韦渠牟）、道标、宝达、吴筠、怀素、李冶，隐士如张志和、朱放等。看到这个名单，就会发现里面有很多我们耳熟能详的名人，于千年后的我们而言都如雷贯耳，放在唐代自然是当之无愧的名士高贤。这些人中，多出身于官宦家庭，如颜真卿出身累世清名的琅琊颜氏；权德舆出身天水权氏，父亲权皋做过起居舍人；刘长卿的祖父刘庆做过清贵的考功郎中；韦渠牟出身京兆韦氏郿城公房；即便是家中清贫的孟郊，其父也是昆山县尉。戴叔伦的父祖倒是没有出仕，而是隐居研究礼学，但从戴叔伦不无自豪地夸耀自己"家世素业儒，子孙鄙食禄"来看，显然也是颇有家底的人家。也就是说，差不多只有陆羽是地地道道的"草根"，若不是与李齐物那次改变人生境遇的遇见，或许还在伶人届摸爬滚打。于陆羽而言，系统的学习只有在火门山的那几年，而邹夫子或许在当地小有名气，却远称不上名儒大家（不像他的好友戴叔伦、皇甫冉一样曾受业于著名学者萧颖士）。因此，我们只能把陆羽所掌握的驳杂的知识归结为他的天才以及勤奋。他的才气让他游刃有余地与当时闻名的大才子、大诗人、大政治家交往，而他的品行赢得了朋友们的惺惺相惜、倾心相待。

一、诗僧皎然

在陆羽的众多朋友中，皎然无疑是最重要、最特别的。这种特别体现在二人精神契合度极高，有许多共同爱好上。

皎然，字清昼，俗姓谢，湖州吴兴人。幼负异才，熟读经史子集，年轻时自负文采风流、汲汲于功名，却屡屡碰壁。后来又折腾了一阵子修仙，奈何仙门难叩，不仅耗费钱财，那些金丹秘药还容易有害健康。想通之后，风流潇洒的清昼先生就遁入了空门，成为江南名僧皎然。因为他精于诗章，民谚赞曰"雪之昼，能清秀"，是著名的诗僧。陆羽与皎然相识在安史之乱爆发，避乱至吴兴后，二人虽年龄相差十几岁，却一见如故、惺惺相惜。

他们是一见如故的忘年交。个人经历上的相似或许是他们拥有许多共同话题的重要原因。皎然由儒入释，中间还对道教产生浓厚兴趣，陆羽则是佛寺里孕育的儒子，具有烟霞之志的隐士，这种浸润儒释道三教的共同气质使得他们相见恨晚，不顾身份、年龄的区别，成为缁素忘年之交。

他们是相处融洽的伙伴。二人一起度过了许多大大小小的节日，寒食日同宿报德寺（《寒食日同陆处士行报德寺，宿解公房》），重阳日一道饮茶（《九日与陆处士羽饮茶》），即便是平常的春夜，也可一块儿赏月吟诗（《春夜集陆处士居玩月》）。陆羽远行，皎然依依惜别（《赋得夜雨滴空阶，送陆羽归龙山》）。若是久而未归，皎然便开始念叨"所思不可见"，"何山赏春茗，何处弄春泉"，到底跑哪去了？还是出门找找吧，奈何音信不通，很多时候都找不到（《访陆处士羽》），有时候还会错过，皎然这厢追到丹阳（《往丹阳寻陆处士不遇》），谁知陆羽却去了越州，遗憾遗憾！

他们是相交莫逆的知己。陆羽初到吴兴时，人生地不熟，作为土著的皎然邀请他到妙喜寺一同居住，为陆羽提供遮风避雨的居所，免去陆羽的衣食之忧。更重要的是，在这之前的陆羽即便是幸运地实现由伶人到士子的华丽转身，也不过是籍籍无名的大唐普通文人之一。而皎然已是名冠江南的诗僧，正是他热心无私的提携，引领陆羽打入了上层士大夫的交流圈。何谓真正的友谊？锦上添花纵然不错，雪中送炭更见真情，互相助力、互相成就最显可贵。当陆羽慧眼辨出兰亭废桥柱时，皎然会与有荣焉地夸赞"陆生好古，与我志同道合啊"。但面对《茶经》初稿的不完备时，他也会毫不隐讳地指出"楚人《茶经》虚得名"，希望激励陆羽能够精益求精，更上层楼。

他们是茶文化史上的双璧。陆羽首著《茶经》、皎然首倡"茶道"，两人相知相携、交相辉映，被后世誉为茶道双圣。这一对好友不仅同样嗜茶，对于茶的生长、采摘、煮饮以及功效的认识也有相近之处，这或许得益于他们经常对坐饮茶、交流各自对茶的理解。什么时候采茶好？陆羽说"在二、三、四月之间"，皎然说"鹧鸪鸣时芳草死，山家渐欲收茶子。伯劳飞日芳草滋，山僧又是采茶时"，莺飞草长的三四月间正是采茶时节。什么样的环境适合茶树生长？陆羽说"阳崖阴林"最宜，皎然也有相同的认识，他说"阴岭长兮阳崖浅"。什么样的茶叶是好茶？陆羽简明扼要地概括为"紫者上，绿者次；笋者上，芽者次；叶卷上，叶舒次"，皎然则用诗歌描述为"小寒山中叶初卷""女宫露涩青芽老，尧市人稀紫笋多"，认为青色芽状的茶叶太老，品质不如紫笋茶。皎然对于茶功的认识，最为人所称道的是他在《饮茶歌诮崔石使君》里的观点：一饮涤昏寐，再饮清我神，三饮便得道。前两种功效与陆羽《茶经》所说的"荡昏寐"不谋而合，"得道"则是说饮茶之后烦恼尽消，达到一种心境澄明的玄妙境界，颇有禅宗顿悟的意味。这首诗中提出的"茶道"一词被认为是开世界茶道之先河。

从至德初相识到贞元末相继过世，陆羽与皎然保持了数十年的友谊，生前肝胆相照，身后魂归一处，谱写了"高山流水遇知音"的新华章。

二、颜鲁文公

颜真卿，字清臣，京兆万年（今陕西省西安市）人，是唐代名臣，也是著名书法家。大历八年（773），颜真卿出刺湖州引起浙西文坛的骚动，在他周围聚集起大量的文人墨客，包括诗僧皎然、处士陆羽、高道吴筠、著名诗人李益、烟波钓徒张志和、名士萧颖士之子萧存等。陆羽深受颜真卿的赏识，参与编纂巨著《韵海镜源》，并在其中发挥了重要作用。这是一部按韵编排的大型类书，颜真卿作为一州刺史公务繁忙，难以亲力亲为，而李萼、权器作为防御副使和节度判官，也无暇承担主要编纂工作。皎然经史子集无所不通，又有空闲，倒是能当此重任，但经过学者考证，可知他并没有参加编辑工作。担当大任的是陆羽。《新唐书·萧颖士传》中附录了其子萧存的传记，说萧存有乃父之风，善文词。证据是萧存曾在颜真卿幕府"与陆鸿渐讨论古今韵字所原，作书数百篇"。这个书指的就是《韵海镜源》。在介绍传主的光鲜履历时特别提到另外的人，说明此人在这件事中的确做出了重要贡献，萧存的传记很好地说明了陆羽编纂《韵海镜源》的重要性。而在编书期间举行的大小聚会中，确实经常见到陆羽的身影，每每列座于群彦之首。

　　作为湖州刺史，修造贡茶是颜真卿的职责所在。顾渚明月峡茶生于断崖乱石之间，最为绝品，颜真卿曾修贡到此，并留下书迹。据《吴兴备志》："明月峡有唐人书，颜真卿蚕头鼠尾碑尤巨。"长兴县也有颜真卿修贡遗迹，据《嘉泰吴兴志》载，颜真卿修贡时曾在距离贡焙五里的许公桥"与客步月觞咏"。顾渚贡焙在大历五年（770）设立，到颜真卿大历八年（773）刺湖也才过去短短3年，官茶园从无到有、从草创到逐渐完善的过程中想必会遇到种种问题，如何采茶、如何制茶、如何保存，都需要专业人士的指导，很难想象颜真卿会放着陆羽这位闻名遐迩的"茶仙"不用。耿沣曾在与陆羽的联句中赞其"禁门闻曙漏，顾渚入晨烟"，可见陆羽确曾在顾渚修贡中有所贡献。

当时的湖州文坛还盛行茶宴，以颜真卿、陆羽、皎然为首的湖州士人经常在宴饮活动中以茶代酒或以茶入诗，如《九日与陆处士羽饮茶》《月夜啜茶联句》《七言重联句》《竹山连句题潘氏书堂》等。茶会这种新兴时髦的宴饮形式很快以清雅的气质、轻松的氛围风靡全国，给宴饮文化带来一股清新健康的风貌。

对于陆羽的才华与功绩，颜真卿是记在心里的。大历八年秋，《韵海镜源》编纂工作接近尾声，颜真卿委托陆羽在杼山建亭纪念，因落成于癸丑岁（大历八年）冬十月癸卯朔二十一日癸亥，陆羽取名为"三癸亭"。此亭由陆羽设计，颜真卿书匾额，皎然赋诗，传为佳话。颜真卿的《题杼山癸亭得暮字（亭，陆鸿渐所创）》与皎然的《奉和颜使君真卿与陆处士羽登妙喜寺三癸亭》都记载了此事。颜诗云：

> 杼山多幽绝，胜事盈跬步。
>
> 前者虽登攀，淹留恨晨暮。
>
> 及兹纤胜引，曾是美无度。
>
> 欻构三癸亭，实为陆生故。
>
> 高贤能创物，疏凿皆有趣。
>
> 不越方丈间，居然云霄遇。
>
> 巍峨倚修岫，旷望临古渡。
>
> 左右苔石攒，低昂桂枝蠹。
>
> 山僧狎猿狖，巢鸟来枳椇。
>
> 俯视何楷台，傍瞻戴颙路。
>
> 迟回未能下，夕照明村树。

从此亭的位置来看，立于妙喜寺东南，而又高于妙喜寺，可以居高远眺，是赏景的好去处。亭西北有一片桂花树，盛产丹、青、紫三色桂花。所以，颜真卿夸赞陆羽是"高贤"，设计巧妙、疏凿有趣。陆羽没有想到朝廷的中流砥柱颜真卿大人竟会如此挂怀自己的付出，自己何德何能，一而再，再而三地被这些大人物眷顾、照拂、理解，并且引而为友。得颜鲁公一句"欸构三癸亭，实为陆生故"，无憾矣。

经过长期的交往，颜真卿非常认可陆羽的学识，这从写文章时多次参考引用陆羽的著作可以看出来。《湖州乌程县杼山妙喜寺碑铭》一文关于杼山历史、地理与典故就是借鉴自陆羽《杼山记》，颜真卿还很有转载意识，在文中标明"处士竟陵子陆羽《杼山记》所载如此"。大历十二年（777），元载伏诛，朝廷召颜真卿回京任刑部尚书，在即将返京的繁忙之中，仍在陆羽的建议下，重立项王庙碑。在他所撰的《项王碑阴述》中记载了当年西楚霸王项羽曾避仇于吴，后世立庙纪念之事，又有种种神迹，而这些都是从"竟陵子陆羽所载《图经》"得知的。

颜真卿返回京城后，二人的直接交往告一段落，情谊却长期保存。或以为陆羽被朝廷征召为太常寺太祝是颜真卿回朝后举荐的，颜真卿归京不久由刑部尚书升任吏部尚书，执掌吏部。而陆羽被称为"太祝"，最早见于权德舆《送陆太祝赴湖南幕同用送字》，约在建中三年（782）初，可知征召太祝事最晚不会超过建中三年，出于颜真卿的举荐是很有可能的。

而陆羽也一样悬心对自己有知遇之恩的颜大人。他在《论徐颜二家书》中评论当世名家徐浩与颜真卿的书法，称颜真卿为

"颜太保"，颜无太保之任，实为太师之误。颜真卿任太子太师在建中三年八月，可见陆羽之文撰于其后，对颜真卿回京后的境遇仍十分关注。徐浩与颜真卿并出自张旭门下，但徐浩成名要早于颜真卿，玄宗时期就已少年成名，肃宗即位后以中书舍人充任集贤院学士，独掌诏敕，文笔赡精，又工楷隶，玄宗的传位诰册皆出于其手，在肃宗朝宠遇罕有为比。窦臮撰《述书赋》历记武德自乾元初，翰墨之妙可入品流者，徐浩名高当代，位于著名书法大家韩泽木、蔡有邻、史惟则、李阳冰之上。而颜真卿是时书名未起，其书法在 50 岁以后才神形兼备，渐趋成熟，又到晚年，臻于化境。大历八年（773），"大历十才子"之一的卢纶作《敩颜鲁公送挺赟归翠微寺》，首先将徐、颜书法并称，诗中有"袖有颜徐真草迹"之句，但卢纶并未对二人书法之高下作评鉴。到陆羽论书，以颜真卿得王羲之笔法，徐浩得王羲之体裁，并以筋骨心肺与皮肤眼鼻作比，扬颜抑徐之意尽显。陆羽本人亦好书，具备书法鉴赏能力，但也很难说未受主观偏好的影响，所谓"字如其人"，"贪而佞"的徐浩与一身风骨的颜真卿，高下立现。或以为陆羽之论属文人意评，不能引以为确论，其言有一定道理。然陆羽是道德感极强的人，看见人行善，就感到自己也要行善；看见人不善良，好像自己做错了事一样羞愧，又多用自意，主观性很强，做出如此判断也就不难理解了。

三、草圣怀素

被称为"草圣"的书法家有三位，最早的是东汉张芝，而古代书法史上公认的"草圣"则是唐朝的张旭与怀素。

怀素，字藏真，俗姓钱，永州零陵（今湖南省永州市）人，据其《小草千字文》自题"贞元十五年，年六十三"，可知其生于开元二十五年（737），与陆羽年龄相当。他幼年出家，念佛修禅之余，锐意草书，与张旭齐名，号称"颠张醉素"。张旭早生怀素大概半个世纪，与李白、贺知章交好，因善饮酒，被杜甫列入"饮中八仙"之一。如李白的诗无所拘束、天才豪迈一样，张旭的狂草连字连笔、飞动狂逸。他常大醉后呼叫狂走，运笔如飞，甚至以头发濡墨而书，世人称之"张颠"。又因其曾任左率府长史、金吾长史，被称为"张长史"。张旭的书法成就影响到后来的很多书法大家，例如颜真卿与邬彤曾向其就学，而怀素又是邬彤的弟子。因为这层关系，颜真卿见到怀素的字有"忽见师作"之感。怀素与张旭一样不拘小节，虽是僧人，却爱饮酒，曾一日九醉，时人称为"醉僧"。能喝酒当然不算稀奇事，稀奇的是怀素醉酒后挥毫泼墨、笔走游龙，其字"飘风骤雨惊飒飒，落花飞雪何茫茫"，飘逸自然，随手万变。因此，当李白见到年纪尚轻的怀素，不禁惊呼："少年上人号怀素，草书天下称独步！"苏涣更将他视作张旭的后继者，在《赠零陵僧》中夸赞道："张颠没在二十年，谓言草圣无人传。零陵沙门继其后，新书大字大如斗。"曾任御史的李舟也说："昔张旭之作也，时人谓之张颠；今怀素之为也，余实谓之狂僧。以狂继颠，谁曰不可！"

怀素从20多岁起就以草书为当世名流如李白、王邕、张渭、韦陟、钱起、颜真卿、戴叔伦等所推重。任华形容怀素名动京师的风采为："狂僧前日动京华，朝骑王公大人马，暮宿王公大人家。谁不造素屏？谁不涂粉壁？粉壁摇晴光，素屏凝晓霜，待君挥洒兮不可弥忘。"因为怀素半醉半醒间常是逮哪写哪，遇寺院墙壁、衣裳器皿上，靡不书之，京师的王公之家非但不以为怪，反而造素屏、涂粉壁以待，希望能留下怀素的墨宝。中唐以后的文风也好，书风也罢，无不笼罩着安史之乱阴影下的淡淡迷茫与颓唐，不复唐初的豪迈、激扬，而怀素飞扬的激情宛若重奏盛唐之音。对于这样的天才，人们总是更愿意包容的。

除了王公贵族，怀素与陆羽也是至交好友。《全唐文》卷四三三收录陆羽《僧怀素传》，可见他们之间的关系很是熟悉亲密。与时人夸赞的天纵奇才不同，陆羽笔下的怀素更贴近现实。他曾因家贫无纸可书，在故里种植了一万多株芭蕉，用芭蕉叶书写。这样还不够，又漆了一个盘子、一块方板，直到把盘子、方板都写穿，勤奋刻苦如此。笔冢、墨池的典故固然能用来夸赞书法家的勤奋刻苦，但总归有些千篇一律，而万株芭蕉与盘板皆穿的故事则显得更加具体与真实了，应该是陆羽根据怀素自述而记录下来的。传记中还细述了怀素辗转求学的经历：先是跟随伯祖惠融禅师学欧阳询书，达到了世莫能辨的地步；后又跟随表兄弟钱塘邬肜学草书笔法；晚岁，与颜真卿太师讨论草书真谛。

　　陆羽在这篇《僧怀素传》中提出了许多书学概念，如"孤蓬自振""惊沙坐飞""夏云奇峰""古钗脚""屋漏痕""壁坼路"。这是因为陆羽本人也是书法爱好者。从此传描述颜真卿点拨怀素"书法须自得之"的对话来看，陆羽当认真拜读过颜真卿《述张长史笔法十二意》，因此对张旭"书法当自悟"的高论有深刻感悟。陆羽在书法理论上的造诣还体现在他品评徐浩与颜真卿书法的《论徐颜二家书》中。他说："徐吏部不授右军笔法，而体裁似右军；颜太保授右军笔法，而点画不似，这是何故？有博识君子说：'这是因为徐得右军皮肤眼鼻，所以相似；而颜得右军筋骨心肺，所以不似。'"将徐浩书法字形体裁似王羲之，只得形似；而颜真卿书法形虽不似，却掌握了其笔法精髓，从而达到了神似的道理清楚地点明了。若没有对书法艺术的深刻认识是断然难以深入浅出地讲出这番话的。在书法实践上，我们前面讲过陆羽曾为永定寺书匾额，为韶州的仙人石室题"枢室"二字的事迹。与怀素转益名师不同，陆羽更多是靠自学成才。他就像一株野生野长的茶树，不论环境多么恶劣，都尽力抓住一切机遇吸取日月精华，在生长过程中不显山不露水，悄然绽放却惊艳众人。

正所谓"酒逢知己千杯少，话不投机半句多"，志同才能道合，对书法的喜爱是陆羽与怀素建立友谊的基础。按照一般的传记体例，先述包括姓名、字号、籍贯、家庭情况、个人学识等基本信息，再述主要履历、事迹，最后是对性格或者品行方面的评价之类。但陆羽在为怀素作传时却别出心裁，主要围绕他的书法成就展开。突出了怀素练字的刻苦与求学的诚心。在记述邬彤传授笔法时，陆羽描述怀素的反应是"不复应对，但连叫数十声：'得之矣'"，好像突然打通了任督二脉般激动。当尚未领悟草书须自得的真谛时，怀素"抱颜公脚，唱叹久之"，迷茫又不拘小节的形象跃然纸上。这种聚焦式的写法可能与他们交往的重点便是书法交流有关。

除了书艺，茶也是二人的共同爱好。上海博物馆收藏一幅怀素的草书真迹，名为《苦笋帖》，此帖两行十四字，内容为"苦笋及茗异常佳，乃可径来。怀素上"。意思是苦笋与茶都异常佳美，就请直接送来吧。因此，此帖又被称为《乞茶帖》。怀素是一名禅僧，禅僧早起第一件事是饮茶，后礼佛，饭后也是先品茶，再做佛事。坐禅时，每焚完一炷香，又要饮茶。怀素虽然不拘细行，时常大醉，茶却是修禅必不可少的。

　　然而，没有具体的史料记载两人是如何结识、何时交往的。有学者认为跟他们共同的好友颜真卿有关。如周志刚根据怀素《自叙帖》的撰写时间以及其中引用的颜真卿所作《怀素上人草书歌序》内容，考证怀素与颜真卿交流书法在大历八年（773）至大历十一年（776）之间，而这段时间正是颜真卿湖州刺史任期内，当时陆羽正在颜真卿幕府内参与编撰《韵海镜源》。三人因此有过较长时间的相处。还有一种说法认为二人的结识是由于戴叔伦，陆羽应戴叔伦之邀赴湖南节度使幕府，在那遇到戴的好友怀素。这些推论虽有一定道理，却不必拘泥于此。人脉固然是拓宽朋友圈的路径之一，由朋友引荐可以更快地熟悉起来，但投契才是建立友谊的关键。一个是长自禅寺，却执儒典不屈的"茶仙"，一个是修禅却不戒酒的"草圣"，同样的特立独行，同样的天赋奇才，同样执着于自己所坚持的"道"。这样的两人或许未见面就已互相久仰，见面便是一见如故，深入一聊，更是相逢恨晚。

四、戴公叔伦

戴叔伦，字幼公，润州金坛（今江苏省常州市金坛区）人，是陆羽晚年的挚友。建中元年（780）五月，戴叔伦出任东阳县令时曾写过两首酬答陆羽的诗，可见二人在此之前就有交往，且交情匪浅。他在《敬酬陆山人二首》（其一）中写道：

> 党议连诛不可闻，直臣高士去纷纷。
>
> 当时漏夺无人问，出宰东阳笑杀君。

实际是隐晦地透露自己出宰东阳是因为"党议连诛"，这不是一般交情可以说的话。事情要从杨炎与刘晏的党争问题说起。这两位是唐朝乃至中国历史上都非常有名的理财专家，却积怨已久。早先两人同在吏部时就互相看不顺眼，后来代宗诛杀权相元载，主要由刘晏审理，作为元载重要党羽的杨炎也被牵连贬官。等到德宗即位，杨炎做了宰相，新仇旧恨一起算，毫不犹豫地举起屠戮刘晏的铡刀。建中元年（780）正月，德宗先是在杨炎的建议下罢免刘晏担任的转运、租庸、青苗、盐铁等使，二月，贬刘晏为忠州刺史。当时戴叔伦正在刘晏的盐铁转运使府中做河南转运留后，使府停罢，僚佐自然就要另谋出路了。戴叔伦在五月以御史监察里行出任东阳令算是比较幸运的。刘晏后来在七月被处死，牵连者众多，估计戴叔伦想起来就会后怕吧。

　　戴叔伦在东阳干了大概两年多，到建中三年（782）初，前往湖南观察使嗣曹王李皋幕府为从事。李皋是唐太宗第十四子李明的玄孙，是一位足智多谋、允文允武的宗室名臣。经戴叔伦的推荐，于是有了陆羽的湖南之行。建中元年时，戴叔伦尚称陆羽为"陆山人"，而此时权德舆作《送陆太祝赴湖南幕同用送字》称陆羽为太祝，说明朝廷征召陆羽为太祝发生在这段时间内。《新唐书·隐逸传》中说诏拜陆羽为太子文学，徙太常寺太祝，不就职，先后顺序上不尽合理。太祝为正九品上，而太子文学为正六品，若陆羽起先不就职太子文学，朝廷绝没有道理再以官职更低的九品太祝去征召他。这一对好友共事的时间并不太久。

　　建中三年（782）十月初九，郑太妃薨逝，李皋奉母丧归葬洛阳，走到半路，爆发李希烈叛乱，被德宗紧急召回湖南。同月，李皋改为洪州刺史、江西观察使，戴叔伦、陆羽也随之前往洪州。之后，戴叔伦跟随李皋辗转江州、黄州、蕲州等地，取得了一些战事上的胜利。而陆羽在他们二人征战之时也离开了洪州，隐居上饶。

据学者考证，戴叔伦在兴元元年（784）至贞元二年（786）秋之间曾任抚州刺史，按理说他仁厚宽和，为政清廉，纵然无功也不至于有祸。没承想，还摊上了大事！贞元二年末，突然收到推事牒文让他到抚州辩对。这下，酒也别喝了，除夕也过不成了。中国人历来重视除夕，古人更是如此，节都不让过了，可见兹事体大。戴叔伦惶惑发蒙，匆匆辞别好友陆羽与崔载华，他的《岁除日奉推事使牒追赴抚州辨对，留别崔法曹、陆太祝处士上人，同赋人字口号》诗云："上国杳未到，流年忽复新。回车不自识，君定送何人？"透露出对前途吉凶难料的无措之情。类似的情绪在他这一时期的其他诗文中也有体现。如《赴抚州对酬崔法曹夜雨滴空阶五首》里"雨落湿孤客，心惊比栖鸟""离群怨雨声，幽抑方成疾"等表现出忧心郁闷之情，又说"谤议不自辨，亲朋那得知"，害怕无法申辩清楚。而朋友们也纷纷劝慰、宽解他，很多诗虽不存，但从戴叔伦的酬答之作来看，这些往来诗篇正是支撑他澄清诬谤的强大动力。

得知戴叔伦昭雪的消息，大家都很高兴。权德舆激动之余，写下题名巨长的《同陆太祝鸿渐、崔法曹载华见萧侍御留后说得卫抚州报，推事使张侍御却回，前刺史戴员外无事，喜而有作三首》。前文说过，当时由萧瑜权领江西观察使，权德舆任观察使判官，与陆羽、崔载华同在幕府，他们从萧瑜处听说继任的抚州刺史卫某传回的消息，知道推事使张御史已经还京，戴叔伦无罪昭雪。

三首诗一气呵成，喜悦之情溢于言表。其中"鹤发州民拥使车，人人自说受恩初"并非夸饰之词。戴叔伦任抚州刺史期间清明仁恕，深得百姓爱戴，抚州百姓在他离任后仍感激其功绩，为之立《遗爱碑》。那么，为什么会飞来横祸呢？这从他答复陆羽的《抚州被推昭雪答陆太祝三首》可以看出端倪。录之如下：

求理由来许便宜，汉朝龚遂不为疵。

如今谤起翻成累，唯有新人子细知。

贫交相爱果无疑，共向人间听直词。

从古以来何限枉，惭知暗室不曾欺。

春风旅馆长庭芜，俯首低眉一老夫。

已对铁冠穷事本，不知廷尉念冤无。

第一首诗中以西汉龚遂自比，龚遂治理渤海郡时一切便宜从事，凡是于国于民有利的，就不拘泥于条例，后来号为难治的渤海盗贼悉平，百姓安居乐业，龚遂也被视为良吏。而到了戴叔伦这却"如今谤起翻成累"，心中冤枉愤懑可想而知。诗中虽未说具体因何事被污谤，但估计是类似的便宜从事之举。蒋寅推测可能是因为戴叔伦在抚州期间实行与民便利的均水法，触犯了地方豪强的利益，导致在他离任后被污谤，这是很有可能的。在诗中，戴叔伦将抚州辩对前后的心情一吐为快，他感激陆羽的披肝沥胆，古往今来，无辜被枉者何其多，自己在人生低谷时仍能有好友信任不疑是多么可贵！患难见真情，这几首诗是二人交情的见证，也是陆羽人品贵重的体现。

经过这么一场惊心动魄的辩对，本就淡泊的戴叔伦更歇了做官的心思。以老病为由，辞官回到家乡金坛。但到贞元四年（788）七月，德宗不知怎么又想起他来，任命为容州（今广西壮族自治区容县）刺史、容管经略使。要知道，在中古时期士大夫对于南方潮湿炎热的环境是抱有强烈恐惧的，随着安史之乱后经济中心南移，这种情况有了一定改善，但岭南显然不在承受范围之内。岭南的标签是瘴气、蛊毒、卑湿、毒虫、溽热、不开化啊，很不幸，戴公要去的容州就是岭南道五管之一的容管经略使治所。一提到要去岭南当官，官员们纷纷头大，这是很常见的反应。陈羽的《送戴端公赴容州》就非常传神地表达出这种顾虑，先庆贺戴公持节一方、威风凛凛，可要去的地方"八蛮治险阻，千骑蹋繁霜"，等着戴公去开化。容州既远又险，戴公又年老体衰，身体状况是否能承受得了长途跋涉以及卑湿潮热的气候呢？

权德舆撰写的墓志铭告诉我们，老戴确实受不了。他于贞元五年（789）正月到容州，到四月时已经重病在身，乞求回来。朝廷倒是批准了他的请求。戴叔伦正是在返程途中碰到当时在李复幕府的陆羽。人生四喜包括"他乡遇故知"，老友重逢自然高兴，想到马上就要分别，又充满不舍之情，戴叔伦《容州回逢陆三别》诗云："西南积水远，老病喜生归。此地故人别，空余泪满衣。"可惜，他没能挺过这遭，甚至没能坚持到故乡。六月甲申（十三日），他病逝于清远峡。清远峡在广州清远县境，戴叔伦病体难支，没法走得更远了。两位老朋友的重逢竟成永别，不知陆羽得知消息会多么伤心唏嘘。

五、皇甫昆仲

皇甫冉、皇甫曾兄弟是肃代之际著名的诗人，与陆羽过从甚密。皇甫冉，字茂政，润州丹阳人，是神童似的人物，10 岁就能写出漂亮的文章，名相张九龄曾称赞他有江淹、徐陵之风。这可是个极高的评价，前者是"江郎才尽"的主角，年少成名，才气纵横，虽然晚年才气稍减，仍不失为南朝文学大家，后者也以诗文闻名，编有著名的诗歌总集《玉台新咏》。后来，皇甫冉在天宝十五载（756）状元及第。据学者储仲君考证，皇甫冉生于开元八九年，以此推算，登第时是三十五六岁。听起来似乎是大龄青年一个，对于以早慧著称的皇甫冉本人来说，估计也是颇有不甘的。但唐朝的进士非常难考，有"三十老明经，五十少进士"的说法，孟郊 46 岁考上进士尚且"春风得意马蹄疾，一日看尽长安花"，何况皇甫冉还独占鳌头，状元郎的荣耀也稍可弥补这种遗憾了。只是登第的喜悦之情没能持续多久，当时安史之乱已经爆发，长安城岌岌可危，大批士人南下避难。皇甫冉也回到了浙东，并且在不久后获得了一份无锡尉的官职。也就是在这段时期结识了陆羽。

陆羽赴栖霞寺采茶，皇甫冉作《送陆鸿渐栖霞寺采茶》诗相送：

采茶非采菉，远远上层崖。

布叶春风暖，盈筐白日斜。

旧知山寺路，时宿野人家。

借问王孙草，何时泛碗花？

　　这是一首有名的茶诗。"菉"就是荩草，适应能力很强，多生于草坡或阴湿地。所以，皇甫冉说采茶不像采菉，随处可以采到，而是要翻山越岭、攀登悬崖峭壁，刻画出陆羽采茶的艰辛。第二句点明采茶的时间在春季，陆羽采了满满一筐的茶，直到日头西斜才回来。有时候甚至会借宿在山寺或者山民的家中。他将茶称为"王孙草"，想问一声"何时才能喝到啊"。诗中的"筐"是采茶人用来装鲜叶的用具，和《茶经·二之具》中所说的"籝"是一回事，又叫作篮、笼、筥，用竹编织而成，容量是5升，也有1斗、2斗、3斗的。采茶时背在背上或者系在腰间，可以腾出双手便于采茶。从这首诗可以看出，皇甫冉对茶的认知以及对陆羽采茶形象的刻画都非常到位，他是懂茶人，正因为这份懂茶、爱茶之心，对于不追求功名利禄、孜孜于茶道的山人陆羽更增加了一份尊重与羡慕。

　　皇甫冉年少成名，有过名落孙山的挫败，也有过蟾宫折桂的荣光，曾避世嵩山，又进入仕途，一生在隐与仕之间徘徊。烟霞之志与济世之心，鱼和熊掌不能兼得，这又何尝不是古代文人常有的心理矛盾呢？从这个角度来说，陆羽的纯粹何尝不是一种遵从内心的勇气。

你我皆凡人，生在人世间。终日奔波苦，一刻不得闲。虽然做不到陆羽的洒脱，但品一杯香茗，不也能在袅袅茶香中获得短暂的宁静与归隐吗？

他们的倾心相交不仅是精神层面的惺惺相惜，皇甫冉还曾贴心地为陆羽考虑生计问题。大历五年（770），皇甫冉在丹阳养病，陆羽行数百里前往探望，两人谈诗论赋，终日不倦。兴之所至，乘一叶扁舟，访远墅孤岛，或随意渔钓。正所谓经济基础决定上层建筑，陆羽固然不慕名利，却也需要生活。大历时期，即便是官员们俸禄都普遍不高，陆羽并无恒产，而闭门读书与考察游历都是需要经济支撑的。于是，皇甫冉善解人意地劝他去越州投奔当时为浙东行军司马的鲍防，并说"进可以自荐求试，退可以闲居保和"，可以说充分为陆羽考虑了进退之路。他推测以鲍防的求贤之心，必定会推食解衣以待陆羽，两人还能一块儿讲德游艺。皇甫冉一番推心置腹、设身处地的考虑，说动了陆羽前往越州。鲍防与皇甫冉之弟皇甫曾同年登第，有着同科之谊，有皇甫冉的推荐，陆羽赴越想必能更得鲍防看重。只是鲍防在当年就入朝为职方员外郎，因此陆羽又回到了湖州。

皇甫曾，字孝常，天宝十二载（753）进士及第，比哥哥皇甫冉还要早上三年。兄弟两人都在诗文上有极高造诣，当时人将他们比作西晋时期的文学家张载、张协兄弟，传为一时美谈。皇甫曾也与陆羽相善，他们的交往主要集中在颜真卿任湖州刺史期间，一道南楼玩月、茶话吟诗、泛舟惜别。

与大多数时髦的士大夫一样，皇甫曾也爱饮茶，他的《送陆鸿渐山人采茶回》诗云：

> 千峰待逋客，香茗复丛生。
>
> 采摘知深处，烟霞美独行。
>
> 幽期山寺远，野饭石泉清。
>
> 寂寂燃灯夜，相思一磬声。

"逋客"在这里意为隐士，与诗题中的"山人"一样，都是称呼陆羽的。高洁隐逸的鸿渐山人伴着烟霞独自穿梭于群峰之中，找寻深山密林中的香茗。可稍事休憩的山寺还遥遥未至，只能在野外随便吃点东西填饱肚子，喝点清泉解解渴。皇甫曾在寂静的夜晚挂念好友，想象陆羽入山采茶时的画面，伴着寂寥的灯影与悠悠的铜磬声，将无处诉说的思念之情述诸笔端。妙笔勾勒的画面传神、唯美，但其中的风餐露宿恐怕就只有采茶人自知了。

需要说明的是，有部分观点误认为皇甫曾《哭陆处士》是悼念陆羽的诗，实际上，皇甫曾过世于贞元元年（785），而陆羽则卒于贞元末，这位陆处士另有其人，并非陆羽。

六、女冠李冶

说到陆羽时，不得不提的还有他与风流女冠李季兰的关系。李冶，字季兰，吴兴人，与薛涛、鱼玄机、刘采春并称"唐代四大女诗人"。关于李季兰，最著名的故事莫过于她五六岁时被父亲抱在庭院中赏花，作了一首咏蔷薇诗，没承想咏出了大问题。诗中有云："经时未架却，心绪乱纵横。"因"架却"谐音"嫁却"，老父亲一听，愁上心头，作了"此女将来富有文章，但必为失行妇人"的评价。季兰长大后果然诗才出众，被刘长卿称为"女中诗豪"，她的诗风沉稳大气，高仲武在《中兴间气集》中大为称赞，认为非常雄壮，意象开阔，几乎没人能赶得上她。

工格律、美姿容、善弹琴的李季兰是闻名中唐的风流女冠，与皎然、陆羽、刘长卿、阎伯钧、朱放等著名诗人都有密切往来。部分观点认为她与陆羽是情人关系，貌美多情又才华横溢的女道士与浪荡不羁爱自由的"茶仙"，这样的组合确实抓人眼球。那么，究竟是真是假呢？

首先，李季兰的早年事迹已很难考知，更没有确凿史料记载陆羽年幼时曾寄居李季兰家中，我们不应做过多的臆测与演绎，凭二人"季疵""季兰"的字就演绎出一段"青梅竹马"的故事显然站不住脚。

其次，已有学者通过考证李季兰的诗文，认为两人的交往没有超出友情的范畴，是颇有道理的。季兰的诗整体大气沉着，即便是"置之大历十子诗中不复可辨"。她也有缠绵悱恻、流露小儿女情态的诗，显然是写给情郎的，最典型的如《送阎二十六赴剡县》："妾梦经吴苑，君行到剡溪。归来重相访，莫学阮郎迷。"《寄朱放》："相思无晓夕，相望经年月。"是殷殷叮嘱、患得患失，"才下眉头，却上心头"的相思之情。甚至是对皎然，季兰也敢大胆挑逗（皎然《答李季兰》："天女来相试，将花欲染衣。禅心竟不起，还捧旧花归。"）。

反观写给陆羽的《湖上卧病喜陆鸿渐至》：

　　昔去繁霜月，今来苦雾时。

　　相逢仍卧病，欲语泪先垂。

　　强劝陶家酒，还吟谢客诗。

　　偶然成一醉，此外更何之。

　　季兰在病痛孤苦之际乍见老友探访，内心感动欢喜不已，故未语泪先流。"强劝陶家酒，还吟谢客诗"与皎然赠陆羽的"只将陶与谢，终日可忘情"流露的情感一样，表明追求陶渊明、谢灵运式的超脱物外是他们的共同志趣。其诗体现的是朋友间的心灵共振，用现在的话说是一种谈人生、谈理想的"哥们儿"情谊。

　　季兰并非陆羽的红粉佳人，而是意气相投的好友，《唐才子传》形容"意甚相得"，颇为妥当。他们的往来是基于性格与志趣上的投契。不论是作为隐士的陆羽，还是作为女道士的季兰，都可以视作超脱于世俗的方外之人，这使得他们有一种任性不羁的潇洒，能够跨越男女性别，如知己一般相处。再加上两人在性格上也有相似之处。李季兰风趣洒脱，乌程县开元寺诸贤集会，打趣名满天下的刘长卿，惹得举座大笑。而陆羽诙谐纵辩，是类似于东方朔之类的"滑稽"人物。最重要的是，貌美时髦的女子何其多，季兰之所以与众不同，是因为她以文才为自己在大唐士子中赢得了一席之地。陆羽与她的交往是建立在人格对等、互相尊重的基础上的。

　　季兰无疑是大胆奔放、至情至性的，她将情诉诸笔端，成为缠绕情郎的丝、绑定友谊的线，但同时又保持超凡脱俗的清醒，她吟"至近至远东西，至深至浅清溪。至高至明日月，至亲至疏夫妻"，道尽人生的真谛。

　　然而，这份通透足以让她在滚滚红尘中笑傲人生，却不能庇她于动乱。在朱泚据长安期间，此前被德宗召来京师的李季兰曾被迫献诗歌颂新朝，等到德宗克复长安听说此事，怒而责问季兰："何不学严巨川诗'手持礼器空垂泪，心忆明君不敢言'？"一怒之下令人乱棍扑杀。其实，李季兰死得有点冤。根据俄藏敦煌文书《瑶池集》残卷，季兰写过一首《陷贼后寄故夫》："日日青山上，何曾见故夫。古诗浑漫语，教妾采蘼芜。鼙鼓喧城下，旌旗拂座隅。苍黄未得死，不是惜微躯。"她说自己身陷叛军，周围鼙鼓喧天，未死不是爱惜微躯，而是希望能再见故夫。诗写得含蓄隐晦，但寄托的意思与严巨川"心忆明君不敢言"是一致的，可惜德宗并没有看到。

　　这朵在开元盛世里成长的阆苑奇葩艳而不妖、媚而不俗，却不幸成为泾师之变余烬下的一缕香魂，时也，命也。

第六章

陆羽的蝴蝶效应

气象学上说："一只南美洲亚马孙河流域热带雨林中的蝴蝶，偶尔扇动几下翅膀，可以在两周以后引起美国得克萨斯州的一场龙卷风。"这种由于微小的变化带动整个系统出现巨大变化的连锁反应，被称为"蝴蝶效应"。"茶圣"陆羽的横空出世就犹如这只扇动翅膀的蝴蝶，由他所处的文人圈逐渐蔓延，刺激着饮茶风尚的盛行；消费市场的扩大，催生茶叶贸易的繁荣；反映到制度上，便是税茶、榷茶制度的诞生；在文学领域，一方面体现在陆羽与文人群体的往来唱和，另一方面则是茶诗的发展；在宗教领域，佛教特别是禅宗的兴盛与饮茶风俗之间形成了良好的联动关系，道教茶疗养生中亦多见对茶的应用；在对外交流方面，茶叶及茶文化向边疆及周边国家的辐射，既是物质上的输出，又是精神文化上的传播。可以说，陆羽开启了一个茶的时代，对唐代乃至后世的茶业发展做出了重大贡献。

一、茶道大行

唐以前，茶在南方地区流行，北人多不好饮。开元中，泰山灵岩寺降魔师大兴禅教，坐禅枯燥，又不吃晚饭，难免导致僧人饥饿疲劳，而茶有提神醒脑的功效，加入其他食物的茗粥还可抗饿。所以，禅宗是允许饮茶的。王昌龄《题净眼师房》中"禅房寂历饮香茶"即表明尼寺内也有坐禅饮茶活动。禅宗与茶由此结下了不解之缘。这一方法又被辗转效仿，遂成风俗。

不过，这一时期饮茶风习虽然初具规模，却还达不到兴盛的地步，《膳夫经手录》描述了饮茶风习的传播过程："至开元、天宝之间，稍稍有茶；至德、大历遂多；建中以后盛矣。"

唐代"茶道大行"自然有秦汉以来饮茶历史的积淀以及唐朝本身社会环境作用的因素，但之所以在中唐以后风靡全国，可以说是陆羽大力提倡以及其所著《茶经》的直接结果。

首先，贡茶制的完善是陆羽推动的结果。唐代贡茶始于武德三年（620），由各州郡筹集名茶上贡朝廷，属于"民贡"，但开元、天宝以前，各地贡茶不成规模。大历二年（767），陆羽向常州刺史李栖筠建议进贡阳羡茶，自大历三年（768）至唐末五代，常州贡茶不绝。大历五年（770），陆羽"恨帝未尝"，寄信及顾渚山中紫笋茶两片给国子祭酒杨绾，希望他推荐给皇帝。当年，湖州分贡，在与常州义兴县相接的顾渚山设"贡茶院"，即官茶园，属于"官贡"。常州也建有官焙茶舍，初在洞灵观，后移至罨画溪上。贡茶州与贡茶数量的增加、官焙贡茶等促使唐代贡茶制度愈加完善，常、湖二州官茶园的建立极大满足了统治者的口腹之欲，紫笋茶于是声誉鹊起，成为唐廷清明宴官方使用的茶叶。

其次，《茶经》的问世标志着大唐茶文化的形成。《茶经》述茶之源、说茶之功效、创煎茶之法、造茶具二十四事，于是茶道大行，王公朝士无不饮者。饮茶之风很快蔓延至社会各个阶层，甚至传播到周边地区与国家。

最后，煎茶法的创立促进茶艺的发展。陆羽之前，饮用方式比较粗放，主要是淹茶和茗粥，前者是将茶饼研开、煎熬、炙烤、捣碎后以沸水冲泡，后者是将茶与其他食物混煮。唐人封演说"古人亦饮茶耳，但不如今人溺之甚"，原因或许在于以往的饮茶方式缺乏吸引力。陆羽始创煎茶法，促使人们开始关注茶艺，鉴茶、品水、看火、择器不可或缺，饮茶不再只作药用或充饥用，而是成为一种时尚、一种享受，甚至是一种精神洗礼。

下面来看茶道大行的具体表现。

一是饮茶成风。

玄宗时期，宫廷已见斗茶游戏，这与当时饮茶之风开始流行的社会风气是一致的。之后的皇帝大多重视茶事，宫廷饮茶之风日盛。前面引过一则唐代宗李豫召竟陵大师积公品茶，陆羽煎茶的逸闻，说明陆羽的茶艺已经传入唐代宫廷，这从法门寺出土茶具也可见一斑。德宗李适还是奉节王时便嗜茶，且喜加入"酥椒之类"，"山中宰相"李泌还曾作诗记录。建中四年（783）发生泾原兵变，德宗仓皇逃至奉天，如此艰难时期，韩滉尚遣人进茶末以献。文宗亦嗜茶，召学士讨论经义时，令宫女侍茶以助谈，一方面是茶具有提神醒脑、消解疲乏、激发文思的功效，另一方面则是茶可修身养性，契合士人清雅高洁的精神追求。宣宗也是如此，他曾召翰林学士韦澳入宫论诗，令宦官置茶。王建所作《宫词》（一说元稹作）"延英引对碧衣郎，江砚宣毫各别床。天子下帘亲考试，宫人手里过茶汤"，记录了制举殿试时，皇帝非但"亲试"，还命宫人以茶汤招待士子的情景。可见，唐天子非但自己嗜茶，还会在召见朝臣、科举殿试时以茶礼遇文士。

大才子顾况《茶赋》记载这一时期的饮茶盛况，说茶具有解膻去腻、清热解暑、荡涤昏昧的功效，因而上达于天子宫掖，下被于"幽人"，即隐居之士，受到各个阶层的欢迎，是"赐名臣，留上客"的佳品。

大唐天子赐茶给达官贵族、文臣武将、文人雅士、僧侣道士以示恩宠成为惯例。永泰年间，鱼朝恩权势煊赫，以宦官判国子监事，代宗令宦官送酒及茶果，赐充宴乐。代宗还曾赐田神玉茶1500串，令分给将士。德宗时期，规定每年赐新茶等物给翰林学士。唐懿宗宠爱同昌公主，赐给公主的茶号"绿华""紫英"，是茶中名品。唐末风雨飘摇之际，也仍保持赐茶给大臣的风习，唐哀帝曾赐宰相柳璨茶、药。这样的例子不胜枚举，兹不赘言。

朝臣们收到天子赐的茶是一件无上光荣的事，需向皇帝表示谢意，有时为表郑重，还特请当时的名家代写谢表。例如，武元衡本人其实才华横溢、诗文俱佳，但在获皇帝赐茶时，自己写谢表不够，还特请刘禹锡、柳宗元两大文豪分别写了《代武中丞谢新茶表》和《为武中丞谢赐新茶表》。田神玉获赐茶后，请来

"大历十才子"之一的韩翃撰写谢茶表。

　　赐茶给僧侣道士的情况也很多，代宗朝至宪宗朝进行过多次大规模的译经活动，皇帝常给译场恩赐茶、药、香等物，如贞元四年（788），开译《大乘理趣六波罗蜜多经》，赐茶30串。元和八年（813），宪宗赐给兴唐观绢千匹、茶千斤作修观之用，赏赐的数量非常大，这里更多是将茶作为硬通货使用，与茶成为生活必需品有关，我们后面还会讲到。大中三年（849），宣宗召见了一位号称120岁的僧人，问其长寿秘诀，僧人回答说自己好饮茶，要是出门，每日喝百余碗，不出门，也要喝四五十碗，宣宗于是赐了他50斤茶。

　　上有所好，下必甚焉。宫廷饮茶之风的兴盛必然推动整个社会对茶的推崇。加之，经陆羽改造后的茶道，符合士大夫阶层的审美情趣，饮茶遂成为风雅之举，受到热烈欢迎。王公朝士、文人墨客无不饮茶，他们以茶待客、以茶赠友、以茶饯行，精益求精地追逐茶艺，热火朝天地讨论茶功。继酒之后，茶成为文人士大夫的新宠，甚至出现以茶代酒的潮流。以往流行"斗酒诗百篇"，不知醉与醒，挥笔如流星；而新的时尚是"诗情茶助爽，六腑睡神去，数朝诗思清。

　　佛教特别是禅宗与茶本就有着不解之缘，对饮茶风气的传播具有引领作用。僧人诵经打坐枯燥乏味，容易疲劳，具有提神醒脑、解乏去困作用的茶叶在僧人中大行其道。再加上唐代佛寺林立，僧尼众多，信众基础庞大，因而，寺院是饮茶风气传播的一条重要途径。无怪乎元稹说茶"慕诗客，爱僧家"！

道教崇尚服食养生、得道修仙，可"轻身换骨"的茶自然也受到道教徒的欢迎。并且，道观所在的名山幽谷往往是适宜茶叶生长的地方，道士在修道之余也采茶、种茶、饮茶。

饮茶之风席卷全国，不问道俗，不论贵贱，上自宫廷皇室、文人雅士，下至闾阎百姓，遂成"比屋之饮"。这可从大唐"双子星"元稹、白居易的一则趣闻中一窥究竟。这两位大诗人同倡新乐府运动，提倡写诗要真实可信、通俗易懂，故而元白诗篇风靡全国，拿着缮写模勒的元白诗篇，可在街头巷尾吆喝买卖，也可以拿去换酒和茶。元白诗篇换酒茗的情况"处处皆是"，一方面说明二人影响极大，另一方面则说明茶与酒一样，随处皆有。

二是名茶众多。

唐代名茶众多，光是榜单就有陆羽《茶经》版、李肇《唐国史补》版、毛文锡《茶谱》版、杨晔《膳夫经手录》版等，唐人的一些诗文中也常常提到当世名茶。下面列举公认度比较高的《唐国史补》版名茶榜。

李肇《唐国史补》名茶榜

产地	茶名
剑南	蒙顶石花
湖州	顾渚紫笋
东川	神泉
东川	小团
东川	昌明
东川	兽目
峡州	碧涧
峡州	明月
峡州	芳蕊
峡州	茱萸簝
福州	方山露牙
夔州	香山
江陵	南木
湖南	衡山
岳州	邕湖含膏
常州	义兴紫笋
婺州	来白
睦州	鸠坑
洪州	西山白露
寿州	霍山黄芽
蕲州	蕲门团黄

其中，尤为人所称道者是蜀中蒙顶、顾渚紫笋以及义兴阳羡，号称前三。

蒙顶茶，是唐代第一贡品名茶，因产于蒙山（在今四川省雅安市）之顶，故名，山上终年云雾缭绕，土层深厚且含酸性，适宜茶叶生长。早在唐初，蒙顶茶就是地方土贡，蜀中多名茶，而蒙山岁贡茶为蜀之最。蒙顶茶极为名贵，元和以前，束帛不能换一斤先春蒙顶，从而导致"山寨"横行，蒙山附近的茶农竞相栽种茶树，以假乱真。至于真蒙顶中的鹰嘴、芽白就更珍贵难得了。文人珍爱蒙顶茶。白居易将蒙顶茶视作故友，并与古琴名曲《渌水》并举，吟道"琴里知闻唯渌水，茶中故旧是蒙山"。一收到友人寄来的蒙顶茶便迫不及待地煎饮，顺道赋诗"蛮榼来方泻，蒙茶到始煎"。刘禹锡的著名茶诗《西山兰若试茶歌》"何况蒙山顾渚春，白泥赤印走风尘"，刻画了蒙顶与紫笋茶作为贡茶以白泥赤印封缄，快马加鞭送至京师的画面。如此珍贵的蒙顶茶却不见载于陆羽《茶经》，难免有人叫屈，明人王越《题蒙山茶诗》云"若教陆羽持公论，应是人间第一茶"，认为陆羽对名茶的品论有失公道。

与蒙顶齐名的是顾渚紫笋茶。由于顾渚山在湖州长兴县与常州义兴县交界处，故《唐国史补》中列举的湖州顾渚紫笋与常州义兴紫笋实则是一茎发两花的并蒂莲。又因湖州别称吴兴，湖州紫笋又被称为吴兴紫笋、顾渚紫笋；常州别称毗陵，而义兴县古称阳羡，常州紫笋又被称为义兴紫笋或者阳羡茶、毗陵茶。常州贡茶早于湖州，但顾渚紫笋茶后来居上，有"蒙顶第一，顾渚第二，义兴第三"的说法。

阳羡茶，也就是上面所说的常州义兴紫笋。说到阳羡茶，卢仝的"天子须尝阳羡茶，百草不敢先开花"堪称最强广告语。常、湖二州自分山造茶，既有竞争又有合作，后于两州交界的啄木岭造境会亭，每年举行规模盛大、载歌载舞的茶宴，"紫笋齐尝各斗新"。义兴紫笋虽然后期名气不如顾渚，但一直是贡品名茶，至唐末五代贡茶不绝。

再说一下晚唐时期的后起之秀——武夷蜡面茶。陆羽著《茶经》时在"八之出"产茶地中列有"建州"，虽不详其产茶情况，却说"往往得之，其味极佳"，说明建州当时就有品质不错的茶。不过，李肇《唐国史补》中并未列建州茶，或许尚未脱颖而出。但到唐末，蜡面茶已是贡茶，《旧唐书·哀帝记》有天祐二年（905），福建只进贡蜡面茶的记载。

蜡面茶有一种特殊的香味。诗僧齐己云："还是诗心苦，堪消蜡面香。"晚唐诗人徐夤《尚书惠蜡面茶》一诗云："武夷春暖月初圆，采摘新芽献地仙。飞鹊印成香蜡片，啼猿溪走木兰船。

金槽和碾沉香末，冰碗轻涵翠缕烟。分赠恩深知最异，晚铛宜煮北山泉。"表明在碾茶时加入沉香末，压制出来的茶饼带着香味。

元代王祯所著《农书》中记载了蜡面茶的制作方法：择上等嫩芽，细细碾碎，筛入罗合，杂以"脑子、诸香膏油"，印成茶饼，烘干后再以香膏油润饰。加入的是龙脑等香料。在古代，无论是沉香还是龙脑都是非常昂贵的香料，因此，王祯称"蜡茶最贵"。在唐末，蜡茶作为新兴的贡茶，是市面上难得的物品，皇帝若将它赐给臣下，则是莫大的荣宠，所以徐夤收到尚书所赠的蜡面茶才这么兴奋。

此外，峡州的碧涧、明月茶，荆州的仙人掌茶，寿州的霍山天柱茶，蜀茶中的昌明、兽目等茶，都是常被诗人歌咏回味的名茶。

唐人上层社会饮茶除尚名品，还贵新茶。刘禹锡为武元衡撰写的《代武中丞谢新茶表》里就表示："自远贡来，以新为贵。"贡茶有严格的时限要求，不但采摘时间早，官府还会派人催促，"陵烟触露不停采，官家赤印连帖催"。唐诗中更是保留了大量时人崇尚"新茗""新茶"的记录，诸如裴度"饱食缓行新睡觉，一瓯新茗侍儿煎"，白居易"故情周匝向交亲，新茗分张及病身"，顾况"新茶已上焙，旧架忧生醭"，不胜枚举。说明唐人不仅在茶的品种上有诸多讲究，在品质上也越发精益求精。

三是茶肆林立。

茶肆又叫茶坊、茶店、茶邸等。经过禅宗对饮茶之风的引领，开元末以后"自邹、齐、沧、棣，渐至京邑，城市多开店铺煎茶卖之，不问道俗，投钱取饮"。江淮的茶叶通过水路交通输送至北方，山东、河北的一些城市以及京师长安都开设了不少提供茶饮的店铺，只要投钱就可以取饮。

长安永昌里有茶肆，据《旧唐书》记载，甘露之变失败后，宰相王涯仓皇逃至永昌里茶肆，被禁军所擒。据《玄怪录》记载，长安城开远门外 10 里处有茶坊。长安外郭城西面有三门，分别是北开远门、中金光门、南延平门，开远门正对的是宫城西门安福门，附近是繁华的西市，故是长安百姓、西域胡商、文人士子西行的起点，也是迎来送往的重要休憩地，甚至中宗皇帝都曾在开远门外迎接过高僧实叉难陀。在此地开设茶坊，生意无疑十分火爆。从"垂帘于小室中，其徒御散坐帘外"的记载可知，茶坊还有"包间"，用垂帘相隔，形成相对隐私的空间。

除了繁华的都市，乡镇亦见茶肆踪影。日本僧人圆仁《入唐求法巡礼行记》中记载扬州海陵如皋镇有茶店，会昌五年（845）六月初九圆仁行到郑州，曾在一家土店里吃茶，土店可能就是乡镇上提供茶饮、休憩的小铺子。

鉴于陆羽的突出贡献，唐代的一些鬻茶之家祀陆羽为"茶神"，往往会在店里放置一个叫作"陆鸿渐"的瓷偶人来保佑生意兴隆。

鬻茶利润丰厚，有些茶商由此发家致富，成为富商大贾。如原为普通百姓的吕璜以卖茶为业，往来于淮浙间，后跻身于广陵富商之列。又有富商王可久，鬻茶于江湖间，常获丰利而归。再如白居易《琵琶行》中"老大嫁作商人妇"的琵琶女，其所嫁的就是茶商，所谓"商人重利轻别离，前月浮梁买茶去"。正是因为浮梁县水路交通比较便利，加上靠近产茶区，成为唐代茶叶贸易的重要集散地，赣南、皖南、浙西、闽北一带的茶叶都运往浮梁进行交易，故吸引了大量茶商前往。《茶酒论》"浮梁歙州，万国来求"的描写就是最好的写照。

附带一提，除了营利性的茶肆，非营利性的驿站、寺院、道观之中也设置有茶舍、茶寮、茶亭等，可见饮茶之风的兴盛。

四是日常所需。

如果说茶由药品、食品到饮品的转变是茶道大行的一项重要体现，那么，由可有可无的饮品到生活必需品的飞跃则具有里程碑式的意义。日本僧人圆仁的《入唐求法巡礼行记》对民间百姓的饮茶之风多有揭示，开成五年（840）三月十四日，他"到乔村王家吃茶"；三月十七日，行到潘村潘家，向主人求菜、酱、酢、盐不得，后以一斤茶换得酱菜；四月初五，于仙人台前不村史家吃茶；四月二十二日，在南接村刘家吃茶。尤其是以茶换酱菜这条，说明茶在农村已经成为刚需。安徽省博物馆珍藏一通名为《二娘子家书》的敦煌文书，这位离家远行到洛阳的二娘子牵挂家人，写信叮嘱母亲和姐妹要"各好将息，勤为茶饭"，将"茶"与"饭"并列，可见茶已是百姓必不可少的食物。

高居庙堂的士大夫也深知此种情况。唐穆宗时期，盐铁使王播提出增加茶税，遭到左拾遗李珏反对，其中一条理由就是茶为食物，无异于米盐，"既怯竭乏，难舍斯须，田间之间，嗜好尤甚"。意思是茶已经和米、盐一样成为百姓生活必需品，一旦增加茶税就会增加百姓的负担，特别是田野乡间的贫弱百姓本身对茶需求大，增税既重，必然是最先支撑不住的。可见茶已经是牵动国计民生的"民本"了。

杨晔《膳夫经手录》中的记载就更夸张了，他说饶州浮梁茶在北方的盛行程度，已经到了关西、山东的间阎村落皆吃茶，宁可几日不吃饭，不可一日无茶的地步。

五是茶书相继。

宋人陈师道在为《茶经》作序时说："夫茶之著书，自羽始；

其用于世，亦自羽始。"自陆羽《茶经》之后，专业性茶书相继出现，推动了茶道的进一步兴盛。陆羽本人除《茶经》一书外，还有多言茶事的《顾渚山记》以及《水品》，惜已散佚。幸而，《茶经》开启了茶书撰写的序章，此后不断有茶书问世。

张又新《煎茶水记》。张又新，字孔昭，深州（今河北省深州区）人。他是名副其实的"考霸"，初应博学宏词科第一，又中京兆府解头，元和九年（814）进士科状元及第，时号"张三头"，也就是进士状头、宏词敕头、京兆解头。《唐才子传》说他"喜嗜茶，恨在陆羽后，自著《煎茶水记》一卷"。该书列出刘伯刍与陆羽品评的天下名水，并提出自己的见解，由此引发了长达千年之久的"茶水之争"，是中国第一部鉴水、品水专著。

苏廙《十六汤品》。苏廙，生卒年不详，大致生活在晚唐五代。《十六汤品》收录于宋人陶谷的《清异录》卷四《茗荈门》，原本是苏廙《仙芽传》第九卷中的一部分。该书根据煮水老嫩、注汤缓急、茶汤盛器、燃料优劣将茶汤分为16品，其在取火、候汤、注汤技要和禁忌方面的阐述具有重要的价值，因而在茶学史上享有独特地位。

王敷《茶酒论》。王敷是中晚唐时期的一名乡贡进士，生平事迹不详。这篇变文1990年发现于敦煌莫高窟，共6种抄本，现藏于英国国家图书馆和法国国家图书馆，大概是贞元、元和时期的作品。全文采用拟人手法，以茶与酒两个角色间唇枪舌剑的争论展开，最后由水调停结束。茶、酒的辩论旁征博引、生动有趣，茶、酒从对立到统一，反映了780年以后茶酒文化观的发展变化。从茶的自夸之词中也可以看出唐后期新出现的茶叶产地以及名茶。

毛文锡《茶谱》。毛文锡，字平圭，高阳（今河北省高阳县）人，唐代进士，五代时期是前、后蜀的大臣。《茶谱》撰于唐末，对唐末的茶叶产地、茶种质地、各地名品有详细介绍，反映出茶叶种植及品赏在唐末的发展。是继陆羽《茶经》之后的一部重要茶学著作，可惜原书已佚，辑本可参陈尚君《毛文锡〈茶谱〉辑考》。

唐五代茶学著作尚有皎然《茶决》、温庭筠《采茶录》、裴汶《茶述》、温从云《补茶事》等，但这些茶书基本已亡佚。

除此之外，唐人的笔记小说也有关于茶事的记载。例如，前文多次提到的封演《封氏闻见记》，该书卷六"饮茶"一节虽然只有700字左右，但对开元以来饮茶风尚兴起的缘由、经过、现状叙述详细。该书成书于贞元年间，是同时期人记同时期事，史料价值甚高，书中对陆羽及其《茶经》、茶艺的记载是第一手资料，尤为珍贵。李肇的《唐国史补》也是靠谱的笔记小说，约写于文宗大和初年，记载唐开元至长庆100年间的朝野逸事、见闻和传说故事，其中涉及茶事的记载，特别是关于陆羽生平与唐代名茶的史料被广为征引。此外，文宗大和八年（834）的进士赵璘所撰逸事集《因话录》中也有一段关于陆羽的简要述评。

除了上述饮茶成风、茶肆林立、名茶众多、茶成为日常所需以及不断有茶书问世外，对外传播流布也是茶道大行的一个体现，这个后文会专门讲解，这里就先不谈了。

二、茶诗兴起

唐代以前，茶诗数量屈指可数，陆羽在《茶经》中列出了西晋左思《娇女诗》、张载《登成都楼诗》、孙楚《出歌》、杜育《荈赋》，南朝宋王微《杂诗》和鲍令晖《香茗赋》。唐高祖至玄宗开元时期，几乎无人写茶诗。至开元中，随着泰山灵岩寺禅宗的蓬勃发展，北方饮茶之风渐兴，才开始出现茶诗。早期的茶诗有蔡希寂《登福先寺上方然公禅室》、储光羲《吃茗粥作》、王维《赠吴官》《酬严少尹徐舍人见过不遇》《河南严尹弟见宿弊庐访别人赋十韵》《酬黎居士淅川作》、李白《答族侄僧中孚赠玉泉仙人掌茶》《陪族叔当涂宰游化城寺升公清风亭》、王昌龄《题净眼师房》《洛阳尉刘晏与府掾诸公茶集天宫寺岸道上人房》、孟浩然《清明即事》、高适《同群公宿开善寺赠陈十六所居》等。早期茶业与茶诗的萌芽为陆羽及《茶经》的出现提供了基础条件，而陆羽这样一位茶业专家的横空出世影响的不但是人们的饮食习惯、生活方式，更是精神层面的洗礼与提升。陆羽正是通过"分其源、制其具、教其造、设其器、命其煮"，使饮茶成为一门高雅脱俗的艺术，一项文士士大夫趋之若鹜的时尚。中唐以后，茶诗数量迅猛增加显然有陆羽及其《茶经》催化的作用。下面具体来看茶诗的发展。

一是茶会诗的兴起。

唐代宴饮聚会之风盛行，名目繁多，一般的宴饮以酒为主，但随着饮茶的普及，"茶会""茶宴"成为新时尚，茶会诗是这一时尚的直观反映。茶会最初就是从大历年间浙东、浙西文人宴会、联句中流行起来的。浙东文人集团以鲍防、严维为中心，集结了 50 多位文人，作品被编为《大历年浙东联唱集》。其中明确以"茶"为主题的聚会有鲍防、谢良弼、严维、吕渭等人在越州云门寺举行的两次茶宴，并有联句传世，一是《松花坛茶宴联句》，一是《云门寺小溪茶宴，怀院中诸公》。

前文提及陆羽在大历五年（770）时曾赴越州谒见鲍防，但鲍防在当年入朝为职方员外郎，所以，陆羽在越州待的时间不长，虽然有可能参加过浙东联唱，却并没有诗句流传下来。不过，以皎然、陆羽为核心的浙西文坛亦是酬唱频繁，特别在大历八年（773）颜真卿刺湖后，周围更是聚集了大量的文人墨客。湖州又是唐代重要的茶产区，长兴顾渚茶在大历五年成为贡茶，颜真卿作为修贡刺史对于茶业的关注自然不会少，境内还有陆羽、皎然这样精通茶道的隐士、高僧，故"茶会"是湖州文人聚会的重要形式，"茶诗"是联句唱和的经常性主题。

小型茶会，如皎然与陆羽重阳佳节于妙喜寺煎茶论道，其诗《九日与陆处士羽饮茶》吟道："九日山僧院，东篱菊也黄。俗人多泛酒，谁解助茶香。"在皎然的诗中多次出现"酒"不如"茶"的说法，提倡以茶代酒，如著名的《饮茶歌诮崔石使君》里说"此物清高世莫知，世人饮酒多自欺"。这是茶这种新的文化范式出现后对原来的酒文化形成冲击的体现。无独有偶，高适《同群公宿开善寺，赠陈十六所居》"饮酒不胜茶"，孟浩然《清明即事》"酌茗聊代醉"，钱起《过张成侍御宅》"杯里紫茶香代酒"等，都是这一茶酒文化观的代表。不过，主流的看法还是认为茶酒互补，缺一不可，各取所需。

大型茶会，如由陆士修、张荐、李萼、崔万、颜真卿、皎然参与的《五言月夜啜茶联句》：

泛花邀坐客，代饮引情言。——陆士修

醒酒宜华席，留僧想独园。——张荐

不须攀月桂，何假树庭萱。——李崿

御史秋风劲，尚书北斗尊。——崔万

流华净肌骨，疏瀹涤心原。——颜真卿

不似春醪醉，何辞绿菽繁。——皎然

素瓷传静夜，芳气清闲轩。——陆士修

　　联句中陆士修所说"泛花"、颜真卿所用的"流华"指的都是茶汤的"华"，按照《茶经·五之煮》对"汤之华"的区分，薄者曰沫、厚者曰饽、细轻者曰花，是茶汤的精华。文人作诗时经常用类似的词眼来代指茶。颜真卿所吟"流华净肌骨，疏瀹涤心原"一句肯定了茶具有清肌润骨、洗涤内心的功效。"代饮引情言""不似春醪醉"则是说以茶代酒，茶不似酒容易醉人，还能激发诗情。"素瓷"即白瓷，唐代茶器一般是白瓷或青瓷，越州青瓷和邢窑白瓷向来是优劣难分，各有拥趸。诗人们心思巧妙，在月桂飘香的夜晚句句不言茶，却句句不离茶，颇具禅趣之意与空灵之美。

提及饮茶的联句聚会还有不少，如陆羽与颜真卿、皇甫曾、李崿、皎然参与的《七言重联句》，皇甫曾诗曰"夜酌此时看碾玉，晨趋几日重鸣珂"一句说的便是碾茶环节；大历九年（774）三月，颜真卿、陆羽等18人聚会于潘述竹山书堂，作《竹山连句题潘氏书堂》，柳淡吟道"昼歇山僧茗，宵传野客觞"。

民间新鲜火热的茶宴风尚也蔓延至宫廷。宫廷茶会的情况可凭借德宗时期的女诗人鲍君徽的诗一窥究竟。鲍君徽，字文姬，善诗，曾受诏入宫，与著名的"尚宫五宋"（宋若华、宋若昭、宋若伦、宋若宪、宋若荀）齐名。她有一首《东亭茶宴》诗对宫人自娱自乐型的茶宴进行了生动描述，其诗曰：

> 闲朝向晓出帘栊，茗宴东亭四望通。
> 远眺城池山色里，俯聆弦管水声中。
> 幽篁引沼新抽翠，芳槿低檐欲吐红。
> 坐久此中无限兴，更怜团扇起清风。

在一个悠闲的早晨，宫廷东亭内正在举办一场茶宴。亭子一般建在地势较高处，东亭也一样，视野很好，可以远眺城池山色，俯听管弦水声。亭子周边环境雅致，竹林深深、芳槿吐红。

诗人在这种视觉、听觉、味觉甚至是嗅觉的多重享受下，坐了很久都不觉得厌倦，微微摇着团扇，全身心地投入这场美好的茶事中。全诗没有一字写茶，却通过远景与近景的切换，勾勒出一幅清新雅致的茶宴图。

图像资料则可参考现存于台北故宫博物院的《唐人宫乐图》。画面中 10 位浓妆宫人围长案而坐，长案中间放置茶釜，右侧中间的女子手持长柄茶杓正在分茶，其余诸人或品茗，或奏乐，或轻摇团扇，另有 2 人侍立在侧。和鲍君徽《东亭茶宴》描述的情形相比，虽一在室内，一在户外，景致不同，但茶宴的氛围有所相似，皆丝竹管弦绕耳，啜茗分茶，清雅闲适。

最典型盛大的宫廷茶宴莫过于"清明宴"，皇帝于清明时节赐宴群臣是唐后期的一项习俗，因宴上用茶，还形成了须清明节前送到长安的"急程茶"制度。李郢《茶山贡焙歌》"十日王程路四千，到时须及清明宴"描述的就是湖州顾渚紫笋茶要快马加鞭送达京师的情形。贡茶送到，整个皇宫都欢欣雀跃起来，正所谓"牡丹花笑金钿动，传奏吴兴紫笋来"。

二是咏茶诗的蓬勃发展。

这部分茶诗主要指文人对茶及茶事相关的吟咏，包括茶叶的栽培、采摘、制作、煮饮，名茶名水、茶具茶器的品鉴，茶叶的赠送赏赐，茶叶功效的认识交流，茶人茶事的典故逸闻等。

　　虽然提到唐代茶文化，不得不提陆羽，但陆羽本人的诗作中，除了前文中提到的宴会联句外，却没有茶诗。反而是他的好友皎然留下了大量茶诗。从这个角度说，这对好友在"茶道"上的功夫可算是形而下与形而上的相得益彰。

　　"茶道"一词便是首先由皎然提出的，他的《饮茶歌诮崔石使君》吟道：

　　　　越人遗我剡溪茗，采得金牙爨金鼎。

　　　　素瓷雪色缥沫香，何似诸仙琼蕊浆。

　　　　一饮涤昏寐，情来朗爽满天地。

　　　　再饮清我神，忽如飞雨洒轻尘。

　　　　三饮便得道，何须苦心破烦恼。

　　　　此物清高世莫知，世人饮酒多自欺。

　　　　愁看毕卓瓮间夜，笑向陶潜篱下时。

　　　　崔侯啜之意不已，狂歌一曲惊人耳。

　　　　孰知茶道全尔真，唯有丹丘得如此。

　　这首著名的茶诗，不仅精辟归纳了饮茶具有荡涤昏昧，使人神清气爽，破除烦恼，助人"得道"等功效，还提出了"茶道"
二字，这是世界茶史上首次提出"茶道"概念，具有里程碑式的
意义。

　　唐代茶诗史上另一首非常经典的诗是卢仝的《走笔谢孟谏议
寄新茶》，诗云：

　　　　日高丈五睡正浓，军将打门惊周公。

　　　　口云谏议送书信，白绢斜封三道印。

　　　　开缄宛见谏议面，手阅月团三百片。

　　　　闻道新年入山里，蛰虫惊动春风起。

　　　　天子须尝阳羡茶，百草不敢先开花。

　　　　仁风暗结珠琲瓃，先春抽出黄金芽。

　　　　摘鲜焙芳旋封裹，至精至好且不奢。

　　　　至尊之余合王公，何事便到山人家。

　　　　柴门反关无俗客，纱帽笼头自煎吃。

　　　　碧云引风吹不断，白花浮光凝碗面。

　　　　一碗喉吻润；

　　　　两碗破孤闷；

　　　　三碗搜枯肠，唯有文字五千卷；

四碗发轻汗，平生不平事，尽向毛孔散；

五碗肌骨清；

六碗通仙灵。

七碗吃不得也，唯觉两腋习习清风生。

蓬莱山，在何处。

玉川子，乘此清风欲归去。

山上群仙司下土，地位清高隔风雨。

安得知百万亿苍生命，堕在巅崖受辛苦。

便为谏议问苍生，到头还得苏息否？

卢仝自号玉川子，少有才名，隐居于嵩山少室山，不愿仕进。朝廷曾两度征聘他为谏议大夫，均不就，只破屋数间、图书满架，书香茶香为伴。《走笔谢孟谏议寄新茶》一诗说的便是收到曾任谏议大夫的好友孟简寄来的"快递"，拆开一看，是由白绢包裹的阳羡茶。因唐时茶叶的主流加工和保存方式是团饼茶，所以诗中称为"月团"。阳羡贡茶须赶在清明宴前运送到京，早春时节便要采摘，嫩芽贵比黄金。茶农们摘下鲜茶芽，焙茶、旋即封装，这种茶最为精好，是进贡给皇帝的，皇帝有时会赐茶给王公大臣。卢仝有此口福仰赖好友孟简当时正在负责督造阳羡贡茶的常州刺史任上，对于这意外之喜，他大门一关，即刻自煎自饮起来。"碧云引风吹不断，白花浮光凝碗面"一句说的是煎茶时碧色的茶汤翻腾，在茶碗里凝聚成白花。此句之后的部分被称为"七碗茶"诗，层层递进地描述了茶润喉解渴、消解孤闷、激发文思、去除烦恼、清肌润骨、得道通灵的种种功效。

卢仝此诗前半段刻画生动有趣，后半段从味觉到体感，再到精神层面，对茶叶功效进行了淋漓尽致的概括，因而，不仅受到唐人赞扬，也被后世文人追捧，"七碗茶"的典故与卢仝之名经常出现在后世作品中。

同科及第、相交莫逆的元稹和白居易都爱喝茶，二人常诗歌唱和，元稹曾写过一首新颖别致的宝塔诗送别白居易，其诗曰：

茶。

香叶，嫩芽。

慕诗客，爱僧家。

碾雕白玉，罗织红纱。

铫煎黄蕊色，碗转曲尘花。

夜后邀陪明月，晨前命对朝霞。

洗尽古今人不倦，将至醉后岂堪夸。

从茶叶的外形、特性、加工、煮茶，升华到茶道的意境。其中"慕诗客，爱僧家"一句，一针见血地点出了茶与诗人、僧人的密切关系，经常被人引用。

白居易一生写了六七十首茶诗，荣登唐代茶诗数量榜首。他常自称"爱茶人"，收到好友寄来的新蜀茶，不无得意地说："不寄他人先寄我，应缘我是别茶人。"从茶诗中可以看出他在鉴茗、品水、看火、辨器方面确有独到见解，当时极为知名的紫笋茶、蒙顶茶、毗陵茶、六班茶、昌明茶等名品也经常出现在他的诗作中。白居易任苏州刺史时期，适逢邻近的常、湖二州在顾渚山境会亭举办盛大的茶宴，当时他因坠马腰伤无法共襄盛会，作《夜闻贾常州、崔湖州茶山境会，想羡欢宴，因寄此诗》遥表向往，其诗曰：

遥闻境会茶山夜，珠翠歌钟俱绕身。

盘下中分两州界，灯前合作一家春。

青娥递舞应争妙，紫笋齐尝各斗新。

自叹花时北窗下，蒲黄酒对病眠人。

别看诗中描述二州"合作一家春"，一幅其乐融融的景象。

实际上，常、湖二州一度因清明茶宴"急程茶"制度，都想让皇帝率先尝到本州所产贡茶而产生过激烈竞争，或诈为丧车掩人耳目地运送，或彻夜不停歇地驱使车夫赶路，称得上是手段迭出。直到贞元八年（792）湖州刺史于頔为免两败俱伤，与常州协商各自放缓数日，这才改为合作。

晚唐诗人中有名的茶人要数皮日休与陆龟蒙，他们基于对诗酒茶的共同爱好，是"交拟金兰"的好哥们儿，世称"皮陆"。二人常以诗歌交流唱和，为人所津津乐道的是他们曾作过一组同题诗。皮日休曾作《茶中杂咏并序》寄给陆龟蒙，这组诗分别题为茶坞、茶人、茶笋、茶籝、茶舍、茶灶、茶焙、茶鼎、茶瓯、煮茶，包括茶叶种植、生长、采摘、制作、器具、煮饮等方方面面，某些内容是对陆羽《茶经》的注解，如前面讲到风炉小鼎时，便以皮日休的《茶鼎》诗为例进行过说明。《煮茶》诗中"香泉一合乳，煎作连珠沸。时看蟹目溅，乍见鱼鳞起。声疑松带雨，饽恐生烟翠"的描述也是对《茶经·五之煮》"其沸，如鱼目，如涌泉连珠，腾波鼓浪"的继承发展。

陆龟蒙收到皮日休寄来的一题十咏后，也欣然酬答了一组同题的茶诗，曰《奉和袭美茶具十咏》。袭美是皮日休的字，陆龟蒙有多首唱和茶诗提及，如《奉和袭美初冬章上人院》说的是初冬时节，二人结伴拜访章上人，宾主山泉煮茶、吟诗赏画。《袭美留振文宴龟蒙抱病不赴猥示倡和因次韵酬谢》一诗讲的是陆龟蒙因病不能赴皮日休为振文所设盛宴，赋诗酬谢好友的邀请，其中"只将茶荈代云舫"一句反映了饮茶之风兴起后，文人聚会以茶代酒的新风尚。

中唐以后，茶诗不断涌现。数量上，据李斌城、韩金科统计，作者 136 人，茶诗 459 首，除了上述名篇外，杜甫、杜牧、刘禹锡、张籍、孟郊、姚合、薛能、李群玉、贯休、齐己等人都有不少茶诗传世；体裁上，古体诗、绝句、律诗兼备，句式则五言、七言、杂言并存；题材上，根据茶文化学者丁文的划分，有名茶诗、贡茶诗、采茶诗、造茶诗、煎茶诗、饮茶诗、茶山诗、茶具诗、名泉诗、茶功诗、茶礼诗、茶政诗、茶市诗、茶人诗 14 类，涵盖广泛。

其中有一类比较特殊的茶诗——贡茶诗，之所以说它特殊，是因为与一般茶诗以赞美为主不同，贡茶诗往往揭露了封建政府对百姓的剥削，馥郁茶香掩盖下的是茶农的斑斑血泪。

以与陆羽密切相关，且贡茶数量为最的湖州、常州为例。先是大历二三年间，陆羽向常州刺史李栖筠建议贡茶，即卢仝极力称赞的阳羡茶。之后，陆羽又向国子祭酒杨绾推销湖州紫笋茶，大历五年（770），朝廷令与常州相接的湖州均贡，并在两州交界的顾渚山设贡茶院。起初，于顾渚源建草舍30余间，至贞元十七年（801）刺史李词修贡时造吉祥寺，以寺东廊30间为贡茶院，两行置茶碓，又焙百余所。贡茶规模亦不断扩大，两州分山析造时，贡500串，后加至2000串，到武宗会昌年间，乃至14800斤。"串"的计算方式有所不同，以《茶经·二之煮》"江东以一斤为上串"计，最初的贡茶数量尚在承受范围之内，之后不断增加，百姓的负担越发沉重。再加上贡茶至京具有很强的时间限定，头批贡茶须在清明宴前送到长安，被称为"急程茶"，其余的以四月底为限。湖州贡茶于二三月采摘，修贡刺史常在"立春后四十五日"，也就是"春分"入山，距离清明宴只有15天的时间。即便新茶采摘役工万千，烘焙、保存也需耗时，运送更是十万火急。

按照大唐税物、贡物运输的上限计算，陆路马日行70里，水顺流每日150里，"十日王程路四千"，已是正常速度的数倍！"牡丹花笑金钿动，传奏吴兴紫笋来"的背后是"驿骑鞭声走流电，半夜驱夫谁复见"。后世士大夫甚至追究陆羽、李栖筠是常州、湖州贡茶的始作俑者，认为是他们以区区口腹之欲媚上，以至于遗患于百姓。

如果说卢仝《走笔谢孟谏议寄新茶》末两句"安得知百万亿

苍生命，堕在巅崖受辛苦。便为谏议问苍生，到头还得苏息否"是普通文人对百姓能否得到休息的关怀，那么湖州地方官员的贡茶诗便是对治下百姓的同情和对茶政的抨击。

曾任浙西观察判官的袁高于建中二年（781）出刺湖州，督造顾渚贡焙时怜悯茶农艰辛，赋《茶山诗》一首，与 3600 串贡茶一同进奉德宗。其诗辛辣无匹，录之如下：

> 禹贡通远俗，所图在安人。
>
> 后王失其本，职吏不敢陈。
>
> 亦有奸佞者，因兹欲求伸。
>
> 动生千金费，日使万姓贫。
>
> 我来顾渚源，得与茶事亲。
>
> 氓辍耕农耒，采采实苦辛。
>
> 一夫旦当役，尽室皆同臻。
>
> 扪葛上攲壁，蓬头入荒榛。
>
> 终朝不盈掬，手足皆鳞皴。
>
> 悲嗟遍空山，草木为不春。
>
> 阴岭芽未吐，使者牒已频。
>
> 心争造化功，走挺麋鹿均。

选纳无昼夜，捣声昏继晨。

众工何枯栌，俯视弥伤神。

皇帝尚巡狩，东郊路多埋。

周回绕天涯，所献愈艰勤。

况减兵革困，重兹固疲民。

未知供御余，谁合分此珍。

顾省忝邦守，又惭复因循。

茫茫沧海间，丹愤何由申。

为天地立心，为生民立命，袁高的大声疾呼直指茶政弊病，震撼人心，"遂为贡茶轻省之始"。时人仰其正直，历史亦记住了这位为民请命的好官。之后的湖州刺史于頔不仅重刻《茶山诗》，还撰《袁高茶山述》，并刻石纪念。

此外，前引《茶山贡焙歌》是杜牧大中五年（851）任湖州刺史时的幕僚李郢所作，其中"陵烟触露不停探，官家赤印连帖催""驿骑鞭声砉流电，半夜驱夫谁复见""天涯吏役长纷纷，使君忧民惨容色"等句对茶农的艰辛和贡茶的繁苛进行了鞭辟入里的描述。

此类诗往往更具有现实主义关怀，揭开了贡茶的华美面纱，露出底下手足鳞皴、蓬头劳碌的茶农，草木失色、不着新芽的空山以及疲于奔命、间不容息的驿吏，是不容忽略的部分。

三是咏陆羽诗的出现。

还要特别说一下的是"咏陆羽诗"，因此类诗最能反映时人与后人对陆羽及其《茶经》的认知与评价。

形容陆羽时经常被引用的一句诗是"一生为墨客，几世作茶仙"，此诗出自"大历十才子"之一的耿沣《连句多暇赠陆三山人》，全诗如下：

一生为墨客，几世作茶仙。——耿沣

喜是攀阑者，惭非负鼎贤。——陆羽

禁门闻曙漏，顾渚入晨烟。——耿沣

拜井孤城里，携笼万壑前。——陆羽

闲喧悲异趣，语默取同年。——耿沣

历落惊相偶，衰羸猥见怜。——陆羽

诗书闻讲诵，文雅接兰荃。——耿沣

未敢重芳席，焉能弄彩笺。——陆羽

黑池流研水，径石涩苔钱。——耿沣

何事亲香案，无端狎钓船。——陆羽

野中求逸礼，江上访遗编。——耿沣

莫发搜歌意，予心或不然。——陆羽

连句，又称联句，是由二人或二人以上共同创作，合成一篇。其起源于汉武帝柏梁台连句，降至中唐，浙东、浙西文人联唱繁荣一时，他们聚饮宴会，意气相投，故这一时期连句诗大放异彩。因连句是在同一时空下即兴完成，是诗人情感的直观体现，往往比较轻松真实。此诗是耿沣任扩图书使旅居江南期间所作，耿沣曾造访湖州，与韵海诸生宴会唱和，与陆羽也有密切交往。从耿沣的赞誉来看，陆羽既是文雅的墨客，又是茶学大师，在顾渚修贡中参与督茶，有所贡献。"野中求逸礼，江上访遗编"一句说的是陆羽四处游历，采访民俗、随时记录，与崔子向赞其"荆吴备登历，风土随编录"有异曲同工之妙。说明陆羽在地理、方志、山水人物记方面颇有建树。

下面按照诗歌题材，将唐人咏陆羽诗分为以下几类，借此一窥陆羽与友人的交往，抑或时人以及后人对陆羽的认知。

寻访诗。寻访诗是唐诗中较为醒目的题材，由于古代交通不便、通信不畅，往往出现"寻人不遇"的情况。寻访对象多为僧、道、隐士或好友，诗人或赞美寻访对象的品格、情趣，或抒发自己的心境，不乏佳作传世。皎然就有 3 首寻访陆羽不遇的诗，分别是《寻陆鸿渐不遇》《往丹阳寻陆处士不遇》《访陆处士羽》。又以《寻陆鸿渐不遇》最为著名，被收入《唐诗三百首》：

> 移家虽带郭，野径入桑麻。
>
> 近种篱边菊，秋来未著花。
>
> 扣门无犬吠，欲去问西家。
>
> 报道山中去，归时每日斜。

诗人通过"野径""桑麻""篱边菊"等意象，描绘出陆羽新居幽僻闲适的环境，后两句借西家之口言陆羽每日流连山中、日落方归的出尘之态，寥寥数语刻画出陆羽高蹈绝尘、潇洒不羁的隐士之风。

《访陆处士羽》的意境也甚美，其诗云：

> 太湖东西路，吴主古山前。
>
> 所思不可见，归鸿自翩翩。
>
> 何山赏春茗，何处弄春泉。
>
> 莫是沧浪子，悠悠一钓船。

皎然寻陆羽不遇，推想其赏春茗、弄春泉、悠悠垂钓的怡然自得之态。

送别诗。送别诗抒写离别情绪，是唐诗中最早出现、最为常见的题材之一。陆羽早年生活在竟陵，安史之乱时寓居湖州，后来又赴湖南、江西、岭南入幕，兼四处游历、考察茶事，所经之处甚多。与朋友分别之际，往往依依惜别，作诗相赠。

皇甫冉、皇甫曾兄弟送陆羽入山采茶的诗除了饱含对友人的不舍之情，还刻画了陆羽不畏艰险，在深山悬崖寻访茶踪的身影。皇甫冉《送陆鸿渐栖霞寺采茶》云："采茶非采菉，远远上层崖。布叶春风暖，盈筐白日斜。旧知山寺路，时宿野人家。借问王孙草，何时泛碗花。"皇甫曾《送陆鸿渐山人采茶回》云："千峰待逋客，香茗复丛生。采摘知深处，烟霞羡独行。幽期山寺远，野饭石泉清。寂寂燃灯夜，相思一磬声。"陆羽说茶叶"野者上，园者次"，也就是野生茶叶的品质较好，人工种植的要差一些，这是因为茶叶的生长对阳光、水分、土壤等生态环境要求极高，人工栽培手段达不到相当的条件，所以深知茶叶习性的陆羽经常往返于深山、高山采摘佳茗。

此外，还有皇甫冉《送陆鸿渐赴越》、刘长卿《送陆羽之茅山寄李延陵》、皎然《赋得夜雨滴空阶，送陆羽归龙山》《赠韦卓、陆羽》、权德舆《送陆太祝赴湖南幕同用送字》、戴叔伦《岁除日奉推事使牒追赴抚州辨对，留别崔法曹、陆太祝处士上人，同赋人字口号》《敬酬陆山人》等诗，皆是研究陆羽交游、行迹、德行、茶事活动的宝贵资料。

感怀诗。古人常"即事"生发，抒写心中的感慨，主题有思乡、怀友、触景生情、人生感悟、逸致闲情等，感情往往真挚细腻、触人心弦。

戴叔伦晚年任容州（今广西壮族自治区容县）刺史、容管经略使，因病重辞官，返乡途中经过广州，遇到当时在李复幕府的陆羽，作《容州回逢陆三别》："西南积水远，老病喜生归。此地故人别，空余泪满衣。"当时戴叔伦年老重病，他乡遇故知本是高兴的事，但因只是途经，只能和好友依依惜别。

又有被刘长卿誉为"女中诗豪"的女冠李冶，与陆羽、皎然等人意气相投，多有交往。一次，李冶卧病在床，恰逢陆羽前去探望，惊喜之余，作《湖上卧病喜陆鸿渐至》一诗以谢客。

除了朋友相见时的欢欣雀跃，之后也有不少诗人因事触发对陆羽的怀念。元和六年（811），陆畅夫妇自洛阳归湖州，孟郊作诗赠别，想到已经故去的好友皎然、陆羽，心中更是感慨万千。

其《送陆畅归湖州，因凭题故人皎然塔、陆羽坟》诗云：

> 森森雪寺前，白蘋多清风。
>
> 昔游诗会满，今游诗会空。
>
> 孤吟玉凄恻，远思景蒙笼。
>
> 杼山砖塔禅，竟陵广宵翁。
>
> 饶彼草木声，仿佛闻余聪。
>
> 因君寄数句，遍为书其丛。
>
> 追吟当时说，来者实不穷。
>
> 江调难再得，京尘徒满躬。
>
> 送君溪鸳鸯，彩色双飞东。
>
> 东多高静乡，芳宅冬亦崇。
>
> 手自撷甘旨，供养欢冲融。
>
> 待我遂前心，收拾使有终。
>
> 不然洛岸亭，归死为大同。

孟郊与陆羽、皎然多有交往，曾参加过湖州诗会，"昔游诗会满，今游诗会空"一句就是往昔热闹与如今寥落的强烈对比，故人已去，唯余自己凄恻孤吟。吴中诗派的风流散去，而自己尚在洛京尘世里打滚，想到陆羽、皎然这一对生前挚友，死后仍坟、塔相对，便生出一种抛却俗世、一遂初心的念头。

著名的山水田园诗人裴迪曾来到竟陵西塔寺，也就是陆羽年少时生活过的龙盖寺，面对眼前的荒凉景色，写下了一首题为《西塔寺陆羽茶泉》的诗：

竟陵西塔寺，踪迹尚空虚。

不独支公住，曾经陆羽居。

草堂荒产蛤，茶井冷生鱼。

一汲清泠水，高风味有余。

诗僧齐己是陆羽的"迷弟"，他出生于 863 年，距离陆羽过世已有 60 年了，但并不妨碍其视陆羽为偶像。他一生留下 20 余首茶诗，其中有多首感怀陆羽。收到友人寄来的蜀茶，分客烹煮，他想到陆羽所创煮茶法，吟道"陆生夸妙法"；夸赞茶的功效，又想起陆羽在茶道上的贡献，说"曾寻修事法，妙尽陆先生"；甚至不远千里追寻偶像生活过的地方，怀念凭吊，其《过陆鸿渐旧居》云：

楚客西来过旧居，读碑寻传见终初。

佯狂未必轻儒业，高尚何妨诵佛书。

种竹岸香连菡萏，煮茶泉影落蟾蜍。

如今若更生来此，知有何人赠白驴。

齐己拜访陆羽旧居，看到了旧居前所立石碑上镌刻的传记，认为他举止佯狂却不轻视儒业，为人高尚亦不妨碍他阅读佛典，其诗对陆羽一生半儒半僧的形象进行了生动的塑造。

三、茶禅一味

据传，"茶禅一味"是由宋朝临济宗大师圆悟克勤提出的，其编著的《碧岩集》与手书"茶禅一味"四字真诀由日本留学生辗转传至日本高僧一休宗纯手中，成为日本代代相传的国宝。南宋时，日本荣西禅师先后两次来中国学习佛法，并向中国禅师学会了茶的品、制技术，回国时将茶籽带回日本，又根据中国寺院饮茶方法制定了饮茶礼仪，写成《吃茶养生记》一书。之后大应国师又将中国寺院饮茶方式传至日本，大应之后继有几位禅僧至中国习茶道并成为茶师。后大德寺一休和尚将茶道之法传给弟子村田珠光，又经千利休的发扬光大，渐渐形成日本茶道。"茶禅一味"也被视为日本茶文化的最高境界。到 20 世纪 90 年代以后，"茶禅一味"思想重新引起中华茶人与茶文化研究者的重视，成为茶文化研究的一项重要内容。我们从这一思想孕育、发展的过程中追本溯源，便可发现其本脱胎于中国茶文化与禅文化的融合。

其一，茶与佛教渊源深厚。

佛教自东汉明帝时期传入中土，经过魏晋南北朝的发展，至隋唐已臻于鼎盛。唐代佛寺林立，僧尼数量庞大，据史料记载，开元年间宇内共计寺庙 5358 所，僧人计 75524 人，比丘尼计 50576 人。后武宗会昌毁佛时，检括天下寺及僧尼人数，计有寺庙 4600 所，兰若 40000 座，僧尼共 260500 人。大量的僧尼是饮茶之风传播的群众基础，同时也为寺院种茶提供了劳动力。唐代寺院经济发达，不但可免租税徭役，还有寺院田产，这为寺院种茶、饮茶之风的盛行提供了经济基础。再加上寺院一般建在名山大川，与茶叶的生长环境部分重合，故不少寺院适宜种茶或本身就在名茶产区，客观上为茶的流行传播提供了条件。

除此之外，佛教修行之法也是促使茶在寺院大受欢迎的重要因素。佛教十戒中就包括不杀生（戒荤）、不饮酒、不非时食（过午不食），如此一来，饮茶便成为被允许的福利了。再加上茶叶还具有提神益思、消除疲劳、延年益寿的功效，因而受到僧人的追捧。佛教对茶的利用十分普遍。

以茶提神。茶可令人少睡，是僧人打坐诵经、居家旅行必备良药。前面讲过，茶在北方的流行与佛教禅宗的兴起密切相关，其中一项重要因素就是因为学禅"务于不寐"，也就是要通宵达旦地修行，具有提神醒脑、驱除疲劳功效的茶因此深受禅宗欢迎。禅僧连外出都不忘带上茶叶，到处煮饮，也因此，饮茶风气很快被辗转效仿，流传开来。其他宗派虽不像北宗禅提倡渐悟、重视禅定，但作为僧人，诵经、写经、做功课、做法事时也需保持清醒的头脑。杜荀鹤《题德玄上人院》云"罢定磬敲松罅月，解眠茶煮石根泉"，李咸用《谢僧寄茶》"空门少年初志坚，摘芳为药除睡眠"都是以茶驱除瞌睡、提神醒脑的例子。

以茶供佛。唐代统治者重视佛事，中晚唐以后又重茶饮，故常以茶赐僧人或寺院。这种皇帝所赐的茶珍贵异常，往往被用以供佛。圆仁《入唐求法巡礼行记》中记载了大唐天子赐衣钵、茶、香、花给五台山的盛大场面，其中赐茶1000斤。像这种赏赐，一般充作供施之用，所谓"供施"即对佛、法、僧三宝的供养以及对信众的布施。敦煌变文《茶酒论》中"茶"的自夸之语中就有"供养弥勒，奉献观音"。供佛之物自然要求尽善尽美，精益求精。《蛮瓯志》中记载了觉林院僧人志崇收藏着三种等级的茶，以最上等的紫茸香供佛，中等的惊雷荚待客，最次的萱草带才用来自己饮用。

以茶养生。茶的药理作用很早就被医家所认识，在唐代又有进一步深化。苏敬《唐本草》第一次将茶列入药品，药王孙思邈的《千金方》、陈藏器的《本草拾遗》等都涉及茶的药用功能。茶的养生祛病功效为佛教徒所认同。皎然《饮茶歌送郑容》云"赏君此茶祛我疾，使人胸中荡忧栗"，也反映出僧人对吃茶养生的重视。

以茶待客。寺院常以茶招待香客或者前来拜访的友人。不少寺院有茶堂、茶寮、茶房，还设有专门的施茶僧，向过往行人、香客提供茶水。僧人与前来拜访的文人雅士品茗论道、吟诗赏画更是常见。陆龟蒙《奉和袭美初冬章上人院》云："每伴来方丈，还如到四禅。菊承荒砌露，茶待远山泉。画古全无迹，林寒却有烟。相看吟未竟，金磬已泠然。"李白《陪族叔当涂宰游化城寺升公清风亭》"茗酌待幽客，珍盘荐雕梅"，戴叔伦《题横山寺》"老衲供茶碗，斜阳送客舟"等皆如此。

以茶馈赠。唐代兴起寄茶、赠茶表达挂念与慰问的雅好，流传下来许多脍炙人口的赠茶诗篇，僧人也不例外。有时，还因所处寺院的地理环境优越而有得天独厚的"特产"佳茗，是寄给友人的好礼物。"诗仙"李白的名篇《答族侄僧中孚赠玉泉仙人掌茶》就是收到族侄中孚禅师寄来的"仙人掌茶"后所作，这种茶生于荆州玉泉寺，山洞多乳窟，其间有玉泉流淌，茶形状若手，服之可润肌强骨。

以茶助诗。茶与诗是勾连文人士大夫与寺院的两条途径。茶可激发文思，助引诗情，僧人中亦有不少诗情卓著、文采风流的高士，他们或在山寺静室焚一炉香，"清吟茗数杯"；或在与文人交往过程中，"煮茗同吟到日西"。

从陆羽的一生经历亦可看出其与佛教的深厚渊源。

首先，陆羽自小长大的龙盖寺（即西塔寺）有着魏晋禅风余韵。根据《西塔寺源流》记载，该寺肇自东汉，至晋支公住持而基业渐广。支公即支遁，字道林，是东晋时期的著名高僧，也是当时闻名的清谈家。他所倡导的般若禅学与清谈饮茶的风习相契合，故被视为"禅茶之祖"。据《天门县志》记载，他曾在复州竟陵城西湖之滨的龙盖寺开坛布道，宣讲佛经，并开凿了一口井，史称"支公井"，又因井口呈"品"字形，故又名"品字泉""三眼井"。相传，陆羽年少时曾在此汲水煮茗，因后曾拜"太子文学"，故这眼泉水又被称为"文学泉"。唐代诗人裴迪凭吊至此，曾赋诗："竟陵西塔寺，踪迹尚空虚。不独支公住，曾经陆羽居。草堂荒产蛤，茶井冷生鱼。一汲清泠水，高风味有余。"

其次，抚养陆羽长大的著名禅师智积嗜茶。武后久视元年（700）至长安三年（703），义净于洛阳福先寺及长安西明寺翻译《金光明最胜王》《能断金刚般若》等20余部经典，参译高僧中便有智积禅师。到玄宗开元中，禅宗北宗祖师神秀的弟子降魔师在泰山灵岩寺大兴禅教，从者如云，饮茶之风大行其道。竟陵的智积禅师亦爱饮茶。宋人董逌《广川画跋》中有一则《书陆羽点茶图后》，提到智积嗜茶且善品茶，在陆羽出游江湖后，便不再喝别人所煮的茶了。陆羽成长于茶风盛行的禅寺，又为嗜茶的积公煮茶，对茶的熟悉热爱根植于心。

最后，陆羽半僧半儒，与名僧交往频繁。陆羽曾与皎然、灵澈同住妙喜寺，并与皎然结为忘年之交。又多次前往杭州，与灵隐寺道标、宝达禅师往来。在与这些僧人的交往过程中，品茗论道，以茶助兴是必不可少的事。皎然在茶道上的造诣自不必说，就后二者而言，灵隐寺是杭州著名的产茶区，以茶招待香客是习以为常的事。

其二，茶与禅宗关系密切。

唐代是佛教发展的黄金时期，宗派林立，其中，以隋代僧人智顗所创天台宗（又名法华宗），唐代僧人玄奘所创法相宗、法藏所创华严宗、达摩所创禅宗以及善无畏、金刚智、不空所创密宗较有影响力。禅宗相传由南印度僧人达摩于南梁时东渡入华而创，至武则天时内部分化，慧能创南宗，神秀创北宗，史称"南能北秀"。前者主张顿悟，后者主张渐悟，为人所熟知的便是五祖弘仁召集门人作偈语时，神秀、慧能分别作四字短偈"身是菩提树，心如明镜台。时时勤拂拭，勿使惹尘埃"与"菩提本无树，明镜亦非台。本来无一物，何处惹尘埃"。

我们知道饮茶之风在中唐的兴起源于开元中泰山灵岩寺降魔师大兴禅教。根据《宋高僧传》的记载，这位降魔师是北禅祖师神秀的弟子。北禅宗主张通过长期苦修，排除杂念，从而达到渐悟成佛，因此尤为注重禅定。也就是《封氏闻见记》里所说的"学禅务于不寐"，连夜晚也要勤加坐禅修心，又倡导过午不食，对于又困又饿的禅僧而言，被特许的茶饮宛若天降甘霖。

因南宗的主张更为简便速成，最终战胜了北宗，成为禅宗正宗。南禅虽倡导顿悟，不要求坐禅，对饮茶的喜好却不受影响。《五灯会元》记载唐昭宗时的宰相陆希声曾访沩仰宗（禅宗五家之一）慧寂禅师，问他是否持戒、坐禅，慧寂回答他说："滔滔不持戒，兀兀不坐禅。酽茶三两碗，意在镢头边。"意思是既不持戒，又不坐禅，但要饮浓茶两三碗，还要参加农活作为日常修行。这是禅宗"农禅合一"禅林制度的体现，我们后面会具体来说，这里要说明的是南禅宗虽不强调坐禅，茶却是必不可少的。

随着慧能弟子到各地弘扬佛法，饮茶之风也随之传播到全国各地。禅宗对茶叶的需求量大，但来源有限，除了极少数为皇帝赐予外，主要还有信众布施、友人赠送、采野山茶以及寺院种植。前三种来源方式都属于赠与类，作为被赠与方，供给量极不稳定。后两者属于自产类，野山茶的品质确实要优于园艺种植，正所谓"高山云雾孕好茶"，但佳茗往往生于悬崖峭壁，采摘的风险大且不说，数量还非常有限。因而，僧人往往利用寺院田产种茶、采茶，自产自销。如妙喜寺住持皎然在《顾渚行寄裴方舟》诗里说："我有云泉邻渚山，山中茶事颇相关……伯劳飞日芳草滋，山僧又是采茶时。"刘禹锡《西山兰若试茶歌》歌咏兰若寺山僧以自己所种茶招待客人，馈赠友人的情形。又，符载《送崔副使归洪州幕府序》中提到江夏郡东有黄鹤山，山中有僧人开辟的茶圃。

禅宗饮茶之风也极其兴盛。禅院中设立了茶堂，以供僧人与宾客品茗论禅，还设置茶鼓，击鼓聚僧饮茶，有的寺院还设立"茶头"，专门向佛龛献茶或煮茶待客之类，并有施茶僧，负责向宾客惠施茶水。禅宗僧人与茶结缘，植茶饮茶、以茶礼佛、以茶参禅，与茶关系密切，最终孕育出"茶禅一味"之说。

其三，"茶禅一味"的前世今生。

禅即禅定，梵语为"禅那"，意为坐禅或静虑，处于无思半眠的状态（即"入定"），原是印度古代各教派共同的修行方式，魏晋以后在中国广为传播。因禅宗与茶文化有着密切关系，渐渐发展出"茶禅一味"的说法。

一者，禅宗法旨与茶道精神在本质上存在惊人的一致性。相传禅宗是得释迦牟尼教外别传的心学而来，由印度心法第二十八祖达摩于南梁时东渡入华而创，后传二祖慧可、三祖僧璨、四祖道信、五祖弘忍，此后，南宗慧能以"菩提本无树，明镜亦非台"的本性即佛、"顿悟"而就的法旨继承五祖衣钵，成为六祖。南禅宗"顿悟"说以世俗、简易、速成受到士大夫及下层民众的普遍欢迎，战胜了主张"渐悟"说的北禅宗，成为禅宗正宗。究其宗旨，可以"静心自悟"四字概括。一方面，主张心性本净、佛性本有，觉悟不假外求，只要顿悟，便可成佛。另一方面，主张不重戒律、不拘坐作、不立文字，强调内心体验，把平衡心灵的力量从外在拉回内心，以为"清净本心"才是永恒的。所以南禅宗扬弃了原先苦行似的修行方式，反而追求清净却不失自在适意的修行模式。

　　而陆羽《茶经》批驳魏晋以来杂以各种调味料的茶饮方式，开创性地发明煎茶法，将茶从药用、食用的窠臼中解放出来，直指茶之"隽永"本性。从此，茶被赋予高洁、清远的品性，饮茶成为一种精神享受。选水辨器、烹茶候汤，赏汤形、观茶色、品茶味，在悠悠茶香中获得一种"了悟"的精神升华是文人士大夫以及宗教人士的普遍追求。钱起《与赵莒茶宴》云："竹下忘言对紫茶，全胜羽客醉流霞。尘心洗尽兴难尽，一树蝉声片影斜。"颜真卿在《五言月夜啜茶联句》里吟："流华净肌骨，疏瀹涤心原。"皆是将茶趣与禅趣结合的例子。

　　禅宗理趣与茶之本性在中唐以后的特殊文化氛围中达到了圆融契合。前者主张于"静心自悟"之中寻求超越尘嚣的淡泊清净，后者主张于"精行俭德"之中探求茶之"隽永"本性，两者互为寄托，相得益彰。而对于遭遇安史之乱当头棒喝的士大夫阶层而言，盛唐的豪迈气象已经烟消云散，那种天才的、浪漫的、一往无前的气质被怅惘、哀伤与及时行乐的意识所代替。面对藩镇割据、兵祸不断的现实局面，失却了唐初"大道如青天，我独不得出"的纵声怒吼，亦不见"黄沙百战穿金甲，不破楼兰终不还"的壮志豪言，中唐的文人更趋于追求现世的安稳享乐，但"达则兼济天下"的儒家传统信念又迫使他们反躬自省，这种内在矛盾急需一个出口、一个寄托。禅茶结合的适时出现成为解救文人士子精神领域的一剂良方。众多文人都从茶中得到"洗心尘""涤尘烦""涤心原""开烦襟""破烦恼"之类的放松，或者借助茶步入"得道""脱世缘"的禅意境界。这正是禅与茶趋于一味的重要原因。

二者，禅宗的修行方法为禅茶兴起提供了必要条件。与传统的苦修坐禅不同，主张"顿悟"的南禅宗修禅主要通过游学、谈公案的方法。游学，就是四处游方学道、寻师访友，在这种四处奔波的过程中，禅僧往往随身携带茶叶，到处煮饮，遂将茶传播到了全国各地。如诗僧贯休常云游四方，游凉泉寺，便云"云堂含香啼鸟细，茗瓯擎乳落花迟"；游灵泉寺，又吟"嘴红涧鸟啼芳草，头白山僧自杵茶"。谈公案，是以难以捉摸的语言互斗机锋。禅僧在教授弟子、接待参禅者、面对僧俗询问佛事时，常常以茶作为引子，或酝酿机锋，或以此避免碰到难以回答的问题时陷入尴尬的境地，同时增加高雅、空灵的禅学色彩。著名的公案有赵州从谂禅师的"吃茶去"。从谂禅师曾问一新到者："曾到此间吗？"曰："曾到。"从谂曰："吃茶去。"又问另一僧，僧曰："不曾到。"从谂曰："吃茶去。"后院主问他为什么曾到的"吃茶去"，不曾到的也"吃茶去"。从谂就让院主也"吃茶去"。院主没有搞明白从谂的深意，但这不妨碍"吃茶去"成为一把莫测高深、禅味十足的万能密钥。此后，禅宗僧人特别爱以"吃茶去"应付参禅问道者五花八门的问题，虽令听者云里雾里，却把茶与禅更紧密地绑在了一起。或许确能在品茗静心之中顿悟人生真谛吧，端看个人机缘了。茶于是成为禅宗须臾不可或缺之物。西塔光穆禅师是唐末五代禅宗五家之一的沩仰宗禅师，有一次遇吉州资福寺如宝禅师问他"如何是和尚家风"，回答曰："饭后三碗茶。"又有法真禅师者，当一僧人问他"生死到来时如何"，他回答："遇茶吃茶，遇饭吃饭。"连生死关头之际都不忘茶。

三者，"农禅合一"的禅林制度为茶、禅结合提供了物质基础。佛教传入中土早期继承了印度佛教徒"乞食"苦行的生活方式，僧人不事生产，仰赖信众布施。魏晋南北朝时期，随着佛教的广泛传播，寺院经济也快速发展起来。但安史之乱以及武宗会昌灭佛给了这种以佃客封建土地制为特点的寺院经济以沉重打击，有些宗派就在这种情况下衰落下去。而禅宗则另辟蹊径，走出了一条新路。8世纪末9世纪初，禅宗马祖道一率先于江西创立"农禅合一"的禅林制度，鼓励门徒散居南方各丛林，自给自足。其法嗣百丈怀海禅师更是进一步主张"一日不作，一日不食"，大力改革寺院制度。他在《百丈清规》中倡导在修禅的同时，还要积极参与寺院的各种集体劳动，其中的一项重要内容便是植茶、摘茶。并明确对禅门饮茶的制度作了详细规定，使其成为僧侣日常修行中不可缺少的部分。因此，在佛教典籍中经常可以看到禅僧一边采茶一边讨论佛理的有趣景象。即便是著名的禅师灵佑、慧寂、悟本也与普通僧人一样在茶园里劳作，怀海禅师本人亦是如此。禅宗将种茶、饮茶、悟道结合起来，成为一种修行方式，为寺院茶风的进一步发展以及茶禅融合奠定了物质基础。于禅僧而言，日常生活中处处不离茶。晨起洗手面后，吃茶；饭后，吃茶；坐禅，吃茶；悟道，吃茶。此风也影响到与僧人交游频繁的文人阶层以及广大的百姓信众。文人借助茶的"精行俭德"与禅的"静心自悟"，寻找精神世界的自由与升华，而百姓则借此获取生活的支撑以及对未来甚至来世的希冀。可见，茶文化与禅文化的结合在唐代便已孕育。

而之所以今天谈到"茶禅一味"，首先想到的是邻国日本，既有历史的因素，也有现实的原因。有唐一代，日本曾派遣大量的遣唐使、留学生以及学问僧、请益僧到唐朝学习先进的制度、文化、经济、宗教、艺术等。这些人学成归国后在日本积极传播唐文化。入唐求法僧侣永忠、最澄、空海等归国时或带回茶籽，播种于日本，或带回唐土流行的陆羽煎茶法，在日本贵族、僧侣中进行推广。所以，在当时热爱唐文化的嵯峨天皇统治时期，日本茶风盛行，被称为"弘仁茶风"。嵯峨天皇之后，日本茶风渐趋沉寂。直到南宋时期，两度来中国学禅的荣西禅师将茶叶带回日本，并著《吃茶养生记》，将吃茶与修禅联系起来，遂开日本茶道之先河。之后，经一休宗纯、村田珠光、南浦绍明、千利休诸禅师的发扬光大，渐渐形成日本茶道。特别是日本茶道的集大成者千利休，其创立日本最大的茶道组织——千家流派，并倡导"敬和清寂"的茶道基本。这一茶道精神与陆羽倡导的"精行俭德"之意境有异曲同工之妙。"茶禅一味"的说法虽在日本发扬光大，但这种思想无疑继承自中国茶文化与禅文化的结合。

也因如此，研究中国宗教史的汉学名家贝剑铭在其代表作《茶在中国——一部宗教与文化史》一书中指出："鉴于日本茶道在全球认知中的突出地位，我们有必要简要论述茶之汤的根源，它的根在信仰佛教的国度——中国。"

四、茶疗养生

茶最初是以解毒治病的药用价值进入人类生活的，最著名的就是神农尝百草，日遇七十二毒，得茶而解的故事。此后，经过由药物到食物再到饮品的发展。作为饮料的茶叶具有物质保健型饮料与精神享受型饮料两个层面的内涵。关于第一层面，陆羽在《茶经·一之源》中指出："茶性至寒，最适合作为饮料。精行俭德之人如果感到热渴、凝闷、头疼、目涩、四肢疲劳、关节不舒畅，可以喝几杯茶，简直就是醍醐甘露一般了。"提到了茶在养生疗疾方面的各种功效。

解热渴。也就是止渴与祛热。唐代本草学家陈藏器在《本草拾遗》中说："止渴除疫，贵哉茶也。"充分肯定茶的止渴之效。因为茶叶中的茶多酚、脂多糖、果胶以及氨基酸等物质能与唾液发生化学反应，滋润口腔，所以能达到生津止渴的效果。白居易诗中说"渴饮毗邻远到茶""渴饮一碗绿昌明"都是对茶止渴功能的褒扬，但解渴只是茶最基础的功能，如卢仝《走笔谢孟谏议寄新茶》中说"一碗喉吻润"，其次才是破孤闷、激文思、除烦恼、润肌骨，乃至得道通灵等种种更高层次的效果。另一方面，古代中医学认为很多病都是因"火"引起的，而茶性阴、最能降火，喝茶可以起到发汗清热的功效。如明代著名药物学家李时珍的《本草纲目》说心肺脾胃之火旺盛的人，适合通过饮茶来清热降火。

破凝闷。凝闷指的是心气郁结，喝茶具有涤除烦闷的功效。如卢仝说"两碗破孤闷"，白居易说"茶能散闷为功浅"等，都是从茶破除烦闷的角度而言。这是因为茶叶中的咖啡因、茶氨酸有兴奋中枢神经的作用，医学研究报告显示，绿茶有较为明显的抑制抑郁症的功效。而芳香类物质所发散的香气可使人宁心静气，放松心情，也能在一定程度上舒缓不良情绪。

止头痛。据说隋文帝晚年患有头痛之症，后来一位高僧告诉他煎服荈（即茶）草可以治疗头痛，隋文帝服用之后果然病愈。唐代著名道医孙思邈的《备急千金要方》中也有茶能治疗头痛的记载。引起头痛的原因很多，咖啡因能够使血管扩张，改善脑血循环，消除脑血管痉挛而引起的头痛；同时，咖啡因对大脑皮质有选择的兴奋作用能够缓解失眠、疲劳引起的神经性头痛；而维生素 P 能增强血管的韧性与弹性。

治目涩。茶能明目，这是众所周知的常识。一般而言，若眼睛缺少维生素 A 或者维生素 B1、B2 会导致眼部细胞减退、泪腺分泌减少，从而引起红血丝、干涩、流泪等眼部不适。而茶叶中富含的维生素 A 可以防止干眼症，还能增加视网膜的感光性，防止夜盲症；维生素 B1 是维持视神经的重要维生素，增强视觉神经；维生素 B2 能治疗角膜炎、结膜炎，维持视网膜的正常机能。

因此，喝茶能明目，防治眼病。

治四肢疲劳、百节不舒。这是因为茶叶中的咖啡因具有兴奋中枢神经、促进新陈代谢、增进血液循环的作用，故能使人四肢有力，百节舒畅。

在陆羽的饮茶观里，要想起到上面这些功效，饮茶的必须是"精行俭德"之人，简单来说就是"君子"。这体现的是他的思想观念，或者说价值取向。实际上，当然只要饮用得法，就能起到养生保健的作用。

除了陆羽归纳的6项功效外，茶还具有破睡提神、醒酒解毒、去腻消食、轻身去脂、怡情益思、消炎固齿、利尿通便、除瘘疮、治伤暑等功能。

提神破睡。这是茶最初为禅宗青睐而得以广为传播的原因。不论是需要做功课的宗教人士还是案牍劳神的士大夫都有依靠茶提神醒脑、驱赶瞌睡的经历。僧齐己《尝茶》"味击诗魔乱，香搜睡思轻"，白居易《赠东邻王十三》"驱愁知酒力，破睡见茶功"，李德裕《故人寄茶》"六腑睡神去，数朝诗思清"都提到茶的破睡提神之效。

醒酒解毒。在茶广为传播前，酒最受唐人青睐，但醉酒的滋味可不好受，这时候若喝上一碗茶则能缓解很多。白居易就深有体会，或"药销日晏三匙饭，酒渴春深一碗茶"，或"夜饮归常晚，朝眠起更迟。举头中酒后，引手索茶时"，在宿醉后头痛欲裂之际，赶紧喝一杯茶来醒醒酒。

祛腻消食。茶可以去除肉食的膻腻，促进消化。古人虽不明原理，但已经从实践中得到真知。唐人孟诜《食疗本草》记载茶能消宿食，陈藏器说"久食令人瘦，去人脂"。顾况《茶赋》也说："滋饭蔬之精素，攻肉食之膻腻。"而茶之所以深受以牛羊肉为主要食物的游牧民族欢迎，也与其能解腻、帮助消化有关。北宋时期就有一位官吏一针见血地指出："食肉饮酪，故贵茶而病难得。"

轻身去脂。陈藏器《本草拾遗》中说经常喝茶能令人瘦，去人脂。茶多酚、儿茶素和维生素 C 的综合作用可以促进脂肪氧化，减少脂肪在人体内的堆积，从而达到减脂瘦身的目的。现代商家为了吸引消费者经常会打出"减肥茶"的噱头，也并非毫无依据。

怡情益思。怡情意为愉悦心情，益思意为活跃思维。在这方面，唐代文人深有感触，留下许多关于茶能愉悦心情、激发文思的夸赞。如司空图"茶爽添诗句，天清莹道心"，薛能"茶兴复诗心，一瓯还一吟"，陆士修"泛花邀坐客，代饮引情言"等，都言茶能提供灵感，启迪文思。而对于爱茶之人而言，一杯香茗在手，心便渐渐沉静，这本就是件身心愉悦的事，哪里还需要再去寻求物外的欢愉呢？

消炎固齿。日本现存最早的医书《医心方》引用唐初医家宋侠《经心方》中的一则"治齿龈间血出方"，方子记载用茗（即茶）草煮成浓汁，不要放盐，含在口中可治牙龈出血。当然，唐初时仍将茶作为药物使用。随着其作为饮品的普及，士大夫也经常在饮食后以浓茶漱口，以起到清洁口腔、坚固牙齿的作用。究其原理，与茶中的醛类、酯类、多酚类等有机化合物对病菌的抑制与灭杀效果有关，而氟离子能与牙齿表面的钙质产生化学反应，生成一种较难溶于酸的"氟磷灰石"，提高牙齿的抗酸抗龋能力。

利尿通便。咖啡因能刺激肾脏，加快尿液排出，减少有害物质在肾脏的滞留时间。而茶多酚可促进肠胃蠕动，被人体吸收后，能达到通便的目的。

茶的药理作用不止以上这些，自古以来就有"治百疾"的说法。陈宗懋院士曾在《中国茶经》一书中将茶的传统保健功效概括为 24 种：少睡、安神、明目、清头目、止渴生津、清热、消暑、解毒、消食、醒酒、去肥腻、下气、利水、通便、治痢疾、祛痰、祛风解表、坚齿、治心痛、疗疮治瘘、疗肌、益力气、延年益寿及其他。可以说是非常全面了。对于这些保健效果，绝大部分已为千年来的实践所证明。用现代医学研究来说明，则是茶叶的化学成分目前已发现 500 多种，其中有机化合物达 450 种以上，无机矿物元素达 40 多种。在这些成分中，含有许多营养成分和药效成分，具有促进身体健康或防治疾病的功效。

除了药理作用，我们还应该注意到茶作为一种文化现象，是一种精神生活中的"保健饮料"，特别是在与道教产生联系后，具有神秘的养生效果。

陆羽在《茶经·七之事》以及《顾渚山记》中都曾提到余姚人虞洪入山采茗遇到一个自称是丹丘子的道士的故事，道士指引虞洪找到大茶树，同时希望善茶的虞洪可以赠送他一些茶水。"丹丘子"最早见于《楚辞》中的《远游》篇："仍羽人于丹丘兮，留不死之旧乡。"著名的道教医家陶弘景最早将茶与丹丘子相关联，他说茗茶能轻身换骨，丹丘子、黄山君就经常服用。这一典故被陆羽吸收到《茶经》中。陆羽的好友皎然虽然是佛教徒，但在诗文中也多次化用丹丘子饮茶羽化的典故。其《饮茶歌送郑容》中吟："丹丘羽人轻玉食，采茶饮之生羽翼……赏君此茶祛我疾，使人胸中荡忧栗。"更为知名的《饮茶歌诮崔石使君》末句又说："孰知茶道全尔真，唯有丹丘得如此。"虽有学者认为这首诗中体现了皎然的禅学思想，但他在升华全诗时使用的却是带有道教特色的人物，颇有意思，可能与皎然曾中年学道有关。卢仝的《走笔谢孟谏议寄新茶》中最为精华之处是被称为"七碗茶诗"的部分，其"五碗肌骨清，六碗通仙灵。七碗吃不得也，唯觉两腋习习清风生"云云，也是把茶当作轻身换骨、羽化登仙的灵丹妙药，欲乘此清风归去的"蓬莱山"更是道教名山。这当然有诗人夸张的赞美在其中，但将茶与道教轻身换骨、延年益寿甚至得道成仙的观念建立联系，也是对茶养生作用认识的一个方面。他在另一首诗《忆金鹅山沈山人》（其一）中说得更加玄乎，诗云："君家山头松树风，适来入我竹林里。一片新茶破鼻香，请君速来助我喜。莫合九转大还丹，莫读三十六部大洞经。闲来共我说真意，齿下领取真长生。"道士们不必炼丹，不必读三十六部大洞经，只要一碗新茶破鼻香，就能达到真长生。

大诗人李白有首著名的茶诗《答族侄僧中孚赠玉泉仙人掌茶并序》，诗文中说仙人掌茶有"润肌骨"的功效，在序文中则叙述了茶树生长的荆州玉泉山恍若世外桃源，山洞中多乳洞，洞中的蝙蝠因喝从钟乳石上滴下来的乳泉而通体雪白，能活很久。茶树也得益于泉水滋养，枝叶碧绿，有返老还童、延长寿命的作用。玉泉真公因常喝这种仙人掌茶，虽年80余岁，颜色仍如桃李般红润。按照陆羽鉴水的原则，玉泉山洞中钟乳石上流下来的

"乳水"符合"山水拣乳泉、石池漫流者上"的标准，是上等水源，这种水洁净、少污染，富含矿物质。在唐人的理念中，这样的乳泉最宜饮用。无独有偶，李华的《云母泉诗并序》也在序中介绍说洞庭湖西玄石山有云母泉，泉似乳汁，用来烹茶、淘米蒸饭、灌溉、漱口都合适。用云母泉煮的茶"饮液尽眉寿，餐和皆体平。琼浆驻容发，甘露莹心灵"，可使人保持容颜，健康长寿。云母和钟乳石一样都是道教仙药，被认为有延年益寿、长生不老的功效。在这两首诗中，诗人不约而同地将茶与道教神仙思想建立联系。

这种将茶与道教神仙思想相关联的做法与道教在唐代的特殊地位有关，将作为国教的道教人物与观念糅合进茶文化之中，无疑能达到更广范围的传播。一般来讲，茶与佛教尤其是禅宗的紧密关系较为人所熟知，实际上，道教养生服食观念与茶之功效的共通之处也不可忽视。

饮茶虽有种种好处，要想起到作用，就得做到科学饮茶。

第一，要饮用真茶。真茶是指不含杂草的茶。"山寨"产品自古不绝，唐代就有以槐或者柳树初生嫩芽混入茶叶冒充的情况，《茶经·一之源》中特别强调说饮用混杂野草的茶会生病。除了以假乱真，还有以次充好的情况存在，例如蒙顶茶盛名在外，蒙山附近的茶农就竞相栽种茶树冒充真蒙顶。喝这样的茶倒不至于会引发疾病，只是品质不如真蒙顶，相当于高价买了赝品，亏大发了。

第二，应饮用适量。关于饮茶的量，名著《红楼梦》里有一段贾母携众人去栊翠庵妙玉那里喝茶的描写，妙玉这个讲究人对宝玉、黛玉等人发表了她的喝茶理念："一杯为品，二杯即是解渴的蠢物，三杯便是饮牛饮骡了。"《本草纲目》中指出，若嗜茶成癖，时时咀嚼不止也会导致疾病。多少量为宜呢？陆羽说"聊四五啜"即可。这个决定于饮茶习惯、健康状况、年龄等因素，不能一概而论。

第三，需注意时间。太晚或是睡前不宜饮茶，尤其是浓茶。因为茶叶中的咖啡因等成分有兴奋大脑神经中枢、促进心脏机能亢进的作用，会引起失眠甚至不眠，不利于健康。同时，空腹也不宜饮茶，空腹会导致肠道吸收过多的咖啡因，产生暂时性的肾上腺皮质功能亢进症状，出现心悸、胸闷、头晕、出虚汗等不良反应，俗称"茶醉"。

第四，应区分对象。儿童、孕妇、病人等特殊群体喝茶也要特别注意，要根据各自体质选择适合的茶。处在生长发育阶段的儿童对咖啡因的抵抗力弱，喝茶会导致入睡困难，茶水中的鞣酸还会影响微量元素的吸收，不利于儿童的身体发育。妇女在孕期或者哺乳期、经期一般也不宜过多饮茶，可适当饮用淡茶。脾胃虚寒者，不宜饮用寒凉的绿茶，也不能喝过浓、过量的茶，以免茶叶中的咖啡因、茶多酚刺激肠胃，引起胃酸、胃痛等不良反应。心血管疾病患者、精神衰弱者也都不宜喝浓茶，以免刺激神经系统兴奋，出现心慌、头晕、失眠的情况。

第五，忌用茶水服药。因茶水中的鞣酸、多酚类物质会与某些药物中的有效成分发生化学反应，生成不溶性的物质，从而降低药效。诸如酶制剂、含铁剂药物等。镇静类、止咳类药物也忌用茶水送服，以免茶水中的咖啡因与此类药物药效相冲。

第六，忌饮隔夜茶。茶以现煮或现泡即饮为佳，不宜喝冲泡时间过久的茶叶，如隔夜茶。若冲泡时间太久，茶叶中的茶多酚、芳香物质、维生素、蛋白质等物质会发生氧化变质，还会滋生细菌，喝隔夜茶可能会造成肠胃的不适，从而引起腹痛、腹泻的现象。严重的还会引起肝脏、胃、肾脏等器官发炎、坏死等疾病。

五、茶业经济

中国是茶叶的故乡，是世界上最早采制和饮用茶叶的国家。

但是饮茶风俗的传播经历了一个漫长的过程，直到中唐以后，才逐渐普及全国乃至边疆少数民族地区，这为茶叶成为一种产业提供了可能。饮茶风气盛行导致对茶的需求增大，传统野山茶的采摘不足以满足巨大的消费需求，这就使茶叶的栽培种植成为必然。陆羽对茶树栽种方面的指导，对茶叶制作方式的改进提高了茶叶品质；对茶具的创新则使茶饼更易保存，使远距离运输成为可能；煎茶法的创立促使人们开始关注茶艺，使饮茶成为一种精神上的享受，符合文人的审美情趣。文人群体对茶的喜爱、讴歌又反过来推动饮茶之风的进一步兴盛。茶叶产量的剧增与消费需求的旺盛刺激茶叶交易市场和一大批从事茶叶贸易的商人开始出现，因为茶叶利润丰厚，政府也开始介入茶叶买卖。这些围绕茶叶的生产、加工、贸易与消费等方面的经济关系与经济活动共同构成了茶业经济。

其一，茶叶的生产。

陆羽《茶经》对于茶叶的栽培种植已经有了很深的认识。关于茶树生长与土壤的关系，他认为最适宜茶树生长的土质是烂石，其次是砾壤，最下是黄土。所谓的"烂石"是指风化比较完全的土壤，这种土壤土层厚，气孔多，排水性好，适合茶树生长。"砾壤"是指沙质土壤，土壤中含有未风化或半风化的碎石、砂砾，排水性能较好，但腐殖质不多，肥力中等。"黄土"是指土质黏重、排水性差、肥力低的土壤。

除了土壤条件，陆羽还指出茶树生长所需的另一个生态条件——光，《茶经》中使用的表述是"阳崖阴林"。按照我们一般对茶树喜阴的常识，这是个有些费解的表述。阳崖也就是南面山坡，因为光照充足，土壤风化严重，所以土质比较肥沃。阴林是指有树木荫庇，减少阳光直射，这种土壤肥沃又达到一定遮光度的环境是最适合茶树生长的。反之，长在"阴山坡谷"的茶叶则不堪采摘。从自然条件上看，向阴的山坡谷地缺少日照，温度偏低，会导致茶叶生长缓慢、叶小质薄，制成的成品茶品质不佳。但古人有自己的一套解释。他们认为茶本性阴，再生长在缺乏阳光的"阴地"，就会阴气过盛。饮用这样的茶会导致性凝滞，患"瘕病"——一种腹中结块肿胀的病。

《茶经》里还提到地形条件对茶叶品质的影响是"野者上，园者次"。这个比较好理解，就是生长在山野里的茶品质好，生长在园子里的茶品质差。采摘野生茶是唐以前最普遍的茶叶获得方式。《茶经·七之事》中征引王浮《神异记》说余姚人虞洪入山采瀑布仙茗，可见采摘野生茶的历史十分悠久。陆羽本人正是野生茶拥护者，经常入深山采茶，且是"远远上层崖"，采摘他所认为的品质最好的茶。但这种方式无法供应茶道大行后的市场需求，人工栽种就流行起来了。

陆羽说："凡艺而不实，植而罕茂。法如种瓜，三岁可采。""实"就是种子，古代有"艺茶必下种""移植不复生"的说法，认为茶树只能通过茶籽直播，移栽的茶苗难以存活。后一句说种法跟种瓜一样，三年可采摘。具体怎么个种法，陆羽没有展开说，大概种瓜法是当时人所共知的常识。像韦应物这样出身京兆韦氏的公子哥儿得闲也能种个瓜（《种瓜》："今年学种瓜，园圃多荒芜"），植个茶（《喜园中茶生》："聊因理郡余，率尔植荒园"）。北魏贾思勰《齐民要术》中记载了种瓜法，唐代的种法与此相差无几，可作参考：

> 先用水将瓜子洗净，用盐拌和。用锄铲去地面的干土，然后掊一个像碗口大小的坑，在坑里向阳的一面，搁四颗瓜子、三颗大豆。等到瓜苗长出几片叶子后，便将豆苗掐掉。

《齐民要术》的记载很精简，翻译成白话文也仅仅几十字，但古代劳动人民的智慧却不可小觑。用盐水浸泡选种的办法直到现在仍在使用，主要是利用盐水的浮力筛出不够饱满的种子，同时，盐水有杀菌作用，可以减少种子的病害。要先铲去干土，是因为干土太硬，不利于种子发芽。在坑里搁四颗瓜子、三颗大豆的办法更绝，瓜苗软弱，光靠它自己不容易顶出土，所以要靠豆苗冲锋陷阵、顶开泥土。等到瓜苗长出几片叶子后，豆苗就该"功成身退"了，若再留在坑里会与瓜苗争夺养分，但也不能一拔了事，免得带动土壤松弛，而是要把豆苗掐掉。

中唐以后的100余年里人工种植技术又有了新发展，这在后唐韩鄂的《四时纂要》中有反映：

种茶：二月中，于树下或北阴之地开坎，圆三尺，深一尺，熟劚，着粪土和。每坑种六七十颗子，盖土厚一寸强，任生草，不得耘。相去二尺种一方。旱即以米泔浇。此物畏日，桑下、竹阴地种之皆可。二年外，方可耘治，以小便、稀粪、蚕沙浇拥之，又不可太多，恐根嫩故也。大概宜山中带坡峻，若于平地，即须于两畔深开沟垄泄水，水浸根必死。三年后，每科收茶八两，每亩计二百四十科，计收茶一百二十斤。茶未成开，四面不妨种雄麻、黍、穄等。

不仅对土壤的选择更加具体化，而且谈到耕耘、施肥、下种、追肥、采茶、套耕间作等茶园管理方法，尤为重要的是在提出茶应种植在山岭坡地的基础上，还介绍如何在平地种植茶树的技术。开沟泄水以免茶树根被浸泡坏死的经验无疑是科学合理的种植管理方法，即便到了现代，仍具有重要的借鉴意义。

有了技术上的支持，茶叶的产量迅速增加，大大小小的茶园如雨后春笋般冒了出来。

规模最大的自然是官办茶园。唐政府在各地拥有一定数量的茶叶种植园，由专门的官吏进行管理。元和十一年（816）宪宗对淮西用兵时，不忘派寿州兵三千保护境内茶园免遭兵戎。长庆元年（821），穆宗即位后便下令除京兆河南府外，应有官庄宅、铺店、碾硙、茶菜园、盐畦、车坊等归所在州县的官府管理。还有种植、加工一体的贡茶院。例如，在湖州顾渚山设置的贡茶院占有大面积茶园，每年二三月间役工数万采摘、制作贡茶。常州也建有这样的官办茶园，起初设置在洞灵观，后来移到罨画溪上。

其次是私人茶园。这类茶园一般为封建地主、官僚士大夫所有，规模大小不等。有的茶园面积较大，如九陇人张守珪的茶园每年需要雇用100多人采茶；有的较小，如陆龟蒙在顾渚山的小茶园以租佃形式租给贫民，每年能够收入少许茶租；更小的只供自用，例如白居易在庐山草堂的茶园、陆羽在上饶开辟的茶山之类。用于自供的茶园社会经济意义不大，主要是满足文人士大夫日常所需，类似于一方寄托情感的世外桃源。白居易新开茶园后，就快乐地徜徉其间，"左手携一壶，右手挈五弦"，满足得不得了。韦应物的园中长出几株茶苗，还兴奋地写了首诗（《喜园中茶生》）赞美茶树品性高洁。具有较大经济价值的是雇工经营与租佃经营的茶园。前者如张守珪的茶园，因规模大，需要投入大量劳动力，就雇用众多的男女佣工，可见在经济体系中出现了新的劳动形态，这样的茶园生产的产品主要是投入市场进行交易。后者如陆龟蒙的茶园，租佃者在交完租后也会将剩余产品投入市场，以换取生活所需。

再就是寺观茶园。僧道之士是茶叶的消费大户，而寺院道观所在的名山大川往往在地势、气候上适宜茶叶的生长，因此很多僧人、道士在寺观周边辟土植茶。寺观茶园所产的茶主要是为了供应内部消耗，有时还用来招待、馈赠客人，很少有见到投入市场的。寺观所产的茶中有不少名品，如湖州飞云、曲水二寺所产茶，杭州天竺、灵隐二寺所产茶，荆州玉泉寺仙人掌茶等，品质都不错。

此外，还有小农茶园。在一些茶产地，从事茶叶生产的人口逐渐增多，史称"江南百姓营生，多以种茶为业"。不同于以往"务本于秀麦"，这些茶农以经营茶业换取日常生产生活所需。像祁门县阊门溪一带以茶为业者十之七八，衣食、赋役都仰赖茶叶所出。他们生产出的产品首先投入流通领域，用来换回生活所需，但因占有的生产资料非常有限，很难再扩大自己的生产规模。有的甚至连小茶园都没有，靠采集野生茶或者做佣工来维持生计。小农茶园在茶业经济中的弱势地位还体现在有时会被官府或者地方藩镇势力侵夺。唐宪宗元和十四年（819）时曾颁布过一道诏令，内容是采纳光州刺史房克让的请求，将光州茶园归还给百姓。说明此前曾发生过抢夺百姓茶园的事。唐文宗时亦曾发生王涯、郑注集团试图将江淮百姓茶园收归国有的情况，遭到茶农和茶商的激烈反对，后来随着王涯等人在政治斗争中的失败而不了了之。

陆羽的贡献还体现在他对唐代茶叶产地的统计上。在此之前，只有一些零星的记载，而陆羽则通过大量的实地考察以及搜罗，统计出《茶经·八之出》中的8道43州44县。

8道具体是山南、淮南、浙西、剑南、浙东、黔中、江南和岭南。道是唐代的行政区划单位，相当于现在的省一级。唐代在太宗贞观元年（627）时第一次设道，将全国分为关内、河南、河东、河北、山南、陇右、淮南、江南、剑南和岭南 10 道。随着版图的扩大和行政管理的需要，在玄宗开元二十一年（733）时经过一些调整，主要是将原来辖区过大的道再进行重新划分，即将山南和江南道各分为东、西两道，并增设黔中、京畿和都畿道，共 15 道。再回过头去看，就会发现陆羽列出的 8 道混合了各个时期的名称，颇为混乱。山南、江南、淮南、剑南和岭南 5 道用的是贞观 10 道的名称，黔中道是开元 15 道之一，而浙江东道和西道则根本不在这两次设道的名称中，是乾元元年（758）设置的方镇名称。可见，《茶经》对道的名称选用标准并不严格，还偶有州县归属讹误的问题，但总体而言，其对于全国产茶区的统计已经相当广泛，遍及现在的四川、陕西、湖北、河南、安徽、江西、浙江、江苏、湖南、贵州、广西、广东、福建等省区。

《茶经》的记载并没有完全涵盖唐代茶产区，后世学者在陆羽 43 州的基础上，又进行过考补。张泽咸整理出唐代 69 个产茶州；吴觉农从其他史料中增列了 7 州，不过其中 3 州与《茶经》重复，实际上仅增加了下属县的产地；郭亮统计为 58 州；王洪军则认为有 98 个产茶州。一则说明陆羽的统计有所疏忽，二则表明产茶州在中唐以后呈现增多的趋势，而具体数量上的出入则还与占有史料以及统计方法上的不同有关。但毫无疑问，唐代的茶产区已经相当广泛了。

那么，唐代的茶叶产量究竟有多少呢？由于没有直接的史料记载，再加上随着茶产地的扩展、生产技术的提高等，茶叶的单位面积产量与总产量都在增加，因此难以考证确切的数据。王洪军、孙洪升、宋时磊等根据一些零星的记载做过估算，可资了解唐代的茶叶产量。下面将杨晔《膳夫经手录》记载的茶叶及其产量绘制成表格：

茶名	年产量
新安茶	数百万斤
浮梁茶	700 万驮
衡州衡山团饼	10 万巨串
"假"蒙顶（蒙山附近所植）	数千万斤

团饼茶以"串"为单位，不但有大、中、小之分，各个地域的计量标准也不统一，这个"巨串"，若以峡中 120 斤为上串计，衡山团饼就有 1200 万斤。浮梁茶所用的单位"驮"在唐代较少用作计量单位，指的是马、骡等牲畜所载负的重量，一驮大约为 100 斤，那么，浮梁茶产量约为 700 万斤。可见，这几地每

年出产的茶叶均在数百万至千万斤。杨晔在《膳夫经手录》中将茶分为"量大"和"质优"2类，上面4种茶都是属于"以多为贵"的，而像真蒙顶、湖州顾渚、峡州茱萸簝、夷陵小江源茶等则是"少而精者"，所以，并不能将各地的茶产量等同视之。即便如此，也不宜过低估计那些被列为"少而精者"茶的产量，只是相对于年产量数百万斤的茶要少而已。例如，祁门、婺源一带的茶属于杨晔认为的质量精好者，但数量却不少。受地形条件限制，这一带山多田少，遍山植茶，百姓多以种茶为业，据唐人张途所言，祁县一地5400多户，其中十之七八是茶农，按照平均6口为1户计算，相当于一县有24000多人在从事茶叶种植与焙制。同时又因制作精好而远销北方，深受梁州、宋州、幽州、并州等地民众的欢迎，导致前往收购茶叶的商贾数千里不绝于路。可见，该地所产茶叶不但质量好，数量也很多。虽然我们无法得出唐代茶叶产量的确切数据，却已经可以得到一个大致的认识。

其二，茶叶的加工。

唐以前的茶叶制作方法比较粗糙，最早是用鲜叶直接煮饮，大概三国时期西南一带出现采叶做饼，并在要饮用时将茶饼炙烤捣碎，以沸水冲泡的做法。到陆羽时期，有粗茶、散茶、末茶和饼茶。粗茶应是用梢枝老叶制成的低档茶，有可能是用最简单的办法制成的劣质茶，目前已经无法详知具体的加工方法。末茶则是饼茶经蒸春之后而不加拍制的一种简化碎茶，不成形，所以叫末茶。

散茶是呈碎叶状的茶，主要采用炒青法、晒青法制作。刘禹锡《西山兰若试茶歌》中所言"斯须炒成满室香"用的就是旋摘旋炒的炒青法，优点是杀青迅速且能保持茶叶的清香。宋代有位叫作朱翌的人说："唐朝造茶与今不同，现在采了茶后马上就蒸熟、焙干，唐时则是旋摘旋炒。"这当然是宋人的误解，我们知道至少在中唐以后普遍流行的是陆羽《茶经》中所介绍的饼茶，制作方法是将茶叶通过蒸、捣、拍、焙、穿、封的工序制作成茶饼，朱翌所说宋代的造茶法实际是继承唐代而来。不过，朱翌的认识至少反映出唐代存在炒青法。只不过这种制作方法并没有广为流行。再就是晒青法。李白《答族侄僧中孚赠玉泉仙人掌茶》里的茶是"曝成"的，即通过曝晒使茶叶自然蜷曲，因为晒干后的形状像手，所以李白就取名为"仙人掌茶"。散茶虽然比较小众，但在唐五代并未销声匿迹，据五代毛文锡《茶谱》记载，蜀州所产的雀舌、鸟嘴、麦颗、片甲、蝉翼等茶都是散茶中最好的，可见到五代时期，散茶始终存在。

散茶的加工方式比较简单，饼茶的制作就要复杂多了。特别是经过陆羽的研制与改造，制作工序更为规范、细致。他非常注重采摘环节，认为采茶最好在每年的二、三、四月，要趁着露水尚未消散的早晨采摘。对于生长情况不同的茶树，采摘方法也不同。生在烂石沃土的茶笋，要在长到四五寸时采摘，长在贫瘠土地上的茶芽，则要待其长出三至五枝后，采摘长得最好的中枝。采茶时还要注意天气，日有雨不采，晴有云不采，晴天方采。

采摘来的茶叶要趁着新鲜赶紧加工，先用釜甑蒸熟，再用杵臼捣碎并拍打成形，接着用焙烘干，然后用竹篾把茶饼穿起来，再封装保存。这在下一章中会具体来讲，这里就不展开了。

其三，茶叶的贸易。

由于茶叶喜温、喜湿、喜酸的生态习性，茶产地主要集中在长江以南地区，而随着茶道大行，茶叶的消费遍及全国，甚至远及少数民族地区。茶叶贸易随之迅速发展，贩卖茶叶成为朝阳产业，一到出茶季，大小茶商就带着锦绣、缯缬、金钗、银钏等争先恐后地奔赴茶区收购新茶。

沟通茶叶生产与茶叶消费的中介是茶商。随着茶叶贸易的发展，茶叶利润丰厚，不但经营茶叶的私人增多，政府也介入其间，通过收税卖茶来增加财政收入，因此从经营主体来看，可以分为官商与私商。

官商，指官府直接插手茶叶买卖以获取厚利，卢商《请增加盐额奏》中提到常州自开成元年（836）以后以茶务委地方州县，到年终所收"以溢额五千六百六十九贯"，比盐铁场院正额的数倍还多。但在吏治腐败的情况下，官吏经营往往不善，导致官商的茶叶积压滞销，甚至出现贪官污吏营私舞弊的情况，如三司官员曾将茶纲私自赊卖与人，以肥自己。在中晚唐时期，中央对藩镇的控制力越来越弱，还出现地方藩镇私自经营甚至垄断大宗茶货贸易的情况。如乾宁元年（894），淮南节度使杨行密派部将携带1万多斤茶到汴州、宋州进行贸易。又如唐末卢龙节度使刘仁恭禁止江南茶商入境，自采山中茶来贩卖。

　　私商，具体又可分为大茶商与中小茶商。大茶商的资本雄厚，经营规模大。像天宝时期的刘清真就雇用了20人运销2000斤寿州茶到外地。这些大茶商往往与地方官府勾结，或谋取便利，或逃避茶税，影响政府的财政收入。此外，还有中小茶商，虽是小本经营，但人数众多。因为茶叶利润丰厚，一些经营有方的中小茶商也可能积累财富，成为富商大贾。如本是"细民"（普通百姓）的吕璜为人明敏聪慧，靠着贩茶跻身扬州的大商贾之列。但更多的是挣扎在温饱线上的小商贩。他们或肩扛或推着小车贩茶为业，以换取衣食所需。在茶税越来越重，禁止茶叶私卖又越来越严的情况下，他们往往联合起来对抗官府与大茶商的盘剥与控制，甚至铤而走险，从事走私贸易。

不论是装载着大量茶叶的巨轮，还是手提肩扛的茶担，都承担着将茶叶输送到全国市场的重任，都为茶叶的流通贸易做出了巨大贡献。贸易市场的兴盛，反过来促进茶叶生产的进一步扩大，所以，中唐以后的茶业经济处于一种良性的循环与联动之中。

在茶商的带动下，全国形成了各个等级的茶叶交易市场，主要有茶区贸易市场、城市贸易市场与边疆贸易市场，这些大小不等的市场共同构成了唐代茶叶贸易网络体系。

前面提到，一到春茶上市，茶商便争先恐后地前往茶山收购新茶。像张途《祁门县新修阊门溪记》里所记载的那样，每到二三月，商人便会摩肩接踵而至。既有肩挑背负或推着小车的小商小贩，也有先用轻舟将茶叶从山区运出，再用巨舻长途运输的大茶商。茶商与园户的交易极大促进了产茶区社会经济的发展，正如宋人陈师道所言："山泽以成市，商贾以起家。"大量商贾的入山交易使茶山成为茶叶的初级市场，为了便于交易，产茶区逐渐形成以茶叶交易为主的临时性市场，被叫作"茶市"或者"草市"。如杜牧《入茶山下题水口草市绝句》描绘的就是湖州长兴茶山下的茶市。这座茶山应该就是顾渚山，从诗句"夸酒书旗有小楼"一句来看，山下的草市已有卖酒的小楼，估计还有卖茶的小店，为远道而来的商贾行人提供歇脚之处。会稽也有草市，元稹有一次在会稽县东 25 里的平水市听到有蒙童在朗诵自己的诗歌，一问才知道拿着元白诗篇可随处换酒和茶。峡州也有草市，郑谷《峡中寓止二首》中吟："夜船归草市，春步上茶山。"峡中位于今湖北宜昌一带，是《茶经》记载最早发现大茶树的地方，峡州所产的茶品质很好，远安、宜都、夷陵等地所产茶被陆羽评为上品，且产量应该也很大，这从峡州衡量一串是以 120 斤为上串，80 斤为中串，50 斤为小串可以看出来。

茶叶贸易市场除了要距离茶区近，往往还需具备另一个条件——水陆交通要便利。对于茶叶这样的大宗货物而言，水路交通的便利显得尤为重要。如唐后期著名的贸易集散地浮梁就占据这两项条件，一方面属于浙西道歙州茶产区，另一方面依靠昌江可以将茶外运出去。所以，到大和时期，婺源、浮梁、祁门、德兴四县已经是茶货实多、兵甲且众、户口殷实的好地方。祁门也是如此，祁门县一带已经形成专门化的茶叶种植区，所生产的茶质优量大，同时，祁门还是昌江的发源地。祁门、婺源一带的茶叶便是走水路，从昌江上游的阊门溪出发，然后溯昌江西行到鄱阳湖，由此入长江。地方官吏为了政绩，也不遗余力地搞好基础建设，祁门县令修阊门溪的目的就是为了贾客巨艘、居民业舟能够通行无阻。

城市在茶叶市场中也发挥着重要作用。草市本身就多分布在交通要道，与周围的城市联系紧密，以便商品能够顺利与外界交换。从山区运出的茶大多在城市中进行集散，如东南地区的茶叶多先集中到广陵（今江苏省扬州市），然后通过大运河或者两岸的"御道"转运两京或四方各地。北方的汴州也是重要的茶叶贸易市场，唐人王建《寄汴州令狐相公》中"水门向晚茶商闹，桥市通宵酒客行"描写水路码头茶叶贸易的繁荣景象。除了商品集散，城市本身人口众多，有很大的消费市场。一方面，城市里的行商坐贾、小商小贩直接将茶叶通过零售或批发的方式卖给城市或周边的居民。另一方面，各种茶肆、茶店煎茶售卖。如《封氏闻见记》中记载山东的邹、齐、沧、棣等地以及京师长安都开设了不少提供茶饮的店铺，只要投钱就可以取饮。不但繁荣的两京以及大城市茶肆林立，在一些小城市甚至乡镇也有这类提供茶饮的茶店、茶邸，日本留学僧圆仁曾在扬州海陵如皋镇的一家茶店以及郑州下辖乡镇的一家土店里饮茶。

此外，茶叶还运销至边疆地区，这主要是通过茶马互市实现的。据《封氏闻见记》载，回纥入贡时驱赶着名马而来，在唐朝换取茶叶而归。这种茶马贸易由政府组织，带有纳贡的形式，唐廷以茶偿其马价。德宗时期，寿州、舒州、湖州、蕲州、蜀州、岳州所产的名茶已经传入吐蕃。

其四，茶叶的消费。

唐代诗人顾况在《茶赋》中概括饮茶群体为"上达于天子，下被于幽人"，表明上自帝王名臣，下至乡野百姓皆爱饮茶，这是就茶叶消费主体的广泛性而言。从身份上看，茶叶的消费群体主要有宗教人士、文人士大夫、皇室贵族和平民百姓等，不同群体的消费需求、消费能力以及消费方式都不尽相同。

茶最早以提神醒脑的作用受到禅宗青睐，僧人云游时随身携带茶叶，到处煮饮，从此辗转效仿，遂成风俗。僧侣们以茶提神、以茶供佛、以茶健体、以茶待客、以茶馈赠、以茶助诗，寺院的饮茶之风极其兴盛。唐代以老子为祖先，崇奉道教，道教讲究神仙方术，追求长生久视、羽化登仙，茶提神解乏、轻身换骨、延年益寿的保健功效正好满足道教的需求。同时，"天下名山僧占多"，道教也一样，寺院道观所在的名山大川往往适宜茶树的生长，僧人道士在寺观周边辟土植树，自产自销，不但解决了需求问题，还培育出不少名品。

文人士大夫更加注重茶的文化功能。经过陆羽对茶叶加工方式的改造，对饮茶器具的创新，对饮茶仪式的规范，茶的文化品位大幅提升，符合文人的审美情趣。中国传统社会历来喜欢赋予植物以特定的品格，如莲的洁身自好，兰的高风脱俗，松的坚贞不屈，竹的虚心有节。而茶在文人心目中则是"高洁""脱俗"的代表。例如，韦应物《喜园中茶生》云："洁性不可污，为饮涤尘烦。此物信灵味，本自出山原。"掌握社会话语权的文人士子们热情地讴歌来自深山的茶具有高洁的品格，具有灵性，饮茶可以荡涤尘世间的烦恼。他们对茶的喜爱甚至动摇了酒在社会生活中占据的绝对主导地位，褒茶贬酒、以茶代酒的现象越来越多，悄然改变着消费风尚。士大夫的茶叶除少量来自皇帝赐予、朋友赠送或者自己所植外，大部分购自市场。如唐人韩琬在《御史台记》中载，兵察厅的茶叶便是从蜀地市场购买所得的上等茶叶，为免返潮，将其贮藏于陶器中，因御史亲自监督，故称为"御史茶瓶"。由于他们往往追求色香味俱佳的名茶，因而价格昂贵，出现了束帛不能换一斤先春蒙顶，或者"一片值数十千者，金可得，茶不可得"的情况。

文人中兴起的饮茶之风很快吹拂到宫廷，常州刺史李栖筠在陆羽的建议下向皇帝推荐阳羡茶，阳羡茶遂被列为贡茶。陆羽又通过国子祭酒杨绾向代宗推销湖州紫笋茶，于是，湖州分贡造茶。

唐代中后期的皇帝大多嗜茶，每年举办清明茶宴，还经常给王公贵族、文武朝官、僧道之士赐茶。贡茶本身并不属于消费，且为了赶上清明茶宴不惜驱使数万茶农昼夜采焙，千里递送，耗费无数人力物力，是对百姓的剥削。但饮茶之风在宫廷的盛行，王公贵族对茶的喜好，客观上对于茶叶的生产、茶叶品质的提升以及饮茶风尚在全国乃至少数民族地区的传播推广是有积极影响的。

在茶叶产量大增，茶叶价格下降的前提下，饮茶已不再是王公贵族、官僚士人的特权，啜茗之风也进入寻常百姓之家，茶成为与米、盐一样重要的日常所需之物。原先茶只在南方地区流行，但在中晚唐，关西、山东的村落每天都要吃茶，宁可不吃饭也不可一日无茶。前文说过，圆仁在行经的许多乡村都能喝上茶，敦煌地区的小娘子出门在外还写信叮嘱家人别忘了好好吃饭喝茶。到德宗时期，以茶待客已经非常普遍。著名的"尚宫五宋"之一的宋若昭在所著《女论语》中教导女子礼仪，要求女子在有客上门时要"点茶递汤，莫缺礼数"。以茶待客之道在文学作品中也有体现。如《李娃传》中描绘李娃与郑生初次会面的场景，李娃烹茶斟酒，并献上珍奇的茶果招待郑生。另一名篇《莺莺传》中也记载崔莺莺送给张生茶碾子一枚作为礼物。这说明茶已经是很常见的待客之物了。发展到北宋，则进一步形成"客至则设茶，欲去则设汤"的礼节。普通百姓经济能力有限，能消费得起的是像浮梁茶那样产量大、价格低的茶。那些珍贵的名品是与他们无缘的。不过，这一阶层的人口最多，更注重茶叶生津止渴、去乏提神的实际功效，消耗量很大，刺激着茶叶生产的扩大。

　　附带一提，茶业经济的发展还刺激了相关产业的振兴。一是制瓷业。中国瓷器出现得很早，但直到隋朝时产量和规模都还很小，也尚未和制陶业分开，到唐代才开始成为独立的手工业部门。《茶经》中提到的越州、鼎州、婺州、岳州、寿州、洪州都是青瓷产地，以越州青瓷品质最佳，制造白瓷最好的是邢州。另外，河南巩县也是白瓷的重要产地。二是汇兑业。由于茶叶多进行远距离、大规模贸易，铜钱等实物货币携带不易，于是便出现了"飞钱"或"便换"，商人可以在某地存款后，持券到异地取款。起初，这是民间资本自发兴起，不被朝廷允许，《旧唐书·食货志》上便说："茶商等公私便换见钱，并须禁断。"由于便换有利于商人贩运百货，唐政府逐渐接受并肯定了其价值，还采取措施保证便换业务的实施。

六、茶政茶法

茶政是指政府通过法令形式对茶业的行政管理措施或课税政策的总称，也可以说是茶业经营的立法。于唐代而言，主要是贡茶、税茶和榷茶制度，茶马互市虽有一定程度的尝试，但尚未广泛实施，未成制度。

在唐以前就有贡茶的零星记载，但并未形成固定的制度。进入唐朝后，也仍延续传统的州郡每年向朝廷进献当地特色土产的制度，即土贡（也叫民贡）。唐朝土贡始于高祖武德二年（619），《新唐书》记归州巴东郡土贡有茶。但开元、天宝之前，贡茶州及贡茶数量都较少，如杜佑《通典》仅记"天宝贡"峡州贡茶250斤，金州贡茶芽1斤，溪州贡茶芽100斤。此后，作为土贡的贡茶也仍存在，如《新唐书·地理志》记长庆年间有怀州、峡州、归州、夔州、金州、兴元府、寿州、庐州、蕲州、申州、常州、湖州、睦州、福州、饶州、溪州、雅州等17个贡茶州。

中唐以后，因为饮茶风气在全国的传播，宫廷对茶叶的消费量增大，对茶叶品质的要求也更高，民贡已经难以满足要求，官焙就应运而生了。

官焙，即由官府建立的采制茶叶的场所，派专门官员督造，时称贡茶院。最有名、最具代表性的官焙是"顾渚贡焙"。前面说过，湖州贡茶与陆羽有很大关系。他先是以茶人的敏锐舌头与不俗眼光，推荐时任常州刺史李栖筠贡义兴茶，得到代宗的肯定，"遂为任土之贡"，也就是土贡。在详细考察湖州诸多产茶区的情况下，认为湖州茶比常州茶还要好，于是在大历五年（770）写信给甚有名望的国子祭酒杨绾推销顾渚紫笋茶，当年，代宗便下令在顾渚山侧的虎头岩设立贡茶院，与常州义兴分山造茶，每年有一定的贡茶数，禁止私卖。顾渚官焙初建时以 30 余间草舍为贡茶之所，直到贞元十七年（801），刺史李词觉得院宇简陋，另建吉祥寺，以寺院东廊 30 余间房舍为贡茶院，两行置茶碓，又建焙百余所，扩大了贡茶院的规模。同时，贡茶数量也已不断增加，大历五年时进 500 串，之后加至 2000 串，建中二年（781）袁高任湖州刺史时进贡 3600 串，到武宗会昌年间（841—846）竟增加至 18400 斤。分山造茶的常州也有官焙茶舍，起初设在洞灵观，贞元年间移至罨画溪上。

贡茶由常、湖二州刺史共同督造，浙西观察使总之。因修贡的好坏会影响刺史的前程，修贡刺史无不认真对待。每年立春后 45日两州刺史就会进山督造，直到谷雨，焙茶烘制完毕，于境会亭共同品鉴，并写成上表，与贡茶一同运出后方才离山。贡茶院西有一汪神奇的金沙泉，据说此泉平时是没有泉水的，快要造茶时，刺史会备上祭品，虔诚地祭泉，若足够诚心，就有碧泉涌出，一夜之间便清澈满溢。等到修贡结束，泉水又复归干涸。若是刺史修贡超期，则会有风雷之变作为警示。听着挺玄幻，但当时人十分相信。张文规在会昌二年（842）入山修贡时，先遣手下官吏祭以酒脯。等到了茶山，发现茶芽若抽，泉水若倾，赶紧修建祠宇，虔诚祭祀斫射神。灵验后还写了《斫射神庙记》一文记录此事。

因为清明宴上要用到紫笋茶，还形成了"急程茶"制度。具体来讲，将贡茶分为五等，第一等陆递，须在清明宴前送到长安，被称为"急程茶"，其余的以水路运送，以四月底为限。为了不耽误时间，唐廷会遣使或下敕牒催促。李郢《茶山贡焙歌》云："陵烟触露不停探，官家赤印连帖催。"袁高《茶山诗》云："阴岭芽未吐，使者牒已频。"贡茶制好后要封裹、钤印，然后由州刺史写成贡表，与茶一道进上，即所谓"茶成拜表贡天子"。运输环节也丝毫不得耽误，通过馆驿星夜兼程送往长安，务必要赶在清明宴前送达，为此不知跑死多少骏马，驱使多少役夫。若是未能及时送达，或是品质不佳，就会给予州官相应处罚。开成三年（838），湖州刺史裴充卒于任上，手下官吏修造不力导致当年进献新茶不及常年，文宗震怒之下一度打算命宦官为造茶使来专门负责此事。

　　设立官茶园，由地方官吏督造、役贡数千乃至数万的贡茶制度对于制作工艺的改进、茶叶品质的提升肯定是有帮助的，且在贡茶制度的带动下，各地纷纷奋起直追，努力提高茶叶种植、加工技术，扩大了茶叶生产，也催生了不少名品。茶叶产量与品质的提高又反过来促进饮茶风气的进一步扩大，茶叶消费增多，茶叶贸易日渐繁荣。同时，经陆羽改造后的茶道具有极强的规范性、仪式性、艺术性，品茗成为一种精神享受与审美情趣的体现，文人墨客纷纷赋予茶以高洁的品性，茶成为他们的灵感源泉，产生了众多优秀的诗文、绘画、书法等作品。

　　负面影响是给百姓造成沉重负担，"氓辍耕农末，采采实苦辛。一夫旦当役，尽室皆同臻。扪葛上欹壁，蓬头入荒榛。终朝不盈掬，手足皆鳞皴"，连负责督造贡茶的刺史及其幕僚都看不下去了，或为茶农的苦难掬一把同情泪，或直言切谏贡茶之弊。而促成常州贡茶的陆羽与李栖筠免不了被后世士大夫诟病。宋代赵明诚就在《金石录》里批判陆羽与李栖筠为了满足封建统治者的口腹之欲，遗患于百姓，"与宦官、宫妾之见无异"，可以说是很犀利了。

唐代贡茶很多，《新唐书·地理志》辑录 17 个贡茶州，曾任湖州刺史的裴汶《茶述》列举顾渚、蕲阳、蒙山、寿阳、义兴、碧涧、漫湖、衡山、鄱阳、浮梁等 10 种贡茶。大部分贡茶随着唐亡而停止了进贡，最为出类拔萃的阳羡茶与顾渚紫笋茶也分别在南唐及北宋初年停贡，但贡茶制度的影响却很深远。特别是在知名产茶区设置官茶园的制度就被宋朝所继承，建州北苑官焙茶园在制度上更加完备，并采用雇佣劳动，从而使唐代贡茶生产征用役夫的状况有了很大改观。

随着饮茶之风在全国的普及，茶叶贸易日益繁荣后，茶叶便成了统治者眼中新的课税对象。前面说过，德宗在即位之初具有削平跋扈藩镇、重振朝廷权威的雄心壮志，但打仗得花钱啊。经过安史之乱的巨大破坏后，社会经济凋敝，唐廷又一直疲于应付层出不穷的内忧外患，国库里并没有积累多少财富。建中二年（781），决意扫平河朔三镇的德宗开始为作战准备，为了解决巨额的军费支出，自毁颁布不久的两税法，将三十税一的商税提高到十税一。又通过减百官俸禄、榷酒、强行借商等方法来筹措军费，但仍是杯水车薪。到建中三年（782）九月，德宗将目光瞄准了一些新兴的商品，以设立常平本钱为名，在各地交通要道设置官吏，按商人所携商品货物的价值征收商品通过税，开始征收十税一的竹、木、茶、漆税，也就是按价值的 10% 收税。这次税茶持续了一年多的时间，到兴元元年（784）正月，德宗出于收买人心、平息藩镇之乱的目的，废除了包括"税茶"在内的一系列苛捐杂税，"于是间架、除陌、竹、木、茶、漆、铁之税皆罢"。此次"税茶"只是将茶与竹、木、漆归为一类征收，尚不是独立的税种。

茶税成为独立税种并由盐铁使兼管，始于贞元九年（793）正月。因为上年（即贞元八年）发生了水灾，政府税收锐减，为解决国用问题，诸道盐铁使张滂奏请在出茶州县以及茶山之外茶商必经之地设置税场，根据茶叶的等级及时令，征收价值的 10% 作为茶税。茶税征收由盐铁使巡院官吏具体负责，由盐铁使总负责。征税的效果非常明显，"自此每岁得钱四十万贯"。这个数字极为可观，当时的户部侍郎裴延龄曾在奏疏中提到，他判度支以来（也是贞元八年），收诸州抽贯钱 300 万缗，如此来算，40 万贯茶税占其中的 13.3%，可见茶税已经是国民经济的重要组成部分。虽然张滂同时提出若诸州遭遇水灾，无法缴纳赋税，可以用茶税来代替，但实际上并未如此执行。而且，随着安史之乱后中央对地方控制力的减弱，许多地方州府在盐铁巡院之外，也自行设立茶盐店征收茶盐之税，造成了多头征税的混乱局面，给百姓带来沉重负担。对此，宪宗元和十三年（818），在盐铁使程异的建议下进行整顿，诏令停罢地方州府所涉茶盐店，以维护盐铁巡院对茶税征收的专门权，确保茶税之利归中央所有。到穆宗即位后，因用兵幽州、镇州，军需开支巨大，而他本人纵情享乐，当时正在宫中盖百尺高楼，费用不可胜计，导致财政捉襟见肘。遂在盐铁使王播的建议下将茶税提高到 15%，为了强化茶税的征收，以盐铁使负责江淮、浙东西、岭南、福建、荆襄，以户部领两川，各司其职，共同征收。还将茶的斤两数由 16 两增加到 20 两，之后又再次追加。之所以要增加茶的斤两数，是因为征收原则有两种：一是按照茶的交易额收取税金，二是按照茶的等级及斤两数收取税金。

　　茶业政策在文宗朝出现了新的重大调整——由税茶变为榷茶。"榷者，禁他家，独王家得为之也。"榷茶，也就是由政府垄断茶叶的种植、采摘、烘焙、销售等，不得私人经营。大和九年（835）十月，文宗采纳郑注的榷茶建议，命诸道盐铁转运使王涯兼任榷茶使负责具体实施。王涯采取蛮横的榷茶之法，强行将私人茶园收归政府，由政府任命茶官专门管理茶园，移植茶树于官场，并将先前拥有茶园的茶户变成专门为政府生产茶叶的专业户，而政府给予他们一定的报酬作为工值，从而将茶叶生产、制作、销售控制在政府手中。这种不近人情到匪夷所思的做法遭到了茶农、茶商们的联合抵制。而郑注、王涯在这一年十一月下旬死于"甘露之变"中，这种全面的榷茶法随即停废，实际施行的时间很短。同年十二月，由太常卿令狐楚出任诸道盐铁转运使，他上表"一依旧法，不用新条，惟纳榷之时，须节级加价"。也就是在征收茶税时，将茶叶分成几个等级，硬性抬高茶叶价格，然后依照此来取税率。如此一来，商人必然会加价转卖，茶叶销售价格上涨，这样既增加了政府税收，又无害于茶商、茶户，简单来说就是以牺牲消费者的利益来增加国家的税收额。可想而知，也不能持续多久。开成元年（836），以宰相李石主持茶税工作，废除了令狐楚的措施。李石的办法是取消榷茶，恢复到贞元时期的10%茶税，并把茶务委托给州县。结果税率的降低并没有导致收入减少，出现了溢额比正额还要多的情况。于是，又在浙江观察使卢商的奏请下提高了税率。据《新唐书》记载，开成年间全国银、铜、铁、锡之类的山泽矿冶税收不过7万缗，还赶不上一个县的茶税，可见茶税已在整个国家财政收入中占有重要地位。开成四年（839），宣州观察使崔郸上奏请将茶税并入两税之中收取，但这一建议并未被文宗采纳。

开成五年（840）正月，文宗病逝，武宗即位，茶税自此越发加重。在增加江淮地区茶税的基础上，要向过路的茶商征收重税，也就是"过路钱"，还有一种名为"拓地钱"的杂税。所谓"拓地钱"就是诸道设置仓库（邸屋），要求茶商把茶叶暂时存放在仓库里，借此收取保管费。这种横征暴敛的政策导致很多茶商铤而走险，拉帮结伙，贩运私茶。

宣宗大中六年（852），针对茶税之外加增拓地钱、过路钱等杂税，以及民间私茶贩卖猖獗的现象，盐铁转运使裴休立茶法12条，分三个方面进行了整顿：一是厘革地方横税，保证商路畅通；二是加强对以榷价购买官茶的商人的保护；三是加大缉私力度，对贩卖私茶行为大力惩处。裴休的措施起到了不错的效果，保证商路畅通就能提高茶商积极性，实现茶叶的顺利运销，保护购买官茶商人的利益，打击贩卖私茶，维护了政府的茶利，取得了"天下税茶，增倍贞元"的效果。裴休的茶税改革政策虽然行之有效，但随着宣宗以后整个政治局势的恶化，唐廷对地方的控制力更加微弱，加之农民起义不断，茶税收入往往被地方截留。

由上可见，作为一种新兴的税种，茶税的税率、征税原则、征税标准、征税范围在不断地变化，唐人对"榷"与"税"的划分也不像汉代那么严格，时常混用，以至于税茶、榷茶制度一直处在调整中，显得复杂而凌乱。

对于茶税的征收，南宋张淏《云谷杂记》就曾经记载，陆羽的《茶经》三篇，是关于茶叶的最好著作，推动了天下人饮茶的风气。回纥人来朝贡，开始用马换茶。到德宗建中年间，赵赞开始收取茶税。兴元初虽短暂取消，但是张滂又重新恢复茶税，每年都能取得大笔收入，到现在和盐、酒共同构成国家财政的重要收入来源，这些收入比唐代多出好几倍。其言虽不完全正确，却反映出宋人的三个观点：其一，陆羽《茶经》刺激了饮茶风尚流于中外，促使茶成为可供课税的重要商品；其二，茶税与盐税、酒税一样，是国家财政收入的重要来源，为军事、政治活动的运转提供有力的财政支撑；其三，唐代开创的茶税影响深远，到南宋时收入几倍于唐。

但是，封建统治者为了解决军费、国库空虚问题而不断提高税率、扩大征税范围、改变征收原则、实行茶叶专卖的做法，必然会给正常的茶业经济造成不利影响。茶税之外，又以各种名目增加课税，侵害了茶农、茶商的利益，导致茶农聚众反抗时有发生，茶商不惜违禁贩茶。

税高利薄，茶商为了获取利润，只能抬高茶价，最终又损害了消费者利益。因茶叶已成为日常生活所需，实则是全民皆受其害，只是富裕人家尚可负担，而贫者益贫，弱者益弱。对此，统治阶层中的有识之士也有深刻认识，当王播为讨好穆宗建议将茶税提高到 15% 时，拾遗李珏上疏切谏：征收茶税是为了养兵，现在边境无虞，厚敛伤民，一不可；饮茶是日常所需，须臾难离，重税必然带来高价，贫弱者更难以负担，二不可；茶是山泽之利，没有定数，按斤定税，以卖多为利，加税必然造成高价，而使生产和交易萎缩，三不可。可谓真知灼见，将茶税、茶价、茶叶生产与消费的关系分析得清楚透彻，然而一心想造百尺楼的穆宗只顾眼前利益，根本听不进逆耳忠言，仍然我行我素征以重税。越来越重的茶税导致民怨沸腾，史称"民怨茶禁苛急"。大和九年（835）十一月发生唐文宗依靠郑注、李训等谋诛仇士良、鱼弘志等宦官集团而反被扑灭的"甘露之变"，大批朝臣被杀，主持榷茶的王涯狼狈逃到永昌里茶肆被抓捕入狱，在牢中扛不住酷刑，自污参与谋逆，被腰斩于长安的行刑之地——独柳树下时，早就对他恨得牙痒痒的百姓可算等到报仇的机会，什么萝卜、白菜、臭鸡蛋都算小意思，史书记载围观百姓"怨王涯榷茶，或诟骂，或投瓦砾击之"，下手毫不留情。

由于茶道大行，上自王公贵族，下至平民百姓，无不饮茶。皇室贵族讲究食不厌精、脍不厌细，对茶叶品质的要求也更高，而原先的民贡由每年冬季各州朝集使入京上贡，品质自然不如春茶。正好陆羽适时推荐了品质优异的常州与湖州紫笋茶，官府遂在顾渚山建立官茶园，集中人力物力采制贡茶，并以大唐发达的馆驿制度保障贡茶的及时到京。后世士大夫以贡茶造成百姓负担而诟病陆羽，却不知这其实是茶业发展到一定程度的必然结果。饮茶之风在全国乃至边疆的流行普及使茶成为大宗贸易商品，于是茶税的征收便进入了统治阶层的视野。德宗为解决军费问题而对茶征税的开端一启，便再也无法停止了。贞元九年（793），茶税正式成为独立税种，此后虽然屡经改革调整，但整体朝着越来越重的方向发展。税茶不足又改榷茶，对茶叶实行专卖制度。贡茶、税茶、榷茶制度共同构成唐代的茶政，尤其是后两者，由于处在草创阶段，经过了不断的调整改革，尽管仍然存在不少弊端，但这种开创性的制度对后世产生了深远影响。宋代以后，既吸取了唐代税茶与榷茶的一些做法，又进行了适时的调整，使之更为灵活、完善，所得茶税也更加丰厚。

第七章

陆羽《茶经》与唐代茶道

　　封演的《封氏闻见记》说："楚人陆鸿渐作《茶论》，说茶之功效和煎茶、炙茶之法，造茶具二十四事，远近倾慕，好事者家藏一副。有位叫常伯熊的人，在鸿渐之论的基础上进行润色，于是茶道广泛流行起来，王公朝士，没有不饮茶的。"这是中国也是世界上第一次提出"茶道"一词，但这里更多是指饮茶风俗与饮茶方式的大行其道，属于"形而下"的范畴。作为"形而上"的"茶道"则首先出现在皎然《饮茶歌诮崔石使君》一诗之中。皎然说茶"清高世莫知"，饮茶能烦恼尽消，达到一种心境澄明的玄妙境界，此谓"得道"，并说"孰知茶道全尔真，唯有丹丘得如此"，被认为是开世界茶道之先河。唐代茶道正是在这种"形而下"与"形而上"的互为依托、交相辉映之中获得了生生不息的力量。陆羽《茶经》并未提到"茶道"，却如封演所言，从制茶、煎茶、造具、品水、辨器、鉴茗等方面推动了唐代茶道的形成。

一、自采至封七经目

一块茶饼的诞生要经过采茶、蒸茶、捣茶、拍茶、焙茶、穿茶、封藏 7 个步骤，陆羽称之为"七经目"。

唐人采茶讲究时令、天气、芽叶形状。唐以前有采秋茶的记载，晋代杜育的《荈赋》说"月惟初秋……是采是求"，但这种情况很少见，绝大部分记载的都是春茶。陆羽说采茶最好在每年的二、三、四月，因古人使用农历，对应公历纪年是 3、4、5 月间，这是大部分春茶的采摘时节。当然，我国地域广袤，茶产地众多，各地气候条件不同，采茶时间也不可能完全一致。

现代人崇尚明前茶，有"明前茶，贵如金"的说法，唐人也是如此。只是他们一般叫作"火前茶"。这要从寒食、清明的关系说起。寒食节起源于汉代，到唐代臻于鼎盛，因节日期间禁火、吃冷食而得名。汉代的寒食节在冬季，老弱病患扛不住寒冷冬季里的绝火冷食，甚至会出现"岁者多死"的情况。所以，发展到唐初，寒食节基本上固定为冬至后第 105 天，也就是清明前一二日。这个时候天气已经回暖，寒食也就不那么难熬了。由于寒食节的节期并非仅仅一天，清明也就成为寒食的一部分。唐前半期政治稳定，经济发达，唐人的精神面貌普遍昂扬自信，寒食节也被他们过得有滋有味有特色。其中，一个标志性的节日习俗是禁火、改火。做法是在寒食节来临前将正用的火熄灭，到清明日再取得新火，这一灭一取象征"旧"的遗弃与"新"的开始。在新旧交替之际，宫中会举行钻燧取火的活动，皇帝也会给百官"赐新火"。大才子韩翃不得志时就凭借一首描写赐新火的《寒食日即事》（春城无处不飞花，寒食东风御柳斜。日暮汉宫传蜡烛，轻烟散入五侯家）而受到德宗青眼。

唐人把禁火前采摘的茶叫"火前茶"，禁火后所产的茶叫"火后茶"，实际上就是以寒食清明为划分的界限。当时人贵火前茶，李德裕《忆茗芽》诗中说："欲及清明火，能消醉客醒。"白居易收到的友人李六郎中寄来的新茶，忍不住炫耀："红纸一封书后信，绿芽十片火前春。"齐己更是把火前茶夸了又夸，《咏茶十二韵》云："百草让为灵，功先百草成。甘传天下口，贵占火前名。"《闻道林诸友尝茶因有寄》又云："高人梦惜藏岩里，白砸封题寄火前。"

　　除了采茶的时节，具体天气上也有讲究，下雨天不采，晴天有云不采，天气晴朗有露的早晨才采摘。雨天不采，一是因为雨天空气中的尘埃会附着到叶片上，使茶不洁，再就是茶叶水汽太重，不利于加工，是有道理的。晴有云不采这个条件就几近苛刻了，现在看来好像也没什么科学道理，但这可能跟当时炒青杀青对茶叶水分的控制有关。总之，陆羽认为茶要"凌露采"，就是在早晨尚带着露水的时候采摘。《茶经》文简字约，并未解释原因，我们可以借鉴北宋赵汝砺《北苑别录》中的记载来寻找缘由。书中点明采茶须是"侵晨"（黎明），因为这个时候夜露未晞，茶芽肥润，一旦见了太阳被日气所薄，茶芽的膏腴会内耗，至受水而不鲜明。这是宋代北苑贡茶的执行标准，可见陆羽提出的采摘标准是对于高品质茶而言的，一般的茶叶大概就达不到这样的标准了。

　　对于生长情况不同的茶树，采摘方法也不同。生在烂石沃土的茶笋，要在长到四五寸时采摘；长在贫瘠土地上的茶芽，则要待其长出三至五枝后，采摘长得最好的中枝。这是考虑到土壤会影响茶叶的长势，而在采摘时先选取长势好的嫩芽，就能给其他长势欠佳的茶叶预留生长时间，既有利于茶树的生长，又提高了茶叶的总产量。

　　陆羽主张野生茶要优于园中培育的茶。这是因为人工栽种的茶叶大多只能种在低海拔地区，在地势、地形、光照、湿度等自然条件上不如高山，这是受当时社会条件制约的，无法像现代农业科技一样模拟优越的自然环境。所以，为了获得好的茶叶，陆羽经常背着竹篓入山采茶，有时一去便是好几天。

　　那么，怎样才算好茶叶？

　　从颜色上看，"紫者上，绿者次"；从形状上看，"笋者上，芽者次""叶卷上，叶舒次"。

　　前一句是说紫色的茶品质要优于绿色的，但陆羽的这个观点历来有很多不同看法。茶叶的颜色是由叶细胞中叶绿素含量决定的，叶绿素含量多，茶叶就呈绿色。呈紫色，则是因为花青素含量多，花青素属多酚类物质，滋味是苦涩的。吴觉农认为陆羽时代制造的不发酵茶饼，经过蒸压，不要求具有绿茶那样的色泽，而其苦味则适应当时茶饼的需要，"紫色"比"绿色"苦，因而以"紫"为上，以"绿"为下。虽然现在来看，紫色的茶未见得品质要好于绿色的，甚至口感上还不如绿茶，但这是因为时代不同，制作工艺也不一样导致的，只能说陆羽"紫者上"的观点不适用于现在了，但"紫"确实是当时评判好茶的一个标准。比如，因颜色、形状而得名的顾渚紫笋茶就是天下闻名的贡茶。另一个评判标准就是下面要讲的"笋"了。

笋茶是指芽叶长、肥壮厚实的笋状茶，芽茶则是指芽叶细弱短瘦的茶芽。笋茶肥嫩，物质含量丰富，制成的成品茶当然要比后者好。陆羽的挚友皎然也说"女宫露涩青芽老，尧市人稀紫笋多"，青芽太老，品质不佳。至于"叶卷上，叶舒次"，也是从茶叶的形态来论述与品质的关系。"叶卷"是指新梢上背卷的嫩叶，这种芽叶持嫩性强，品质好；"叶舒"是指虽是新嫩叶，但初展时就是摊开的，这种芽叶质硬脆，质量较差。

采回来的青茶需经挑选，要是混进了杂草，喝了就会生病。除了杂草，像枯枝、病叶之类也都是要剔去的，这样才能得到洁净的好茶芽。可是鲜叶的水分每时每刻都在流失，要趁着茶叶鲜嫩抓紧时间制作，所以，采茶季的茶农往往夜以继日地采摘、制作，非常辛苦。袁高《茶山诗》里说"选纳无昼夜，捣声昏继晨"就是这个道理了。

做完以上这些工作，就可以开始制作茶叶了。

饼茶的制法首先要经过蒸青，《茶经》中提到了灶、釜、甑、箅和叉5种蒸茶工具以及粗略的蒸茶程序，但没有记录蒸茶的温度、时间、火候、投叶量等具体信息。我们可以在这个基础上，再借助唐诗以及后世的茶书大致复原蒸茶的工序。元稹说："匠正琉璃瓦，僧锄芍药苗。旋蒸茶嫩叶，偏把柳长条。"说明采摘的茶叶要趁着鲜嫩蒸青。用没有烟囱的土灶生火烧柴，在灶上放一口釜（有唇口的锅），灶跟釜之间要用泥土密封好；釜中盛水加热，水干时通过唇口加水；釜上放甑（木制或瓦制的圆形蒸笼），甑中有箄（竹制的篮子状蒸格），箄中放茶叶，利用热气来蒸茶；蒸茶时要用叉（三个分支的木叉）翻动抖散茶叶以解块散热，同时避免汁液流失。

好比煎药要掌握火候，蒸茶也是这样，过熟会色黄而味淡，不熟又会色青而易沉，带上草木之气，这个度并不好把握。

蒸好的茶叶还是散茶，要做成饼茶还需经过捣茶、拍茶、列茶的工序。捣茶就是把蒸好的散叶趁热放到石臼中，用木杵捣成大小均匀的细末。捣茶也有讲究，若是选用极嫩的芽叶，蒸后趁热就要捣，这样叶子容易捣烂。捣得好的茶，嫩芽绵软得好像没有筋骨。

拍茶是将茶末放在一定形状的模具中，然后压紧拍实。需要用到规、承、襜3种工具。规是铁制的模具，或圆、或方、或花，用来限定茶饼的形状。承，又叫台，或者砧，用石头或者槐木、桑木制作，一半埋在土中，使其固定。拍茶工序就是在"承"上进行的。襜，也叫衣，用油绢、雨衣或破旧的单衫都可制作。把"襜"铺在"承"上，在"襜"上再放"规"，然后将捣烂的茶末放到"规"里压制成茶饼。压成一块，取出来再做另一块。陆龟蒙《茶焙》上半篇就非常形象地描绘了这一过程，大家可以做个参考。其诗曰："左右捣凝膏，朝昏布烟缕。方圆随样拍，次第依层取。"

茶饼成形后就可以取出，摊晾在芘莉上进行自然干燥。芘莉又叫籝子、篣筤，是用两根 3 尺长的细竹竿，制成长 2 尺 5 寸，手柄长 5 寸、宽 2 尺，两根细竹之间用竹篾编成方眼的列茶工具，类似农民用的土罗。芘莉宽阔透气，用来摊晾茶饼可加速茶叶的干燥。

虽然经过了自然干燥，但茶饼的含水量还是很高，这样不利于茶饼的保存，所以需要进行人工干燥——烘焙。《茶经·二之具》中介绍了 5 种焙茶工具，分别是棨、扑、焙、贯、棚。

棨又叫锥刀，刀身尖细，用坚实的木料作柄，是给茶饼穿孔用的。穿茶时需要用到另一种工具——扑。扑又叫鞭，竹子所制，用来把茶饼穿成串以便搬运。与之类似的工具是贯，贯是削竹而成，长 2 尺 5 寸，用来穿茶烘烤。要说两者的区别，大概是扑比贯要软一些，因为前者主要是为了搬运方便，要能穿能解；后者是将从扑上解下来的茶饼穿好后放到棚上烘烤，烘烤过程中还要移动，肯定要保持稳定。

烘烤的地方叫作"焙"，要凿地深 2 尺、阔 2 尺 5 寸、长 1 丈，上作高 2 尺的短墙，用泥土夯筑。皮日休《茶焙》诗"凿彼碧岩下，恰应深二尺"即明证。焙中生火，焙上放棚，将用"贯"穿好的茶饼架在棚上烤。灼烤时要注意火候，开始时茶饼中水分多，所以要使用大火，当水分消耗到一定程度时，就要改用小火，以免茶饼烤焦。烘烤时还要调整上下棚的位置。陆羽说"茶之半干，升下棚；全干，升上棚"，意思是烘烤温度要先高后低，经过自然干燥的茶饼先放在下棚，烘干时就移到上棚。这也是考虑到开始时茶饼水分大，先高温烘烤，等到烘干了就要移到距离燃料远的上层，避免烤焦。遗憾的是《茶经》没有说明究竟要烘焙多长时间，温度、火候如何把握这些具体问题。《蛮瓯志》中记载了一则小故事，说陆羽曾令一小奴子照看焙茶，小奴子不小心睡过了头，导致茶烤焦了，陆羽一怒之下，用铁绳绑住奴仆，将他投入了火中。这个故事过于离奇，且不说陆羽推崇"君子茶"，怎会使得高雅的茶道染上血腥，就说唐律严苛，他又有何杀人而不抵罪的权力？故事并非信史，但告诉我们焙茶时间过长，或者焙茶过程中疏于照看，会导致茶饼烤焦甚至燃烧。

烤好了茶饼，还剩两道工序，即"七经目"里所说的"穿"和"封"。零散的茶饼先要用穿茶工具穿起来，以方便运送。"穿"的材质因地制宜，在江东和淮南一般用竹子制作，在巴山、峡山一带用树皮搓成。"穿"这个字在这里用法多样，先简单解释一下：一是穿茶工具"穿"，表示专有名词；二是作"穿茶"这个动作使用；三是作量词使用，读作"chuàn"，表示茶饼的计量单位，实际上唐人计量时更多用"串"。在唐代，穿不但有大、中、小之分，各个地域的计量标准也不统一。比如，江东以1斤为上穿，半斤为中穿，四五两为小穿；而峡中以120斤为上穿，80斤为中穿，50斤为小穿。

茶产地多在潮湿的南方，像江南地区，采茶期结束后便进入梅雨季节，茶饼的干燥贮藏就是个大问题。如果贮存不好，茶叶的颜色、气味就会发生明显的变化。因此，陆羽很重视防潮、防霉工作，他设计了一种叫作"育"的封藏工具。"育"的外形类似箱子，用木头作框架，用竹编外表面，再裱上纸，内里分成两层，下层放火盆，上层放茶饼，旁边开一扇可以随时开合的侧门。这种在火盆中用微弱无火焰的木炭烘茶，以低温烘烤的方式使得茶饼保持干燥的方法真是绝妙，令人不禁为古人的智慧折服。

解决了茶叶的贮藏问题，那么，要想寄送远处的友人该怎么办呢？《茶经》中没有这方面的记载，幸好唐人的诗文中有揭示。"大历十才子"之一的卢纶得到一些珍贵的新茶后寄给自己在西川为官的妻舅，"贮之玉合才半饼，寄与阿连题数行"，是封藏在玉盒之中寄给远方的亲人。卢仝收到好友孟简寄来的阳羡茶，采用的包装是"白绢斜封三道印"，即用白色的丝绢包裹茶叶。如刘禹锡"何况蒙山顾渚春，白泥赤印走风尘"一句所描写的，将茶叶包裹好后，在外包装上用白泥封缄，再盖上"赤印"，加以重重保护。

二、二十四器有规程

佳茗既已备好，就要开始烹煮了，完美的茶艺离不开一套完整的烹茶器具，陆羽称之为"二十四器"。他在《茶经·九之略》中说："城邑之中，王公之门，二十四器阙一，则茶废矣。"强调了茶器的重要性。具体是哪些器具呢？他在《茶经·四之器》中开列了一张清单。

风炉（灰承）：铜铁铸成，状似古鼎，陆羽铸造风炉的初衷与精巧的设计详见第二章第三小节，用以生火煮茶。风炉底下还有一个三只脚的铁盘，叫作"灰承"，是用来承接炉灰的。

筥：用竹子编织，高1尺2寸，直径7寸，形状有圆、有方，用来放炭。

炭挝：六棱形铁器，长1尺，上头尖，中间粗，手握处细，握的一端套一个小碾作为装饰。除了六棱形，还有做成锤形或者斧形的，样式不打紧，用处是碎炭。

火筴：又叫火箸，顾名思义，是筷子形状，用铁或熟铜所制，长1尺3寸，用来夹炭入炉。

鍑：又叫釜或锅，生铁制成，用来煮水烹茶。锅耳制成方形，便于放得平正；沿口要宽，以便火焰伸展得开；中心部分要突出，使火力集中，这样水在里面沸腾，茶末就容易沸扬，茶味也更醇厚了。陆羽介绍了其他几种材质的鍑，如洪州的瓷鍑、莱州的石鍑，这两种材质的鍑虽然雅致好看，但不耐用。还有银制的鍑，既美观，又容易清洁，可过于奢华，不够经济实用。陆羽是崇尚"精行俭德"的，在煮茶上也是一以贯之，经过综合比较后推荐经久耐用的铁鍑。

交床：十字交叉的木架，挖去中间，用来放鍑。

夹：用小青竹制成，长1尺2寸，一头的1寸处有节，剖开节以上部分，用以烤茶。用青竹是为了借助竹的清香来提高茶味，若没有青竹，或用精铁、熟铜之类制作，好处是经久耐用。

纸囊：用双层白且厚的剡藤纸缝制，用来贮藏烤好后的茶，以使香气不散。

碾（拂末）：用橘木制成，其次用梨、桑、桐、柘木，用来碾碎饼茶。碾槽内圆外方，内圆是为了方便堕（即碾轮）的运转，外方则能防止倾倒。碾槽内刚好放一个堕，堕的形状像车轮，只是没有车辐，只装一根轴。类似于中医磨药用的药碾子。碾有一个附带的工具，叫作拂末，是用鸟的羽毛所制，用来清理碾槽内的茶末残留。

罗合：罗是罗筛，用剖开的大竹弯曲成圆形，蒙上纱或者绢；合是盒子，用竹节或者杉木制成，涂上漆。碾碎的茶末过筛后就贮藏在盒子里，盒中还会放入量具——则。合上有盖，盖上盖子就能起到防尘防潮防漏的作用，一般盖高1寸、底2寸，一整套罗合高3寸、口径4寸。

则：用海贝、蛎、蛤等的壳或者铜、铁、竹做成的小汤匙，作计量之用。比例的话，大概是烧1升水，用1方寸茶末，爱喝淡茶就少放点，爱喝浓茶就多放点。

水方：用稠木或者槐、楸、梓木制作，内外的缝都要用油漆涂封，可盛水1斗，也就是10升。

漉水囊：滤水用具，佛教徒经常使用，陆羽说"若常用者"，也就是把一般的滤水用具吸收到茶具中来。囊的骨架用生铜制造，这样浸水后不会产生苔秽和腥涩味，而用熟铜容易产生铜绿污垢，用铁会有铁锈的腥涩味。也有用竹或木制作的，但竹木制的囊既不耐用，又不便携带远行。综合来看，还是生铜所制的最好。滤水的囊用青篾丝编织，卷成囊形，缝上绿色的绢，坠上翠钿作装饰。再做一个绿色的油布袋把整个囊装起来。囊的圆径 5寸，柄长 1 寸 5 分。漉水囊本是"禅家六物"之一，佛家认为未经过滤的水中有虫，喝带虫的水是犯戒，所以要用漉水囊过滤后方能饮用。在禅寺长大的陆羽深知漉水囊的用途，用它来改善煮茶用水的水质，这跟他本人与禅宗关系密切、深受影响有关，在后世茶书中则很少见到漉水囊的使用。

瓢：又叫牺杓，是把老熟的葫芦剖开做成的舀水器具，或者用木头雕刻而成。

竹夹：用桃、柳、蒲葵木或者柿心木做成，长 1 尺，两头用银包裹，用于煮茶时环击汤心，以发茶性。

鹾簋（揭）：鹾簋就是放盐的器皿，瓷制，圆径 4 寸，形状多样，盒形、瓶形、壶形都有。配套使用的取盐用具叫作揭，竹制，长 4 寸 1 分，阔 9 分。根据《茶经》的记载，水初次沸腾时要加入适量的盐调味。这可能是唐人喝茶的习惯，薛能也说过"盐损添常诫"，意思是盐有损茶味，不宜多加。现在有些地区也仍然保持着在茶中加盐的习惯。

熟盂：用来贮热水，瓷制或者陶制，可盛水 2 升。

碗：品茗器具，陆羽偏爱越州瓷，认为越瓷质地如冰似玉，青绿的颜色能增进茶汤色泽。越瓷与邢瓷各有粉丝，关于两者的优劣我们后面还会详述，这里就先不谈了。

畚：用白蒲卷编而成，可放 10 只碗。也可用筥，衬上三幅剡纸，夹缝成方形，也能放 10 只碗。

札：用棕榈皮把一截茱萸木夹住、绑紧，或者截一段竹子，在竹管内装入棕榈皮，形状像一支巨大的毛笔。这是洗刷器物用的，类似于现在的炊帚。

涤方：用楸木制作，制法如同水方，可盛水 8 升，用来盛放洗涤后的水。

滓方：制法如同涤方，用来盛放茶滓，容量 5 升。

巾：用一种粗绸制作，长 2 尺，备上 2 块，交替使用擦拭各种器皿。

具列：有床形、架子形，用木或竹子制成，不管是木制还是竹制，都要能关闭并漆成黄黑色。长 3 尺，宽 2 尺，高 6 寸。用来收纳和陈列各种器具。

都篮：顾名思义，能把全部器物都放在这只篮子里。用竹篾编制，高1尺5寸、长2尺4寸、宽2尺，篮底宽1尺、高2寸。

虽云"二十四器"，实际有28种器具。按其功能，可分为生火用具，煮茶用具，烤茶、碾茶和量茶用具，盛水、滤水和取水用具，盛盐、取盐用具，饮茶用具，盛器和摆设用具，清洁用具8大类。陆羽精心设计了这套茶具，确立起煮茶流程，并说："城邑之中，王公之门，二十四器缺一，则茶废矣。"事实上，的确在赶时髦的王公贵族、名士大夫间刮起一阵热潮，普及程度达到"远近倾慕，好事者家藏一副"的地步。但陆羽并非一味拘泥，而是视不同条件、不同对象加以损益。他在《茶经·九之略》中列举了6种可省简的煮茶器具，分别是：

若松间石上可放置茶具，则不用具列；

若用干柴和锅等煮茶，就不用风炉、灰承、炭挝、火筴和交床；

若在泉水或溪涧旁，就不必用水方、涤方和滤水囊；

若饮茶者在5人以内，茶叶可碾成精细的末，就不用罗合；

若攀着藤蔓登上山岩，并进入山洞，已在山口烤干研末，或者茶末已经用纸包好藏在盒子里，就不用碾和拂末；

若省去这些器具，只需要把瓢、碗、竹夹、札、熟盂、鹾簋放在一只筥中即可，就用不着都篮了。

这是考虑到在野外品茗没有那么齐活的家伙什儿，化繁为简、就地取材亦不失有一番融于自然的野趣。再者，经济实力有限、没有成套器具的普通百姓要喝茶怎么办呢？总不至于"因具废事"吧。没有精巧的风炉，就用土灶、石灶代替；没有釜，就用锅；没有茶碗，盏亦可、杯亦可；没有炭，就捡木柴凑合。正所谓"菩提本无树，明镜亦非台"，只要手中一杯香茗，心中一份俭德，于享受茶事的美好又有何妨碍？

尽管陆羽极为细致地介绍了这些茶具的尺寸、材质与外形，但这些茶具多已不传，有没有图像或者实物资料可供我们有个直观的参考呢？

前文介绍过的《唐人宫乐图》是一个参照，画面当中长案上放置的茶釜，右侧中间女子手持的长柄茶杓，以及或手握、或置于案上的茶碗都是唐代茶具的写照。

而被视为现存最早的茶画实例则是相传为唐代著名画家阎立本所绘的《萧翼赚兰亭图》。之所以说相传为阎立本所绘，是因为此画存世有多本（分别收藏于辽宁省博物馆、台北故宫博物院以及北京故宫博物院），关于其作者与创作年代自宋代起便争议不断。这三件作品中，北京故宫博物院所藏被普遍认为是南宋作品，且画面中没有烹茶执事，就不谈了。辽宁省博物馆本（以下简称"辽宁藏本"）与台北故宫博物院本（以下简称"台北藏本"）自五代以来就流传有绪，尤其前者的真伪问题争议较大。

我们先花一点笔墨来交代一下背景。唐太宗李世民是"书圣"王羲之的铁杆粉丝，千方百计地搜罗王羲之的真迹，据说有3600件之多，但他始终未得到被称为"天下第一行书"的《兰亭序》。后经多方搜求，李世民得知，《兰亭序》原在王羲之七世孙智永和尚手里，智永和尚去世前传给了弟子辩才和尚。李世民多次派人重金相求，又召见辩才，辩才都推说不知真迹下落。李世民无可奈何，后来听从宰相房玄龄的建议，让监察御史萧翼去"计赚"辩才。所谓的"计赚"，说白了就是想法子骗取。萧翼是梁元帝的曾孙，多才多艺、聪明绝顶，他乔装成落魄书生的模样接近辩才，很快以不俗的谈吐、博雅的学识拉近了与辩才的距离。有一次，萧翼在谈论中告诉辩才自己手中有"二王"（王羲之、王献之）书帖，辩才请其第二天带来赏鉴。辩才看后说："倒是'二王'手迹，但不是最好的。我这有一本王羲之真迹，非比寻常。"萧翼佯装不信。辩才果然受其激将，第二天，从藏匿处取出《兰亭序》展示给萧翼看。萧翼又故意说是伪作，二人争论了好几天都没有结果。这幅《兰亭序》自取出来后就没有收回去，有一次，趁着辩才外出，萧翼借故进寺找寻东西，偷取了《兰亭序》。后又亮明身份，说是奉皇上之命来此取《兰亭序》，并出示太宗的诏书。可怜 80 多岁的辩才知晓自己上当后，当场晕厥了过去，不久就去世了。

这就是计赚《兰亭序》的故事，被唐代何延之记在《兰亭始末记》中，据说阎立本根据这个故事，画出了《萧翼赚兰亭图》。因故事过于离奇，辩才与萧翼这两人又不见有其他事迹，故很多学者认为这事是虚构的。

引起我们关注的是左下角有两位仆人正在为辩才和尚以及萧翼煮茶，在辽宁藏本中出现了风炉、釜、竹夹、茶碗、茶托、磋篮以及揭。台北藏本中没有磋篮、揭，但具列上摆放着茶碾与茶罐。若此画是阎立本所绘，那么所呈现的煮茶场景就是初唐时期寺院的饮茶风貌。问题是阎立本很可能没有作过此画，明人王世贞曾提出，"赚兰亭"事不见于初唐文献，且阎立本当时身为右相，恐未著闻。也有学者通过画中人物的服饰，禅榻、火炉等器物的形制，推断不早于五代宋初，这样来看，至少反映了五代人眼中唐人的饮茶画面。

有趣的是，这幅画还真与陆羽扯上了关系。北宋人董逌在

《广川画跋》中直接称此画是《陆羽点茶图》，理由是：根据何延之在《兰亭始末记》中的记载，萧翼是以商贩身份出现，而画面中则是作士子打扮，这画不是《萧翼赚兰亭图》。他还引用《纪异》中的一个故事作为证明。故事是我们在第三章中讲过的代宗令陆羽为智积禅师煎茶之事，董逌认为画的正是智积品尝陆羽所煎的茶后，二人相见的情景，应该叫《陆羽点茶图》。可见董逌的解读比较随意，不太靠谱，《兰亭始末记》中说萧翼搭乘商船前往越州，但穿的是宽长的黄衫，作潦倒的山东书生打扮，虽据学者考证，画中的服饰不合唐制，但人物身份倒是不差的。至于张冠李戴为《陆羽点茶图》，可能是因为茶道大行通常被认为是陆羽推动的结果。

除此之外，陆陆续续也有一些唐代茶具实物出土，其中最著名、最具代表性的实物莫过于宝鸡市扶风县法门寺佛塔地宫出土的宫廷鎏金茶具。法门寺地宫自 874 年封闭，1981 年 8 月 24 日，矗立在法门寺中的唐建佛塔因年久失修和雨水侵袭，东北边部分轰然倒塌。1987 年 4 月 3 日，考古队员在清理佛塔地基时意外发现了地宫，沉寂了 1113 年的法门寺地宫得以重见天日。"地宫一开，便是半个盛唐"，2499 件皇室珍宝簇拥着 4 枚佛骨舍利惊现人世，珍宝数量之多、品种之繁、质量之优、保存之完整、等级之高，在唐代考古史上前所未有。其中就有一套唐代宫廷御用的金银茶具，根据茶具上錾刻的铭文，知是唐懿宗、僖宗父子的供佛之物。

包括两个带盖的金属笼子，一个是鎏金飞鸿毬路纹银笼子，另一个是金银丝结条笼子。为了保持茶饼的干燥，需将茶饼装入透气的茶焙中烘干水分。这种茶焙一般用竹编制，法门寺出土的这两只笼子用金银编制，玲珑剔透，精巧细腻，是唐代手工艺制作的巅峰之作。

还有造型精美的鎏金鸿雁流云纹银茶碾子，由碾槽架、碾轮与碾盖三部分组成，碾身长27.4厘米、宽4.4厘米、通高7.1厘米。碾槽呈半月弧形，口沿外折，嵌于槽座内，是"碢轴"（即碾轮，陆羽称之为"堕"）的滚槽。槽身两端呈如意云头状，两侧饰一鸿雁与流云纹。座壁两侧各有三个镂空壶门，錾天马流云纹。

与茶碾配合使用的还有一个鎏金仙人驾鹤纹壶门座茶罗子，器呈长方体，由盖、罗、屉、罗架和器座组成，长13.4厘米、宽8.4厘米、通高9.5厘米。罗和屉都是匣子状，中加罗网，用来筛茶末。

此外，确定是茶具的还有一双系链银火箸、一柄鎏金卷草纹长柄银勺，一个鎏金飞鸿纹银则以及一个鎏金摩羯纹三足架银盐台（类似《茶经》中的"嶣篮"）。出土物中还有一套素面淡黄色琉璃茶盏、茶托以及五瓣葵口高圈足秘色瓷碗，都属饮茶器。

需要指出的是，"壶门座高圈足银风炉"以往被认为是生火用的风炉，但近来研究表明，应该是香炉。还有被视作贮茶器的鎏金银龟盒，从内部焚烧痕迹和残留香灰来看，是香具无疑。

这些金银茶器、玻璃器具与秘色瓷造型精巧、精美绝伦，代表了当时最高的工艺水平，是唐代茶文化蓬勃发展的有力证据。法门寺地宫茶具证明陆羽煎茶法与茶具对大唐宫廷茶文化产生直接影响，但两者又存在不同之处。

第一，对象不同。陆羽茶具的主要面向对象是有钱有闲的达官贵人、富商大贾、僧道雅士之辈，用我们今天的话来概括就是"中产阶级"。当然，如前面所言，他为了向大众普及，同时提出可视具体情况省略部分茶具。而法门寺出土茶器的对象就很简单明了，就是皇室。受众群体的不同是决定两者在工艺要求、材质选用、美学追求上存在诸多不同的根本原因。

第二，工艺不同。法门寺茶具是唐后期官方手工业制作机构文思院制作或由地方官吏进贡给皇帝，体现了大唐的最高工艺水平，要比陆羽茶具更加精致复杂。

第三，材质不同。陆羽提倡"精行俭德"，茶具多用木、竹、铜、铁制作，例如他知晓银制的镀美观、易清洁，但又从经济耐用的角度觉得过于奢华，提倡用生铁制作。皇家则没有这种顾虑，一切以高贵典雅为主，法门寺出土茶具大多是奢华的金银器，甚至是更为贵重的琉璃器、秘色瓷。

第四，审美不同。陆羽好古，这种思想体现在他创制的茶具中，总体以古朴、简约为主。法门寺茶具则更多体现贵族阶级的审美，如鎏金飞鸿毬路纹银笼子与鎏金鸿雁流云纹银茶碾子錾如意云头、流云纹、鸿雁、天马，鎏金仙人驾鹤纹壶门座茶罗子錾仙鹤、飞天、流云、莲瓣，皆是装饰华美繁复。

尽管存在这些差异，但两者并无质的不同，说明唐宫接受了陆羽茶具的设计思想，并进行了改进，可以看作陆羽茶具的高阶版。同时，法门寺地宫茶具是成套出土的，包括烘焙器（银笼子、火箸）、点茶器（茶匙、则）、碾罗器（茶碾、茶罗）、贮藏器（盐台）、饮茶器（茶碗），为我们了解唐代茶具的具体风貌提供了实物佐证。

三、清泉活火煮茶香

嗜茶的人都知道，水对于茶影响至大。明代茶学家许次纾在所著《茶疏》中说："精茗蕴香，借水而发，无水不可与论茶也。"
意思是好茶的香味要借助优良的水才能发挥出来，没有好水，就
无从论茶了。张大复说得更明白，他说茶性必发于水，八分的
茶，碰到十分的水，茶性能激到十分；要是用八分的水去煮十分
的茶，那也就只能发挥八分的茶性。可见，水的品质直接关系到
一杯茶的成功与否。

陆羽深谙这个道理，在《茶经·五之煮》中概括了一条用水
原则——山水上，江水中，井水下。

山水主要指的是泉水，污染少，水质比较清澈洁净，但在地
层的渗透过程中融入了较多的矿物质。陆羽认为，山水"拣乳
泉、石池漫流者上"，意思是从岩洞的石钟乳滴下的、在石池里
经过砂石过滤且漫流来的泉水最好。"漫流"是缓缓流动的意思，
因泉水里也有各种杂质，在水速较缓的情况下，杂质会因自重而
沉淀下来，如果水流过快，杂质就会在水流的携带下被冲走，不
能起到澄清水质的作用。这可能也是陆羽认为瀑涌湍漱之水（即
瀑布水）不能饮用的原因。但他说喝多了瀑布水会引发"颈疾"
（即甲状腺肿大）就有些令人费解。归根结底瀑布的水源与泉水
是一样的，尽管可能会因为未得到沉淀而有悬浮物质，但跟由人
体内缺碘引起的甲状腺肿大应该没什么关系。这或许是唐人的一

种认知。另外，山谷中长期不流动的水也不能用来煮茶，这样的水可能会有蛇蝎毒虫潜藏其间，不够洁净。需要先将死水导出，等泉眼流出新水方可饮用。

中等的江水是地表水，这种水所含的矿物质不多，硬度较低。但含有较多泥沙、腐殖质和浮游生物等，不够纯净，且受季节变化（如雨水冲刷导致泥沙含量增大）和环境污染的影响大，不是良好的煮茶用水。古代可没有自来水，人们淘米洗菜、洗衣之类一般都在江边、河边解决，因此陆羽建议用江水的话，去远离人烟的地方汲取，这样能得到比较洁净的水。

第三等是井水，井水是地下水，多由岩石中的水渗透而成，悬浮物含量低，水质纯净，但融入了较多的矿物质，硬度比较高。所以，陆羽说要从经常汲水的井中取水，因为这样的井水"活"。唐代打井已较普遍，很多居民住宅、佛寺道观都有井。例如，武宗朝宰相李德裕尤爱常州惠山泉，不惜设置铺递千里运水，就有和尚劝他说长安昊天观的井水与惠山泉脉相同，用不着舍近求远去常州取水。

据说，陆羽还写过一部叫作《水品》的书，罗列天下名水，可惜已经失传了，后人无法得知他如何品评天下名水。这还引出一个问题。

稍晚一些出现了一位叫作张又新的学霸，张学霸三头及第的壮举我们前面已经交代过，这里只讲他掀起的天下名水之争。话说元和九年（814）春，张又新刚刚成名的时候，与同科们相约前往长安荐福寺。他和李德垂先到，就到西厢玄鉴室休憩，恰逢来了位楚地的和尚，和尚带了许多书。张又新抽出一卷，发现卷末题曰《煮茶记》，记载了代宗朝李季卿刺湖州，到淮扬时碰到陆处士鸿渐，于是邀请他煮茶，中途发生了陆羽以高超的技艺辨别南零水的故事。李季卿震惊于陆羽辨水的绝技，问他各处水的优劣，于是陆羽口授"二十水"。

张又新据此写成一篇叫作《煎茶水记》的文章，文中列出 2 份重量级名水榜，一是刘伯刍的七等名水，另一份就是据说为陆羽口授的二十等名水，并加上了自己亲身实践后的评价。

刘伯刍版：

扬子江南零水第一；

无锡惠山寺石泉水第二；

苏州虎丘寺石泉水第三；

丹阳县观音寺井水第四；

扬州大明寺水第五；

吴淞江水第六;

淮水最下,第七。

　　这位刘伯刍是何人,给出的榜单权不权威?张又新所说的"故刑部侍郎"刘伯刍字素芝,出自中唐时期的一个文学世家,他的父亲刘乃"文章清雅,为当时推重",他本人在文学、书法、礼学方面均有不俗的造诣,张又新称他"为学精博,颇有风鉴",可见他评定的榜单还是比较可靠的。而且,这份榜单上的名泉均在江南一带,这是因为刘伯刍曾在淮南节度使杜佑幕府为从事,对于江南名泉有比较深入的了解,这也增加了榜单的可靠性。

　　陆羽版:

庐山康王谷水帘水第一;

无锡县惠山寺石泉水第二;

蕲州兰溪石下水第三;

峡州扇子山下有石突然,泄水独清冷,状如龟形,俗云虾蟆口水,第四;

苏州虎丘寺石泉水第五;

庐山招贤寺下方桥潭水第六；

扬子江南零水第七；

洪州西山西东瀑布水第八；

唐州桐柏县淮水源第九；

庐州龙池山岭水第十；

丹阳县观音寺水第十一；

扬州大明寺水第十二；

汉江金州上游中零水第十三；

归州玉虚洞下香溪水第十四；

商州武关西洛水第十五；

吴松江水第十六；

天台山西南峰千丈瀑布水第十七；

郴州圆泉水第十八；

桐庐严陵滩水第十九；

雪水第二十。

　　相比而言，陆羽品评的名水涵盖范围更广，符合他逢山驻马
觅茶，遇泉下鞍品泉的一贯作风。问题是这二十等名水与《茶
经》中的评定标准是有矛盾的。宋代欧阳修在《大明水记》中就

一针见血地指出："如虾蟆口水、西山瀑布、天台山千丈瀑布都是陆羽劝人不要饮用的瀑涌湍漱之水。又如江水反而居于山水之上（扬子江南零水居第七），井水居于江水之上（丹阳县观音寺井、扬州大明寺井分别列第十一、十二），都与《茶经》相反，岂不二说自相矛盾？"此外，欧阳修还质疑《煎茶水记》中提到的陆羽辨别南零水的故事，认为"特怪诞甚妄"。

被欧阳修斥为怪诞的陆羽辨南零水的故事是这样的。

据说代宗朝时，李季卿出任湖州刺史，到淮扬时碰到陆羽。李季卿素知陆羽大名，有倾盖之欢，遂邀请他同行。走到扬子驿时，李季卿提议："陆君善于茶，天下闻名。恰逢扬子江心南零水殊绝，如今二妙千载一遇，岂可错过这样难得的机会？"于是便命可靠的军士带上瓶子，划船去南零江心取水。陆羽一边清洁器具，一边等着军士回来。过了一会儿，军士取水而回。陆羽以勺扬水，说："倒是扬子江水，却不是南零水，似是临岸的水。"军士还嘴硬说："这是我驾舟深入江中所取，有百余人见证，岂得作假！"陆羽听后并不言语，只是将瓶中水倒进盆里，倒到一半停下，又以勺扬水，说："从这里开始才是南零水了。"军士大惊，服罪道出原委，原来到岸边时舟楫摇晃，倾洒了一半水，因怕被发现，便取岸边水加满，企图蒙混过关。故事以军士连呼

"神鉴"，李季卿与宾客惊愕叹服结尾。

这则故事的槽点很多。特别是"神鉴"部分夸张得过分，不管是南零水还是近岸水，混在一起只会互相溶解，焉能辨别取自江心还是江岸？难怪欧阳修斥为妄说。尽管故事不尽其实，却并不妨碍人们喜欢用这则故事来渲染陆羽高超的鉴水能力。

实际上，欧阳修也只是质疑二十等名水以及南零辨水故事是张又新附会之言，对于陆羽的鉴水能力他是非常认可的，认为《茶经》上中下三等分法虽然简略，但"论水尽矣"。是不是张又新假托陆羽之名编了二十等名水榜，已不得而知，后世茶人大多还是将之作为陆羽出品。

张又新并不满足于发布别人的榜单，他还是个实践派，在亲尝刘、陆两份榜单上的名水后发表了自己的见解。

第一，他认为刘伯刍的排名比陆羽更合乎实际，扬子江南零水该列榜首。

第二，未登上刘榜，在陆榜中忝陪末座的桐庐严陵滩水"溪色至清，水味甚冷"，用来煮茶香醇无比，远比南零水好。

第三，永嘉的仙岩瀑布水也不比南零水差。

这桩品水公案引起后世茶人的极大兴趣，纷纷加入探讨。大致可以分为"美恶派"以及"等次派"。前者以宋代欧阳修、宋徽宗为代表，主张只辨别水之美恶，不必排等次。后者以清代汤蠹仙为代表，认为既然水有美恶，就有等次。还有折中派的明人田艺蘅，他在《煮泉小品》中提出将天下之水分类而论，即源泉、石流、清寒、甘香、灵水、异泉、江水、井水8类，不排名次。这其实是在《茶经》划分的基础上进行了细分，但划分的标准容易存在主观性，不如陆羽"山水、江水、井水"的划分简单而全面。总之，这场茶水之争历时千年，直到清代乾隆皇帝以"称水法"称量天下名水，以最轻的北京玉泉水为"天下第一泉"，纷争才得以平息。当然，称水法也存在片面性。水的轻重与水中所含的矿物质多少有关，水重说明矿物质含量多，这固然不是好水，但这种鉴水法要求水溶物必须相同，这一点显然很难做到。再说，水的轻重只是衡量水质的一个方面，还有许多其他因素会关系到水质的好坏。这也是乾隆帝虽以皇帝权威一锤定音，却仍冒出好几个"天下第一泉"的原因。

"陆羽榜"还提到了一类特别的水——雪水。古人认为雪凝天地之灵气，无瑕至纯，是煮茶上品之水。于雪花纷纷中，素手收集枯枝或者花草上晶莹剔透的白雪，融雪煮茶，其味清醇，其香清洌，别具风味。大唐才子爱风雅，喻凫留下"煮雪问茶味，当风看雁行"的名句，姚合亦曾有"销冰煮茗香"的经历。窗外雪落无声，屋内风炉小鼎中冰雪消融，直至茶香馥郁，的确是一副岁月静好的模样。

我们之所以认为陆羽及其所著《茶经》伟大，就是因为尽管后世有很多茶书以及研究水品的著作，但都绕不开陆羽奠定的基础，多是在这个基础上拓展或者精细化。从水源分，以泉水为上（明代罗廪《茶解》）；从味觉、视觉分，以甘、清为上（宋代赵佶《大观茶论》、宋代蔡襄《茶录》等）；从轻重分，则以轻为上。还有认为"水不问江井，贵之要活"的（宋代唐庚《斗茶记》）。这些细则岂非陆羽论水的内涵？套用欧阳修对陆羽论水的评价，就是"其言虽简，而于论水尽矣"。

好水配精茶，还需注重烹茶技艺。我们现在熟知的是用沸水冲泡经杀青、揉捻、干燥制成的散茶，但唐代煮茶用的是茶末，为了让茶中物质更好地析出，茶末要碾得很细。含水量大的茶饼不好碾，碾茶之前需先用火炙烤，去掉多余水分，烤到"卷而舒"的状态，不能"外熟内生"。关于怎么煎茶，前文曾提到过的宗室宰相李勉有个叫李约的儿子，对此很有心得，他说："茶须缓火炙，活火煎。"缓火是没有火焰的火，要慢慢炙烤，随时观察茶饼的状态。煎茶就不同了，要用活火，即"炭之有焰者"。苏轼也说"贵从活火发新泉""活水还须活火煮"。

这个火也不是什么柴火都能生的，首用炭，其次用劲薪。在唐代，兽炭、瑞炭、金刚炭、星子炭等都是精良的好炭。劲薪指的是木质坚硬、油脂含量少的木材，如桑树、槐树、桐树、枥木。沾染了油腥气的木炭、油脂含量高的木材（如柏、松、桧木）以及腐坏的木器都不适宜用来烧火煮茶。古人认为这样的燃料带有"劳薪之味"，与茶的清香不相宜。

一般用精巧的风炉来煮茶，炉内放炭，炉上放釜，釜中烧水煮茶。《茶经·六之饮》里归纳茶有九难，第四难就是对火候的把握。怎么看火候？看火焰燃烧情况无多大意义，主要依据是"看汤"，陆羽对煮茶的火候把握可谓精妙。他将茶水沸腾的状态分为三个层次：水出现鱼眼般水泡，发出微微之声，是一沸；锅边像泉涌连珠，是二沸；水像波浪般翻腾时，是三沸。再煮下去，水就老了，不可以喝了。

刚开始沸腾时，要根据水量的多少放入适量盐调味；第二沸时，舀出一瓢水，以竹夹绕圈搅动，再用"则"量取适量的茶末投进去。稍等一会儿，水会沸腾如波浪，溅出泡沫，这个时候就把第二沸舀出的水加进去止沸，孕育沫饽。

第一次煮开的茶水，要把沫去掉，水面上出现的黑云母样的水膜会导致茶味不正，务必要撇去。去掉水膜后，舀出的第一勺水叫作"隽永"，这是味道最好的茶汤，先贮存在熟盂中，等到第三次沸腾时，加进去作育华止沸之用。

然后一瓢一瓢把茶汤舀入碗内，1 升水斟 5 碗，斟茶入碗时，要注意让沫饽均匀。沫饽即茶汤的精华，薄的叫沫，厚的叫饽，轻细的叫花。花像漂浮在环池上的枣花，又像回潭拐弯处初生的青萍，也像晴朗天空中鱼鳞般的浮云。沫如浮在水面上的绿苔，又如掉在酒樽中的菊英。饽是茶滓沸腾时泛起的浓厚泡沫，像一层耀眼的白雪，正是"焕如积雪"之状！

从选水辨器、取火烹茶，到斟茶品饮，一套程序下来，繁琐吗？

繁，却不烦。我们常说要把时间花费在美好事物上，喝茶也是如此。正所谓"恐乖灵草性，触事皆手亲"，小心翼翼、亲力亲为的煮茶过程又何尝不是一场心灵的沉淀？

四、九秋风露越窑开

在人类历史发展长河中，生产力水平决定着人类生活的物质水平，而物质水平的满足又进一步促进精神文明的提高。饮茶从药用到食用，再到精神享受的演变正反映了这一客观规律。当品饮成为精神享受之时，鉴茗、品水、看火、辨器就成为不可或缺的组成部分。可以说，茶文化的发展客观上促进了唐代陶瓷业的进步。《茶经·四之器》中提到当时生产茶具的窑口主要有越州窑、鼎州窑、婺州窑、岳州窑、寿州窑、洪州窑以及邢州窑。其中，前6种均是青瓷，唯邢州窑所产是白瓷。

就青瓷而言，陆羽认为居于首位的是越州窑。位于今湖南湘阴一带的岳州窑色青，使茶汤呈绿色，也算上品。而寿州（相当于今安徽寿县、六安、霍山、霍邱等县，均指瓷窑位置，下同）瓷色黄，使茶汤色紫；洪州（相当于今江西省修水、锦江流域和南昌、丰城、进贤等地）瓷色褐，使茶汤色黑，都不宜用于盛茶。鼎州（一说相当于今陕西省泾阳县一带，一说今陕西省富平县）与婺州（相当于今浙江省武义江、金华江流域各县）瓷则介于越、岳窑与寿、洪窑之间，逊色于前二者，又不至于有后二者那些显著的问题，属于中流。

当时为瓷业之冠的是代表南方体系的越窑青瓷和代表北方体系的邢窑白瓷，被称为"南青北白"。晚唐皮日休有首《茶瓯》诗夸赞这两种瓷器，其诗曰：

邢客与越人，皆能造兹器。

　　　　　　　　圆似月魂堕，轻如云魄起。

　　　　　　　　枣花势旋眼，蘋沫香沾齿。

　　　　　　　　松下时一看，支公亦如此。

　　第一句就开宗明义地点出邢州和越州的人都擅长造茶瓯，他们制作的茶瓯圆如月、轻似云，是品茶的良器。茶汤的沫饽在茶瓯中像枣花回旋，又像青萍漂浮在水面，啜上一口，唇齿生香。在松下观其形，遥想着当年东晋名僧支公（支遁）亦是如此。之所以提到支公，是因为他以般若禅学与清谈享有盛名，晋代清谈尚饮茶，故被视为"禅茶之祖"。

　　越窑与邢窑质地细密、薄厚均匀，以至于注水击打，能发出美妙的音乐。段安节的《乐府杂录》中记载唐文宗时期有位叫郭道源的乐师善于击瓯，用越瓯、邢瓯十二，注入多少不等的水，以筷子敲击，能发出曼妙的乐声。

　　尽管有诸多名窑，陆羽最偏爱的仍是越州窑。针对有人认为邢州窑比越州窑要好的观点，他从三个方面进行了反驳：邢瓷类银，越瓷类玉，这是邢瓷不如越瓷的第一点；邢瓷类雪，越瓷类冰，这是邢瓷不如越瓷的第二点；邢瓷白，茶汤泛红色，越瓷青，茶汤呈绿色，这是邢瓷不如越瓷的第三点。这其实并非从瓷器品质而言，而是出于茶艺审美的考虑，认为风格轻巧、如冰似玉的青瓷更能衬托茶汤的色泽之美。

中晚唐时期的越州瓷器型丰富，造型美观，因其胎质坚硬细腻，釉层均匀，以青或青黄色为主，釉面晶莹，如冰似玉。因此，越瓷的价格扶摇直上，远高于其他瓷器。如在嵊县出土的一件元和十四年（819）的普通品质的瓷罂，腹部标明"价值一千文"，而晚唐岳州窑生产的青瓷注子仅值"五文"，相差何其悬殊。

越窑茶具主要有碗、瓯、杯、盏、托、执壶、罐等数种。

茶碗。圆形、敞口、内收口下，有圈足。碗作为当时最流行的饮茶器之一，造型端庄大方，釉色莹润。唐代越窑茶具中的茶碗有三种经典款式：一种是玉璧底碗，碗底足部中心挖圆形孔，似古代的礼器玉璧，故而得名；一种是花口碗，将碗口制作成四至六个花口，造型上受到唐代金银器造型影响，有莲花形、海棠形、葵花形等多种样式；还有一种是刻画纹盏碗，在外壁或内壁口沿等处刻画莲瓣纹、蕉叶纹等纹饰。《茶经·四之器》鉴别各地窑口的高下之别时，便是以碗为代表，得出越窑第一的结论。

茶瓯。瓯本是食器、酒器，唐代兼作茶具。陆羽认为瓯也是越州出产的好，口唇不卷，底卷而浅。要说与碗的区别，便是瓯比碗要大，容量大致是半升，器型是深腹、直口。但唐人其实也没有分那么清楚，时常混淆，或笼统称呼，在《全唐诗》中"茶瓯"出现的次数甚至比"茶碗"还多。越州的青瓷瓯是唐人饮茶时经常使用的器具，如郑谷《题兴善寺》"茶助越瓯深"，孟郊《凭周况先辈于朝贤乞茶》"越瓯荷叶空"等。闽地也产茶瓯，秦韬玉《采茶歌》云"坐对闽瓯睡先足"。

茶杯。杯的形制比碗小，其腹深而浅收的弧度较小，有圈足。"大历十才子"之一的钱起饮茶喜欢用杯，其《过张成侍御宅》"杯里紫香茶代酒"、《山斋独坐喜玄上人夕至（一作见访）》"言忘绿茗杯"都是以茶杯作为饮茶器。

茶盏。盏与碗的形状相近，但形制较小，常与茶托配套使用。形状可参考法门寺出土茶器中的一套玻璃茶盏、茶托。另外，宁波博物馆珍藏一组罕见的唐代越窑秘色瓷荷花托盏，此件茶具 1975 年出土于宁波市和义路码头遗址唐"大中二年"纪年墓中，由茶盏和盏托组合而成，胎质细密，釉色青翠，温润如玉，造型犹如一片微风吹卷的荷叶托载着绽放的莲花，在清波涟漪的水面上随风飘荡。其釉色之莹润、线条之舒展流畅，精妙绝伦，是唐代越窑中的上品。茶盏也是唐人经常使用的茶具，徐夤

《贡余秘色茶盏》吟诵的便是最为珍贵的秘色瓷茶盏的风貌。唐末的僧人汤全还能在茶盏注汤幻茶成诗，并作诗云"生成盏里水丹青，巧画工夫学不成"。

盏托。即放置茶盏的托盘，多呈圆形，中间有作为承托的凸起的托圈，即托口。托口下陷，称盏托；托口凸起呈台状称盏台。据李匡乂《资暇集》记载，茶托的发明者是德宗建中（780—783）时期的蜀相崔宁之女。这位崔氏女喜欢喝茶，但每每为茶盏烫手所苦，于是灵机一动，垫蜡环在盏下，然后将带蜡环的茶盏搁在小碟子里。后来，又命匠人仿照着做成漆环，送给父亲崔宁。崔宁很满意女儿的创意，在亲友宾客间炫耀了一番，大家也都觉得很是方便，于是便流传开来。唐代的盏托一般较矮，会作一些装饰或造型，如前述宁波博物馆藏荷花盏托口沿卷曲仿荷叶状，十分别致美观。

执壶。又叫"注子""注壶""偏提"，唐以前多作为酒器或饮器使用。唐代的执壶是从隋代鸡首壶的造型基础上发展而来，所以唐初的执壶还带有鸡首壶的造型痕迹，以敞口、深腹、粗颈、颈部与肩部附宽边把手为主要特征。后期执壶发展为修长且颇具特色的瓜棱形，嘴和柄也逐渐增长，以便注水和抓握。根据苏廙《十六汤品》记载，晚唐时已出现用这种执壶贮藏沸水，在茶盏中放入茶末，再用执壶中的沸水冲茶的"点茶法"。因作点茶注汤之用，又叫作茶瓶或者汤瓶。宁波博物馆珍藏的大中二年（848）越窑青瓷执壶就是非常典型的长颈、溜肩、瓜棱腹、矮圈足造型。

此外，还有用来贮藏茶叶的罐、存放盐的鹾簋、计量用的则等。可见，越窑茶具门类丰富，且精致高雅，富有极高的艺术观赏价值。而最为极品的越窑青瓷当然是鼎鼎大名的秘色瓷。

关于"秘色"的含义，历来众说纷纭。或以为"秘色"指某种植物的颜色，以其形容青瓷的釉色；或以为当时唯有越窑能烧制上品釉色，且釉色不能随意控制，"秘色"有"神奇之色"之意；或以为"色"有等级的意涵，与釉色无关，"秘色瓷"即上等的瓷器；或以为"秘色瓷"的得名与在陶器烧制过程中使用匣钵有关；或以为"秘色"指制作工艺的秘而不宣，相传五代时吴越国钱镠命令烧造瓷器专供钱氏宫廷所用，并入贡中原朝廷，庶民不得使用，故曰"秘色"。最后一种说法自宋代起广为流行，南宋周辉《清波杂志》持此说，但同时代的赵令畤《侯鲭录》、赵彦卫《云麓漫钞》、曾慥《高斋漫录》等书都提出异议，认为晚唐陆龟蒙作《秘色越器》表明唐时已有秘色，并非从钱氏始。《秘色越器》道：

九秋风露越窑开，夺得千峰翠色来。

好向中宵盛沆瀣，共嵇中散斗遗杯。

　　前两句描述越窑在露水尚未消散的秋天早晨开窑，其色似青如黛，好像夺得了千峰的苍翠之色。这是陆龟蒙茶诗中最有名的一首，也是描述越窑秘色瓷釉色之美的千古绝唱。但究竟是怎样一种翠色呢？还是使人不明所以。陆龟蒙在另一首《茶瓯》诗中将这种颜色形容为"烟岚色"，这是一种江南雨后雾气氤氲，阳光即将穿过云翳却又尚未普照时的忽蓝忽青之色，有一种语言难以描述的美感。饶是以中华语言的博大精深，也很难还原秘色瓷的惊世之美。但幸而，语言的美感带来另一种享受，甚至在视觉美感之外，增加一层遐想带来的满足。

　　另一首描写秘色瓷的名作是徐夤的《贡余秘色茶盏》，其诗前四句云：

捩翠融青瑞色新，陶成先得贡吾君。

功剜明月染春水，轻旋薄冰盛绿云。

掫翠融青，形容的是秘色茶盏的颜色，那不是单调的绿，而是折断翠枝后露出的青翠之色。秘色瓷器胎面光滑，釉色莹润肥厚，如冰似玉。徐夤形容秘色茶盏好像从皎洁的月亮上剜下，又像是从晶莹剔透的寒冰中片出来一般，用这样的茶盏盛茶汤，宛若盛了一汪春水，又像漂浮着一抹绿云。这是因为不同釉色的茶器会将茶汤呈现出不同的颜色。越窑釉青，衬得茶汤碧绿可人、赏心悦目。而这也是陆羽认为越窑要优于邢窑的主要原因。

但因以往只能凭借诗词和宋人的一些笔记小说来遥想秘色瓷的绝世之美，而不识其"庐山真面目"，所以，"五代始烧秘色瓷"之说还是在很长时间内为人所认同并成为陶瓷学界的主流看法。

直到1987年，陕西扶风法门寺宝塔轰然倒塌，一大批埋藏地宫的稀世珍宝重现人世，揭开了秘色瓷的神秘面纱。法门寺地宫不仅出土了13件越窑青瓷，同时出土的还有《应从重真寺随真身供养道具及恩赐金银器物宝函等并新恩赐到金银宝器衣物帐》碑（后文简称《衣物帐》），明确将这批瓷器称作"秘色瓷"。地宫还出土另一件越窑青釉八棱净瓶，与《衣物帐》记载的13件秘色瓷特征一致，因此，也被认为是秘色瓷器。至此，神秘的秘色瓷终于有了可资参考的实物资料。法门寺地宫宝物除由官方手工业制作机构文思院打造外，其余都是各地进贡。秘色瓷即由越州进贡内库，然后被皇帝供奉给佛祖。《新唐书·地理志》载越州的"长庆贡"中有瓷器，可见最晚在穆宗长庆年间（821—824）越州已经贡瓷，只是当时可能还未有"秘色"之名。根据考古工作者对越窑中心产地——慈溪上林湖窑址的考察，法门寺地宫出土的秘色瓷器几乎都可以在该窑址中找到相同器型的标本，说明法门寺地宫出土的这批秘色瓷很大可能就是上林湖窑址生产的贡品。

越窑经过唐五代的发展，到北宋中期以后逐渐走向衰落，这当然有很多原因，但我们从茶事活动的角度来看，则与饮茶方式以及唐宋时人的审美不同有关。到了宋代，陆羽所创的煎茶法被点茶法取代，后者讲究的是斗茶时茶汤乳花纯白鲜明、着盏无水痕或咬痕持久、水痕晚现为胜，因此，茶盏就要以易于观察茶色与水痕为宜。黑盏雪涛交相辉映，最宜斗茶，建州黑釉瓷盏遂成为时代所需，而釉色清浅的青瓷就渐渐退出了茶事活动。而本身产量极低、造价极高的秘色瓷就更少了，到了清代，即便是富有天下的乾隆皇帝都不免发出"李唐越器人间无，赵宋官窑晨星稀"的感慨，意思是赵宋的官窑虽然稀少，但还能看到，但李唐的越器却是人间难见了。这里的越器并非普通的越州青瓷，而是特指秘色瓷。也正因如此，秘色瓷的神秘面纱笼罩了千年之久。

五、顾渚紫笋天下闻

中唐以后风俗贵茶，名品众多。中国自古以来就有"普天之下，莫非王土；率土之滨，莫非王臣"的说法，天下最好的物产自然也要进贡给皇帝。根据唐裴汶《茶述》的记载，在当时进贡的诸多名茶中，"顾渚、蕲阳、蒙山为上，其次则寿阳、义兴、碧涧、湄湖、衡山，最下有鄱阳、浮梁"。裴汶此人，曾在元和六年（811）任湖州刺史，元和八年（813）十一月之后改常州刺史，兢兢业业地担负二州修贡任务。与茶事的充分接触促使他写出了《茶述》这样一部叙述茶品、茶功的茶书。将顾渚排在进贡名茶的首位充分说明了紫笋茶的名气之大、品质之佳。

然而，唐前期湖州并不贡茶，成书于开元二十六年（738）的《唐六典》中详载全国贡赋，却未载湖州贡茶，可见当时湖州即便产茶，也无甚名气。湖州顾渚紫笋茶的声誉鹊起实与陆羽有密切关系。

陆羽自上元元年（760）结庐苕溪后，对湖州周边地区进行了详细考察。大历二年（767），在常州义兴县（今江苏省宜兴市）一带访茶品泉时恰逢有山僧向常州刺史李栖筠献上佳茗，陆羽认为此茗芬芳冠世，可供上方。李栖筠遂采纳陆羽的建议，将之上贡，便是《茶述》中列为中等贡茶的义兴茶。因义兴县古称阳羡，又叫"阳羡茶"。从此，常州开启"天子须尝阳羡茶，百草不敢先开花"的贡茶史。最初贡数是万两，唐人以 16 两为 1 斤，折合为 625 斤。每年选匠征夫，役工 2000 余人采制贡茶。

即便已有阳羡茶进贡在先，在辗转浙西诸州进行充分的茶事实践后，陆羽得出结论：湖州茶品质更在常州茶之上。《茶经·八之出》以湖州为上，常州为次，并详细列出湖州长城县顾渚山谷，山桑、儒师二坞，白茅山悬脚岭，凤亭山伏翼阁，飞云、曲水二寺，啄木岭，安吉、武康二县山谷 10 个产茶区。

陆羽访茶入深山，所作《顾渚山记》除多言茶事，还记录了顾渚山的自然风物，可见其足迹遍布顾渚山的角角落落。在详细考察顾渚山的前提下，陆羽写信给国子祭酒杨绾推销："顾渚山中紫笋茶两片，此物但恨帝未得尝，实所叹息。一片上太夫人，一片充昆弟同啜。"杨绾拜国子祭酒在大历五年（770）二月之后，正是这一年，代宗令与常州义兴相接的湖州长兴分山造茶。可能的解释是，在"茶仙"陆羽的推荐下，杨绾将顾渚紫笋茶进献给了代宗皇帝，并得到了后者的认可，从而下令湖州贡茶。另一种可能性是，如第六章中所言，陆羽曾奉代宗之命进宫为积公煮茶，与代宗有过直接的接触。如此，则有陆羽煎茶法流入宫廷，甚至直接影响到代宗本人的可能性。总之，常、湖二州在陆羽的直接或间接影响下，开启了分山析造的贡茶史。

为了更好地统筹采摘、烘制以及运送到京城等事宜，中国茶史上第一家官营茶叶加工厂——贡茶院诞生了。与此同时，贡茶数量也在不断增加。大历五年时只进贡500串，以《茶经》"江东以一斤为上串"计，也就是500斤。之后加至2000串，到建中二年（781），袁高任湖州刺史时进贡3600串。到武宗会昌年间（841—846）竟已增加至18400斤。故《元和郡县图志》记载贞元（785—805）以后每到出茶季需役工3万，累月采摘、烘焙方能完工。湖州刺史也需在立春后45日入山修贡，直到谷雨返回。贡茶院中还专门建造了贡茶堂，上刻贡茶刺史28人题名。修贡合格与否成为考核刺史业绩的一项指标，若督造得好，就是升迁的加分项，如湖州刺史李锜升任浙西观察使，常州刺史裴肃升任浙东观察使等；要是修贡不谨，就免不了吃瓜落儿。下面这个例子能充分反映问题。开成三年（838），湖州刺史裴充卒于任上，其下属官吏修贡不谨导致进献新茶不及常年，因而特以宦官为造茶使来专门负责此事。后虽因宰臣与谏官的劝诫而作罢，但湖州修贡不力引起皇帝的不满是毫无疑问的。正因为如此，湖、常二州刺史大多谨奉其职，勤勉修贡。

又因两州分山均贡的关系，为了让皇帝率先尝到本州所产紫笋茶，竞争异常激烈。或诈为丧车掩人耳目，或不惜民力彻夜传驿，甚或役工早摘早制，这种恶性竞争既耗费大量的人力物力，给百姓造成沉重负担，又可能由于茶叶生产周期不足而影响品质，从而导致修贡不力。于是，贞元八年（792）时，湖州刺史于頔贻书常州，请各缓数日来缓解压力。自此，二州改为合作，于交界的啄木岭建境会亭，每遇春贡便举行茶山境会欢宴，一同督造、品鉴新茶。

对贡茶质量进行鉴定后，两州需联名写成贡表，随贡茶快马加鞭运送至京城。这又是一番争分夺秒的时间战。近来十分畅销的马伯庸《长安的荔枝》从一句"一骑红尘妃子笑，无人知是荔枝来"入手，建构了大唐"社畜"李善德拼尽全力将5000里之外的岭南鲜荔枝赶在贵妃诞日之前运送至京的故事。贡茶虽不比鲜荔枝"一日色变，两日香变，三日味变"，但因茶叶采摘期与清明宴间隔短，同样是十万火急的任务。湖州贡茶于二三月采摘，所谓"闻道新年入山里，蛰虫惊动春风起""春风三月贡茶时"，修贡刺史亦需在"立春后四十五日"入山修贡，"蛰虫惊动"即惊蛰，"立春后四十五日"约是"春分"，而湖州贡茶分为五等，第一等"急程茶"须赶在清明宴前到京，那么留给采摘、烘焙、运送的时间至多只有 30 天。难度不可谓不大。唐廷对贡物、税物运送有时间限定，一旦进献失期，便罪责难逃，紫笋茶"十日王程路四千"，达到陆递日行 400 里的惊人速度，分别是制度规定陆路马最高日行 70 里、水顺流每日最高 150 里的 6 倍和 3 倍。无怪杜牧修贡时的幕僚李郢发出"驿骑鞭声春流电，半夜驱夫谁复见""天涯吏役长纷纷，使君忧民惨容色"的感叹。与荔枝的运送一样，长安贵人的奢侈消遣背后皆是小人物们的挣扎与努力。

贡茶到京之时，正是长安城牡丹花开时节。既有牡丹真国色，复有紫笋茶香幽，整个皇宫无不沉浸在欢欣雀跃之中。会昌年间的湖州刺史张文规《湖州贡焙新茶》诗云："凤辇寻春半醉回，仙娥进水御帘开。牡丹花笑金钿动，传奏吴兴紫笋来。"一年一度的清明宴上皇帝会请百官共品顾渚紫笋，简在帝心的嫔妃公主、文武百官或许还能得到御赐贡茶。

实际上，当时最有名的茶是蜀州蒙顶，那为什么清明茶宴要弃蒙顶而选顾渚紫笋呢？一方面与蒙顶的生长时间有关，《东斋记事》云蒙顶"其生最晚，常在春夏之交"，待长到可堪采摘，当在入夏，是绝对赶不上清明茶宴的。另一方面，蜀道之难难于上青天，蜀州的茶叶要运送至长安远比湖州茶要花费更多的时间，后者可通过大运河或者两岸的"御道"运送至京。正因如此，给了紫笋茶独领风骚的机会。当然，就品质而言，紫笋茶也别有独到之处。

根据陆羽的总结归纳，好茶的标准主要有二：从颜色上看，"紫者上，绿者次"；从形状上看，"笋者上，芽者次""叶卷上，叶舒次"。这简直是为顾渚紫笋茶量身打造，或者说在陆羽心目中茶中绝品便是顾渚紫笋，故以此作为好茶的标杆。顾渚茶是紫笋茶，但反过来，紫笋茶却不独顾渚有。首先，分山造贡的义兴茶便是紫笋茶，这才有"紫笋齐尝各斗新"的评比。《新唐书》也记常州土贡"紫笋茶"。这个很好理解，常州义兴与湖州长兴相接，两州上贡的茶本身就是同一种。其次，湖州近郊的尧市山也产紫笋茶。皎然在《顾渚行寄裴方舟》里说"尧市人稀紫笋多"即明证。尧市山与顾渚山相距不远，许是气候、地理环境等相似，出产的茶性状便也相近。但茶树对生长环境要求极高，即便是同一座山的山阴、山阳也迥然有异，所以就算是产地相近甚至是同山的紫笋仍存在品质上的高下之别。其中，品质最好的是生于长城县顾渚山明月峡的茶。明月峡绝崖峭壁，大涧中流，溪涧两侧多烂石，又潮湿、避光，非常适宜茶树的生长，故明月峡茶尤为绝品。湖州刺史张文规把明月峡茶誉为"吴兴三绝"之一，并作诗称赞"清风楼下草初出，明月峡中茶始生"。

因此，常州贡茶虽要早于湖州，但湖州顾渚茶在本身品质过硬、政府大力支持以及陆羽名人效应等多种因素的共同作用下，反而后来居上，名气要大过阳羡茶。

原本唐人心目中公认的老牌第一名茶是蜀中蒙顶，其素有"仙茶"之称，《唐国史补》述天下名茶，也将蒙顶列为第一，顾渚紫笋只能屈居第二。《膳夫经手录》里也说"蒙顶之外，无出其右者"，虽然也对顾渚紫笋肯定，但仍将其排于蒙顶之后。然而，顾渚紫笋茶发展势头十分强劲，几与蒙顶齐名。诗人咏茶多以两者并列，刘禹锡《西山兰若试茶歌》"何况蒙山顾渚春，白泥赤印走风尘"，杨嗣复《谢寄新茶》"石上生芽二月中，蒙山顾渚莫争雄"，韦处厚《茶岭》"顾渚吴商绝，蒙山蜀信稀"，均是如此。

在唐廷将顾渚紫笋作为清明宴官方指定茶叶，并在"急程茶"制度的影响下，顾渚紫笋之名传遍天下，其名头甚至隐有反超蒙顶之势。

紫笋茶还有与之相得益彰的好水。大历六年（771），裴清任刺史期间，湖州不仅贡茶，还开始贡金沙泉水。金沙泉在贡茶院西，出于黄沙中，粲如金泉，故名。贡茶院在焙茶时，先用金沙泉洗涤鲜茶，然后用之烹蒸，用甘美清冽的金沙泉焙制的茶叶别有一番芳馨之气，湖州刺史裴清便将之注入银瓶之中，随茶进贡。金沙泉颇为玄妙。据说平时是没有泉水的，快要造茶时，刺史要虔诚地祭泉，若足够诚心，就有碧泉涌出，一夜之间便清澈满溢。等到修贡结束，泉水又归干涸。金沙泉的进贡也就随贡茶持续下来，唐时进贡二银瓶，宋初进贡一银瓶，直到湖州不再贡茶，金沙泉的进贡也就终止了。那么，湖州贡茶止于何时呢？

　　唐末大厦将倾之时，二州仍在贡茶。直到南唐保大四年（946）时，因建州置"的乳茶"，号"京挺"，罢常州贡，持续100余年的常州贡茶至此终结。而湖州贡茶持续得更久一些。五代时期，湖州为吴越国占据，顾渚茶归其所有。待到北宋初年，吴越国纳土归降，曾以"紫笋茶一百斤，金沙泉水一瓶"作为进贡之物。宋朝流行建茶，此后终宋一朝未见贡顾渚紫笋茶。但宋人提起唐茶，无不以顾渚紫笋茶为名茶的代表。如北宋沈括在其名著《梦溪笔谈》中评价天下名茶云："古人论茶，唯言阳羡、顾渚、天柱、蒙顶之类，都未言建溪。"经过宋代的沉寂，顾渚茶在元代曾有复兴，只是贡的不再是饼茶，而是片状茶和末茶，到明朝万历年间仍见进贡的记载，可谓影响久远了。

第八章

茶道之兴

何谓"茶道"？著名作家周作人曾说："茶道的意思，用平凡的话来说，可以称作'忙里偷闲，苦中作乐'，在不完全的现世享受一点美与和谐，在刹那间体会永久。"当代茶界泰斗吴觉农在《茶经述评》一书中给茶道下的定义是"把茶视为珍贵、高尚的饮料，饮茶是一种精神上的享受，是一种艺术，或是一种修身养性的手段"。庄晓芳在《中国茶史散论》中写道："茶道就是一种通过饮茶的方式，对人们进行礼法教育、道德修养的一种仪式。"著名茶文化学者丁文认为："茶道是一门以饮茶为内容的文化艺能，是茶事与传统文化的完美结合，是社交礼仪、修身养性和道德教化的手段。""一千个人眼中就有一千个哈姆雷特"，尽管"茶道"一词在唐代就已经出现，但古今茶人对茶道的理解却各有不同。另外，在 20 世纪 80 年代末 90 年代初以来广泛使用"茶文化"来指代这种以茶叶为载体，以茶的品饮活动为中心内容，展示民俗风情、审美情趣、道德精神和价值观念的大众生活文化。可见，茶道与茶文化因本身在概念界定上存在困难，导致二者存在很大的一致性，因此，在后文中偶有混用的情况。此外，还有一些情况需要说明。

其一，茶以载道，有茶方有茶道。

茶道的形成必须具备两个基础条件：一是茶的广泛种植，二是茶的普遍饮用。尽管中国发现和利用茶的历史十分悠久，但茶的广泛种植和作为普及型饮料使用则是在中唐以后。据《茶经》统计，截至中唐，全国已经有 43 个产茶州，煎茶法的发明又大大提高了茶叶口感，饮茶之风日渐兴盛，这是茶道形成的基础条件。

其二，唐代是中华茶道的全面形成时期。

茶事盛、茶艺精、茶人出、茶文兴，是为茶道形成。茶事盛：唐代饮茶风俗风靡全国、流于塞外，这为茶叶成为一种产业提供了可能，茶叶的栽培种植、加工制作、交换消费活动显著发展，茶事活动日渐蓬勃。茶艺精：茶艺包括制茶工艺、烹茶技艺、品茗艺术三个环节，要点是精茶、真水、活火、妙器四者缺一不可，自陆羽《茶经》出，以上环节得到规范，茶艺具实用性、仪式性、艺术性于一体。茶人出：陆羽、常伯熊、皎然、卢仝、张又新、温庭筠、白居易、李德裕、皮日休、陆龟蒙、齐己等数十位茶人分布于唐代社会各界。茶文兴：除了不朽的茶学著作《茶经》，许多茶学家纷纷著书立说，《水品》《煎茶水记》《十六汤品》《采茶录》《茶述》等茶书陆续面世；茶诗数量更是迅猛增加，以《全唐诗》《全唐诗外编》为统计来源，共计茶诗459首，陆羽挚友皎然的《饮茶歌诮崔石使君》还首次提出"茶道"思想；此外，散文、小说、序、表、状、奏等体裁中也有不少关于茶事的资料。

其三，陆羽及其《茶经》对茶道的形成产生巨大的推动作用。

唐人封演最先肯定陆羽创立茶道之功，"茶道"之说虽然只是朴素地表达茶俗、茶艺的流行，而未必涉及"茶道"的精神内核，但他对《茶经》价值的认识无疑是正确的。这部百科全书式的著作从鉴茗、辨器、识水、煮茶、品味五个方面规范茶道的程序，将茶事升格为一种美妙的文化艺能，一种高洁的精神享受，并创造性地提出饮茶的精神内核——精行俭德。为唐代茶业的发展以及茶道的形成，为此后中国乃至世界茶文化的发展奠定了基础。因此，茶学界历来有"《茶经》出，则茶道兴"的说法。

其四，唐代茶道对后世以及世界茶文化产生深远影响。

纵向而言，茶道自在唐代形成，经过宋明时期的发展而至巅峰，直到千年后的今天仍是熠熠生辉的茶文化的核心，更是中华文化的重要组成部分。中华茶道既有悠久的历史，又有丰富多元的内涵。唐之煎茶、宋之点茶、明清以来之泡茶，各具特色，代表着不同时期的物质文化与精神文化的发展趋势，一部茶史何尝不是一部中国历史的缩影？横向而言，茶叶及茶道在唐代向回纥、吐蕃、南诏等少数民族地区及周边国家的传播，既是物质上的输出，又是精神文化上的传播，可谓影响悠远。下面就从纵、横两个层面来看茶道之兴。

一、千年茶道

众所周知，五代十国时期是一个分裂割据的历史时期，在南北方先后出现过十几个政权，尽管战争不断，但各国统治者为了增加财政收入，无不注重茶叶的生产制造，故这一时期的茶业仍保持了较好的发展势头，在茶文化方面也继续发展。

首先，茶叶产区不断扩大。陆羽《茶经·八之出》一共记录了当时峡州、襄州、荆州、衡州、金州、梁州、光州、义阳、舒州、寿州、蕲州、黄州、湖州、常州、宣州、杭州、睦州、歙州、润州、苏州、彭州、绵州、蜀州、邛州、雅州、泸州、眉州、汉州、越州、明州、婺州、台州、思州、播州、费州、夷州、鄂州、袁州、吉州、福州、建州、韶州、象州等43个产茶州。现代学者又补充有据可考的怀州、归州、夔州、庐州、饶州、溪州、广州、循州、利州、通州、岳州、洪州、容州、升州、江州、潭州、朗州、开州、潞州等19个州，总计62个州。杜文玉师按照五代各政权辖区进行统计，后晋新增安州1个州。后蜀新增成都府、渠州、梓州、涪州、简州、渝州、茂州7个州府。南唐新增池州、筠州、虔州、抚州、扬州、和州6个州。占据两浙的吴越国因在唐时茶叶资源开发就已经十分充分，名茶众多，故在五代未有新增产区。荆南是南方十国中疆域最小的政权，只辖江陵府、归州、峡州3个州府，这3个州府在唐代已是产茶州府，因此没有新增。楚国新增桂州1个州。南汉新增邕州、封州2个州。闽国新增南剑州、漳州、汀州、泉州4个州。这样一来，五代共计新增 22 个产茶州府。

其次，制作工艺更为精细。在种茶技术上，前面列举过的五代人韩鄂的《四时纂要》对茶树的种植季节，茶园选择，播种、耕耘、施肥、下种、追肥、套耕间作等茶园管理方法，以及茶籽的保存等都进行了详细的介绍，对于茶叶质量与产量的提高具有很大的帮助。在制茶技术上，五代时流行的茶基本与唐代一样，也是饼茶（也叫团茶或片茶）、散茶和末茶，以饼茶为主。饼茶的制作虽仍是蒸、捣、拍、焙、穿、封等几道工序，但在精细化程度上有明显提高。唐代的饼茶不讲究饰面，陆羽在《茶经·三之造》中说茶有千万状，精腴者如胡人靴、犎牛臆、浮云出山、轻飙拂水等，瘠老者如竹箨、如霜荷，这些都是自然形成的表面纹路。五代则不然，会在茶饼的表面涂上一层薄薄的"珍膏"，上有各种精美的纹饰。其精致可爱到什么程度呢？据爱收录奇闻异事的《清异录》记载，南唐宫廷内时兴一种叫作"北苑妆"的妆容，即将建阳北苑进贡的各种形状的茶油花子制成花饼，宫嫔们淡妆素服，缕金于面，再将这花饼贴在额上。要说李后主治理国家不行，在艺术审美上可是有点天赋的。自李后主创"北苑妆"以后，宫嫔们除去浓妆艳饰，衣着素雅、鬓列金饰、额施花饼，行走起来，衣袂飘扬，远远望去，好似月殿嫦娥、广寒仙子一般，另有一番风韵。茶饼表面除了饰有图案，还可饰以文字。后周时期有种挺子茶，茶面上印有"玉禅膏""清风使"的字样。

最后，茶叶品质有所提升。五代名茶众多，如川蜀的蒙顶、昌明、神泉、横源、雀舌、鸟嘴、麦颗、片甲、蝉翼等；南唐的薪门团黄、霍山黄芽、阳羡、西山白露、罗汉、鹤岭、紫清、香城、研膏、蜡面、京挺等；马楚的枕子茶、衡山、芽茶、含膏、西乡等；吴越的大方、紫笋、鸠坑、睦州大茶等；荆南的南木、白茶、碧涧、明月、茱萸簝等；南汉的竹茶、西乡、春紫笋、夏紫笋等；闽国的蜡面、露牙、柏岩等。可见，既有老牌的唐代名茶，也有唐末五代时的后起之秀。还有一些茶，唐代已有但品质不高，五代时因为制作技术的进步而一跃成为名茶。例如马楚境内的衡州衡山茶，在《茶经》中被列为下品，但五代《茶谱》中却说衡山茶研膏为之，片团如月，品质不错。

其中，最引人注目的是建茶的崛起。建州在唐代就已盛产茶叶，据《能改斋漫录》的记载，贞元年间（785—805）常衮担任建州刺史时曾主持改革茶的制作工艺，把蒸青茶叶研磨和膏，压成茶饼，叫作膏茶。最晚至唐末，建州已有蜡面茶的进贡，唐哀帝天祐二年（905）曾下过一道敕书，令福建停进橄榄子，只贡蜡面茶。到五代王闽统治时期，武夷山仍在继续生产蜡面茶。唐末的进士徐夤在《尚书惠蜡面茶》一诗中云："武夷春暖月初圆，采摘新芽献地仙。飞鹊印成香蜡片，啼猿溪走木兰船。金槽和碾沉香末，冰碗轻涵翠缕烟。分赠恩深知最异，晚铛宜煮北山泉。"徐夤是莆田县人，于风雨飘摇的唐末考中进士后并没有好的出路，后来回到家乡在闽王王审知手下任职。从诗句内容来看，蜡面茶因加入沉香木而有异香，制作精细且造价不菲。945年，南唐趁闽国内乱时出兵将其攻灭，建州遂归南唐所有，建茶也在南唐手中大放异彩。南唐保大四年（946），嗣主李璟命建州制"的乳茶"，号"京挺"，并罢有100多年贡茶史的阳羡茶，而改贡京挺。南唐在建州所造的新茶品还有金字、骨子、山挺、银字等。一说到建州北苑茶，人们首先联想到的便是宋代，实际上其在五代的发展是不容忽视的。

宋代是中国茶文化发展史上一个极为灿烂、辉煌的时期，生产制造、品茶观念、点茶技艺、鉴赏标准等方面都有很大的发展，历来有茶"兴于唐，盛于宋"的说法。

其一是制作工艺登峰造极。宋代的茶从大类上分，有片茶和散茶。片茶即《茶经》所言的饼茶，但唐代的蜀州蒙顶、顾渚紫笋、常州阳羡等老牌名茶在宋代已经不再占据优势，建茶后来居上，且呈一骑绝尘之势远超出其他众茶。最有名的是建安北苑贡茶，把中国古代固形茶的生产和技术推向一个新的高峰。太平兴国二年（977），宋太宗派遣使臣到建安北苑造龙凤团茶，专供皇家饮用。北苑贡茶的制作特别精细，除按照陆羽所言要在初春的早晨凌露而采、将采来的鲜叶经过拣择外，还要再三洗涤，然后才能进行蒸茶。蒸茶既不能过熟，熟则色黄而味淡；也不能不熟，不熟则色青而易沉，而要刚刚好。除此之外，北苑贡茶还有道区别于其他茶的工序。因为建安茶味厚力大，所以蒸茶后有一道"研茶"的工序，也就是先将其中部分茶汁烘出，然后研茶添水，一定要研至水干，水干茶才熟。一般要研 12—16 水，将茶叶研成极细的粉状。再将研细后的粉末在特制的模具中拍制成饼。宋代模具的款式花样比五代更多、更精细，质地以银、铜、竹为主，因模具上刻龙凤图案，故被叫作"龙凤团茶"。再以炭火焙茶，一般要焙 7—15 火不等，根据茶饼本身的大小而定。庆历中，著名茶学大家蔡襄任福建路转运使督造龙凤团茶时，更是创造出比一般龙凤团茶更为精巧的小龙团上贡。这种小龙团精巧到什么地步呢？欧阳修在《归田录》里说："茶中最珍贵的莫过于龙凤团茶，八饼重一斤。庆历中蔡君谟（蔡襄的字）为福建路转运使，始造小片龙茶以进，其品绝精，叫作'小团'，二十饼重一斤，价值黄金二两。然而，黄金可有而茶不可得。"也就是说小龙团只有普通龙凤团茶的五分之二大小。因其精巧难得，皇帝会在南郊致斋时各赐中书与枢密院一饼小龙团，以二府宰相之尊也只是四人能分得一饼。在元丰年间（1078—1085），又下旨造"密云龙茶"，品质尤在小龙团之上，数量也更为稀少，每年入贡量只有区区 12 饼。到文艺青年宋徽宗登上皇位，对茶事尤为讲究，不但钻研点茶之技，还写了本茶叶巨著《大观茶论》。为了投其所好，官吏们也以极大的热情研发新茶，在他统治时期新增了三色细芽、试新绔、贡新绔等新品团茶，宣和二年（1120），福建转运使更是进贡了一种叫作"银线水芽"的小茶饼。宋代对制作茶饼的鲜芽品质要求极高，按照茶芽的大小分为三等：一枪一旗的芽叶叫作中芽，细小如鹰爪的芽叶叫小芽，剔取小芽中心一缕叫作水芽。将最为细嫩的水芽用珍贵的器具贮清泉浸渍，莹洁光亮，就好像银线一般，故叫"银线水芽"。用无数"银线水芽"制成小小一块茶饼，上面印制一条蜿蜒盘旋的小龙，号"龙园胜雪"。这样的茶饼美则美矣，但一片计工值四万钱，可谓穷奢极欲。这种茶工艺繁琐、成本高昂，只适合上层社会的奢侈消费，不适合大范围内的推广。

　　于是，散茶也开始流行起来。散茶，顾名思义就是不制成饼状的散条形茶叶。散茶的制作工艺要简单很多，大体为采茶、蒸茶、揉茶和焙茶等几步。散茶中尤为知名的是产于浙江绍兴会稽山的日铸茶和江西分宁（今江西省修水县）的双井茶。越州会稽郡在唐代就是茶产区，所产的剡茶小有名气，为皎然等人所称道。到了宋代，日铸茶改蒸为炒，改捻为揉，改团饼为散茶，以使得其茶芽纤白而长的特色得以发挥，得到很多名人的好评。双井茶的声誉鹊起则与大书法家黄庭坚的推崇有关，宋代大诗人欧阳修、苏东坡、杨万里都曾写诗夸赞双井茶，因其卷曲如勾，又被称作"鹰爪"或"凤爪"，有"草茶第一"的响亮名头。此外，散茶名品还有产于杭州灵隐寺下天竺香林洞的"香林茶"，上天竺白云峰的"白云茶"和葛岭宝云庵的"宝云茶"，产于四川峨眉山的"白芽茶"，产于江西南安军的"焦坑茶"等。

其二是点茶技艺出神入化。在饮茶方式上，宋代以点茶法取代陆羽所创煎茶法，发展出点茶、斗茶、分茶等技艺，在饮茶艺术的精细化程度上比唐代更上层楼。点茶的一般流程是：将茶饼敲碎（散茶则省去这一步骤），用茶碾、茶臼等碾成粉末，碾成粉后再过罗筛，然后放入茶罐中待用。需要饮茶时，先用汤瓶煮，水开后先将茶碗烤热，类似于现在烫壶温杯，这样有助于激发茶香。然后将茶粉直接放在碗中，注入开水，以茶匙或茶筅击拂几十下，在茶汤表面击发出白色的茶沫就好了。茶道高手宋徽宗在此基础上发明了七汤点茶法，先将大约一勺半的茶粉放入碗里，注入少量沸水，调成膏状；再分 6 次注汤，每次注汤的位置以及使用茶筅击拂的力度、速度都不一样，最后形成的茶沫以又白又厚、维持时间长为佳。

宋人痴迷于琢磨这种繁琐而精细的点茶技巧，或在烹煮享乐中消磨时光，或在斗茶斗奇中寻找刺激。既云"斗"，那就是一种竞技项目，比赛的要点是"斗色斗浮"：斗色，是看谁的茶汤颜色白，《大观茶论》认为以纯白为上真，青白为次，灰白次之，黄白又次之；而斗浮，就是看谁的茶汤表面茶沫最后才退散。茶沫退散后会在碗壁留下水痕印记（又叫"水脚"），谁的茶沫最后散退，最后露出水脚就赢了斗茶赛。对此，苏东坡有诗云："沙溪北苑强分别，水脚一线争谁先。"此外，范仲淹、梅尧臣、欧阳修、王安石、李清照、陆游等大文豪都写过这方面的诗，可见斗茶之如火如荼。

宋代还流行一种叫作"分茶"的技艺。分茶又名茶百戏、水丹青、汤戏、茶戏等，是一种在茶汤表面幻化成各种物象的技艺。这种绝技其实在唐末五代就已经出现。点茶高手通过注汤、运匕、击拂、搅匀茶汤，使茶末与泡沫交汇融合，汤纹水脉便会形成幻化的物象，当时人称为"茶百戏"。但是其所形成的纤巧如画的物象，会随着泡沫的消散而须臾散灭，由此可见，点茶真正呈现的茶百戏物象，是由击拂形成的汤花沫饽使然。生于唐昭宗天复三年（903）的陶谷写有一本叫作《清异录》的书，此书采撷唐至五代时人称呼当时人、事、物的新奇名称，分为天文、地理、草木、花果、蔬药、禽兽、虫鱼、居室、器具等37类661条，对于研究当时的社会文化具有重要的参考价值。其中的"茗荈门"中记载了一位身怀点茶绝技的僧人福全，他能注汤幻茶成一句诗，并在须臾之间连点四瓯，合一绝句。这一令人叹为观止的茶技吸引大批粉丝每日蹲守在寺院门口以求能一饱眼福。福全也不免有些洋洋得意，自咏："生成盏里水丹青，巧画功夫学不成。却笑当时陆鸿渐，煎茶赢得好名声。"这当然是对"茶圣"的苛求，事物的发展都有一个循序渐进的过程，不是一蹴而就的。茶叶的饮用经过了一个由混饮到陆羽煎茶法，再到点茶法的发展过程。

宋代点茶、斗茶、分茶之风兴盛，技艺之精湛堪称神乎其技。茶技高超者下汤运匕，时机把握得当，搅拌力度巧妙，能使汤纹形成花鸟鱼虫、飞禽走兽等各种美轮美奂、纤巧毕至的图案。例如宋徽宗曾在宣和二年（1120）宴请宰执亲王于延福宫时亲自注汤击拂，以精湛的手法在盏面上幻化出"疏星朗月"的图案。元代以后，点茶法逐渐被泡茶法取代，这种高超的点茶技艺也就慢慢失传了。近些年来，有人复兴了茶百戏这项古老的技艺，还申请了非物质文化遗产，在网上能看到许多关于茶百戏的生动图案。

其三是茶器审美发生变化。随着饮用方式的改变，唐宋文人对茶器的审美发生了很大差异。唐人主张"越瓷青而茶色绿……青则益茶"，偏爱能让茶色呈现出犹如池上浮萍、山中清泉般色彩的越瓷。而宋代流行点茶，先将碾碎的茶末放入茶盏中调成均匀的膏状，然后往盏中注入沸水，用茶箸充分搅拌，使茶水呈现出上浮白色茶沫的乳状茶汤，以达到"面色鲜白"的效果为优等。又因宋代非常热衷于斗茶，斗茶的要点是"斗色斗浮"，也就是比较茶汤的色泽、泡沫的多少以及在茶盏内壁停留的时间。这样一来，越窑青瓷便不再能满足茶艺审美的需求，更能凸显茶水乳状白色的黑釉瓷异军突起，成为符合宋人审美的理想茶具。

其四是茶学研究不断深入。宋代可考茶书20余种，具有以下突出特点：一是多由宋代精英阶层撰写，像《茗荈录》作者陶谷、《茶录》作者蔡襄、《大明水记》作者欧阳修、《北苑茶录》作者丁谓、《本朝茶法》作者沈括等都是宋代一流的政治家，《大观茶论》更是由宋徽宗赵佶亲自撰写；二是以北苑茶为主要关注对象，出现了《宣和北苑贡茶录》《北苑别录》《北苑茶录》《北苑拾遗》《建茶论》《北苑杂述》等多部有关北苑贡茶的书；三是反映了当时的饮茶风气，如蔡襄在《茶录》中宣扬建安贡茶的点试之法，还最早述及斗茶，宋徽宗在《大观茶论》中大肆鼓吹当时名冠天下的龙凤团饼茶以及烹点之妙，唐庚《斗茶记》讲述了与朋友斗茶之事。此外，宋代茶书还关注煮茶用水、制茶程序、品鉴之法、名茶种类、茶具茶器等诸多方面，为推动茶道的进一步发展做出了重要贡献。

其五是"先茶后汤"茶礼形成。在唐五代就存在茶、药并提的现象，皇帝赏赐臣下、上司慰劳下属、亲朋之间互赠等经常以茶、药作为维系双方感情的纽带，这说明在医疗水平有限的古代，药与时髦的茶一样，都是受人喜爱的礼品。到了宋代，不但仍流行以茶、药为礼，社会各阶层人士还热衷于饮用由各种滋补药物熬成的汤（他们叫作"汤"或"汤药"），甚至形成了"客来则啜茶，客去则啜汤"的茶汤礼。

元移宋鼎，茶文化又发生了变化。如果说茶在宋代达到了灿如烟火的绚烂，元代就是繁华落地后回归本真的简约。

元朝是中国历史上第一个由少数民族建立的大一统王朝。中晚唐以后，饮茶风俗流于塞外，北方游牧民族养成嗜茶的习惯由来已久，有"宁可三日无粮，不可一日无茶"的民谚。蒙古族应该很早就存在饮茶习惯，据说成吉思汗远征欧洲时就随军携带茶叶，治疗士兵因为水土不服导致的腹泻。随行的大臣耶律楚材写有7首《西域从王君玉乞茶因其韵》，这位蒙古大臣酷爱建溪茶，且深知卢仝"七碗诗"的典故，对煮茶程序、茶之功效亦很熟悉。耶律楚材的情况比较特殊，他出身自契丹皇族，自幼学习汉籍，博览群书，汉化程度很深。然整体而言，粗犷豪放的蒙古人在入主中原后对宋人那套精细到极致的饮茶文化不太感冒，元朝的饮茶文化逐渐退去了宋朝的风雅精致，向着简约通俗的方向发展。

　　元代的茶主要有三类：茗茶、末茶、蜡茶。茗茶，即草茶、散茶，先用沸水滚过，起到滤净的作用，再以汤煎饮之。这种饮茶方式比较简单，使用最为广泛，在很多茶诗中都有反映。如宋无《讨水》"一瓶春水自煎茶"、陈樵《山房》"连筒引水自煎茶"等。末茶，先焙芽令燥，然后碾成茶末，用点茶法饮用，但王桢《农书》说"识此法者甚少"，说明在元代时点茶法已经不太流行了。蜡茶，即蜡面茶。制作方法是选择上等嫩芽，细细碾碎，筛入罗合，并杂以诸香膏油调制而成。用模子印成饼状，烘干后再以香膏油润饰。王桢说蜡面茶最名贵，制作亦不凡，只充进贡之用，民间罕见。蜡面茶在元代时仍是贡茶，其虽比其他茶名贵，但与宋代团饼茶比起来，无论是程序还是工费，都已经大大简略了。

在饮茶方式上，来自北方游牧地区的元朝统治者对精细的龙凤团茶兴致寥寥，虽然仍以龙凤团茶为贡品，但更喜欢在茶中加果加料。如枸杞茶，是用茶末和枸杞末入酥油调和而成。还有一种玉磨茶，将上等紫笋茶与苏门炒米筛净后一同拌和，入玉磨内磨成茶。这种具有蒙古特色的茶饮品丰富了元代茶文化的内容。

在制茶工艺上，与唐宋茶书主要介绍饼茶的制作方法不同，元代王桢《农书》则主要介绍了蒸青叶茶的工序。首先将采来的茶放在甑中稍微蒸一下，再薄薄地摊在箩箔上晾晒，趁着茶叶尚有湿气揉捻，再把揉捻后的茶均匀地放到焙中，用火干燥，注意不能把茶叶烤焦。这是"揉捻"首次出现在制茶工序中，这项技术的出现是制茶工艺的巨大进步，茶叶通过揉捻，可以使茶内水溶性物质的浸出率大大提高，使泡茶法的出现成为可能。

当茶从宋代的华丽精致回归自然简朴，元代茶具也呈现出删繁就简之势。散茶的饮用大大简化了程序，煎茶、点茶所用的炙、碾、罗、煮等造茶器具逐渐退出了历史舞台。山西大同西郊的元代道士冯道真壁画墓中有一幅《童子侍茶图》，侍茶的童子手中捧着茶盏、盏托，身后左侧的桌上放置着成叠的瓷盏、盏托、冲泡茶汤的大碗以及贮放散茶的盖罐等，但已不见碾、罗、风炉、汤瓶等唐宋时期常用的茶具。

明代是传统饮茶方式发生巨大变化的一个时期。具有以下几个特点。

一是散茶的兴起。在唐代就存在的散茶到元代时已经成为主要饮用的茶叶，但建安北苑所产的龙凤团饼茶一直是宋元时期最出名的茶叶，享有"天下第一茶"的美誉，到了明朝建立时，仍向皇室进贡。但团饼茶制作精美繁杂，花费巨大，出身穷苦的开国皇帝朱元璋认为太过劳民伤财，便下令罢造龙团，贡茶只采芽而进。茶芽即散茶，也叫叶茶。自朱元璋以政令形式罢北苑贡茶后，社会上开始普遍流行散茶。明中期的丘濬如此描述当时社会惯常饮用的茶叶："只闽广间用末茶，而叶茶的习惯遍于全国，外国也接受了叶茶的风气，大家都不再知道曾经流行过末茶了。"通过这段话可以知道，末茶已经衰落到几乎不为人知的地步，而以饼茶为代表的固形茶也已不再是主流，陆羽所说的粗（可能指浅加工茶或劣等茶，严格来讲不算一类）、散、末、饼四大类茶中，只剩散茶一家独大。从制作技术上，明代散茶多用炒青法制作，讲究"不损本真"，大大提高了茶的色、香、味。比较特别的是罗芥茶，因其本身叶老，用炒青容易使叶枯碎，仍用蒸焙。

　　明代名茶很多，且大多是散茶，明末黄一正《事物绀珠》辑录"今茶名"97种之多。而公认的名茶是以下5种：龙井、松萝、罗岕、虎丘、武夷。龙井茶产区即唐时的杭州天竺、灵隐二寺一带，陆羽著《茶经》时已经注意到，但当时未有"龙井茶"之名。龙井原名叫龙泓，在西湖南高峰前凤凰岭下。据传，北宋僧人辩才筑亭于此，认为龙井水清冽，附近产茶又甚佳，从此龙井茶开始为人所知。到明代，龙井特受推崇，但"龙井新茶品价高"，利润空间大的茶叶往往赝品也非常多。所以，要想品尝到真正的龙井茶，需得擦亮眼睛好好辨别一番，还有好茶者不惜"辛苦担泉下虎跑"，前往产地以保证自己所得的是真龙井。松萝茶产于南直隶徽州府休宁县（今安徽省休宁县）北30里的松萝山，由一位法名大方的僧侣焙制而成。松萝茶色如梨花，香如豆蕊，饮如嚼雪，是非常难得的珍品。罗岕位于浙江长兴与江苏宜兴交界，这一带是唐代顾渚紫笋与义兴阳羡茶的产地，在宋代时因为建安茶的兴起而逐渐衰落。当明太祖下令罢北苑贡茶而改贡芽茶后，罗岕茶复贡，并以独树一帜的蒸青传统工艺而声名远播，成为享誉全国的名茶。熊明遇《罗岕茶记》、冯可宾《岕茶笺》、周高起《洞山岕茶系》都是专讲罗岕茶的茶书，足见其受追捧的程度。虎丘茶产于南直隶苏州府长洲县（今江苏省苏州市）虎丘山，茶色月白，味如豆花香，有"茶中之王"的美称。陆羽晚年曾在虎丘品泉访茶，虎丘寺石泉水经他品评为天下第五，另有陆羽井、陆羽楼等遗迹。武夷茶产于福建建宁府崇安县（今福建省武夷山市）南30里的武夷山。武夷茶的种类十分丰富，可根据生长的地方细分为岩茶、洲茶，附山为岩，沿溪为洲，以岩为上，洲为次。岩茶又分99种，还可再进行细分。尽管种类多，但武夷茶的产量并不高，也是受时人追捧的名茶。

二是花茶的流行。与以陆羽为代表的唐代文人崇尚清饮不同，明代有许多雅好茶学的文人士子流行研究以花香熏茶的办法，具体做法是：以纸糊竹笼两隔，上层放茶，下层放置盛开的鲜花。将之密封，放置一整夜，隔天换掉旧的花。如此数日，茶自然就带上花香。有香味的花都可以，明人常用的是木樨、茉莉、玫瑰、蔷薇、兰蕙、菊花、栀子、木香、梅花等；若不用花，也可用龙脑熏香。为茶叶增香的做法其实早在唐末就已经出现，武夷蜡面茶的制作中就会加入香料，宋代也用昂贵的龙脑制作饼茶，元代出现了茉莉花茶、桔花茶、莲花茶，但真正得到发展则在明代。这一做法免不了遭受坚持清饮的品茗大家的抨击，却也不妨碍其日渐流行。直到今天，出现了越来越多的花茶。

三是泡茶法的出现。与制作技艺相应的是饮茶方式发生了颠覆性变化，唐、宋时的煎茶法、点茶法被冲泡法所取代。关于这一开创性的饮茶方式，明人自己就说"开千古茗饮之宗"，实际上也确实如此，直到今天简便易行的泡茶法仍是中华饮茶法的主流。具体的冲泡方法又可分为两种，一种叫作"撮泡法"或"瓯泡法"，类似于现在的杯泡法。将细茗放置在茶瓯中，注入沸水，茶叶会慢慢舒展开来，呈现出青翠鲜明的可爱模样。还有一种叫作"壶泡法"，具体程序是：先在壶中倒入少量沸水进行温壶，等到壶热便倒去水，然后投茶，茶量要适中，过多则味苦香沉，过少则色清气寡。茶壶连续泡了两次后就要用冷水洗涤，使茶壶凉洁。泡好后，把茶倒入小茶杯中。倒光壶里第一泡茶水，留下茶叶，再注水冲泡。这种泡茶法有两个要点：一是每一次浸泡的时间都略微延长，以保持茶味。二是在这整个过程中，茶叶都留在壶里，只啜茶汤。与我们现在的壶泡法已经非常相似了。

四是茶具审美的变化。茶具的审美历来随茶的种类以及饮茶方式的改变而变化。不再煎茶，陆羽茶具二十四器的大部分便可废弃不用，简化为烧水沏茶与盛茶饮茶两种器具。饮茶器也走向与宋代黑盏截然相反的方向——改为追求"莹白如玉"。明人屠隆《考槃余事》里说莹白如玉的茶盏，可试茶色，最为要用。许次纾在《茶疏》里也说："其在今日，纯白为佳。"此后，又出现了宜兴紫砂茶具。

　　尽管冲泡法相对简易，但明代文人在品尝、挑选、品第、评述各类茶与水方面却毫不敷衍，甚至以极大的热情编著了一系列的茶书。在郑培凯、朱自振主编的《中国历代茶书汇编校注本》一书中著录明代茶书 54 种，几乎是唐五代 9 种、宋代 25 种、清代 26 种的总数之和。较有代表性的有朱权《茶谱》、顾元庆《茶谱》、田艺蘅《煮泉小品》、陆树声《茶寮记》、许次纾《茶疏》、冯时可《茶录》、熊明遇《罗岕茶记》等。其中，明太祖朱元璋第十七子朱权的《茶谱》是明代最早的一本茶书，在内容上既继承了唐宋茶书的一些传统内容（如点茶法、煎茶法），又开启明清茶书的风气，具有承前启后的重要意义。明代文人不但爱好著述茶书，还重燃对陆羽《茶经》的热情，或在著述中频繁引用，或印刷刊行。

　　五是精神追求的改变。明清世风渐变，特别是明代中叶以后，主张洗尽铅华、回归平淡自然。相比于宋人以追求神乎其技的茶艺为务，明代文人更关心茶与本心、茶与人、茶与自然的关系，着眼于自然环境、人际关系和茶人心态。这与中后期在江南地区出现了一大批不愿出仕的文人有关，他们追求舒适闲逸的生活，强调自然环境对品饮的影响，关注自身的体悟，以图探寻心中的茶道。这一时期的文人们已经很少讴歌或关注茶在生津止渴、提神醒脑等方面的效用，而是更加注重茶在文化、精神领域的价值。杜濬是非常有代表性的文人，他曾说茶之于他就如同性命一样重要，并放言："吾有绝粮，无绝茶。"他有一首《茶喜》诗，其诗的序言直指茶之本性："夫予论茶四妙：曰湛，曰幽，曰灵，曰远。用以澡吾根器，美吾智意，改吾闻见，导吾杳冥。"湛即精深、深邃，幽即幽静、闲雅，灵即灵性、灵爽，远即高远、悠远。在后一句中，杜濬形容饮茶可以刷新自己的学识以及一些本质基础，一切愿望与智慧都能在饮茶中达到完美的绽放，甚至可以跳出日常生活识见的束缚，达到一种物我两忘的空灵悠远境地。这与日本茶道的"和敬清寂"颇有异曲同工之妙。

清代茶文化大体继承明代，在饮茶方式上并无多少创新，突出的发展是绿、青、红、白、黄、黑等六大类制茶工艺悉数成熟，名茶名品不断涌现，奠定了现当代中国名茶的基本局面。清代茶文化的另一个趋势是茶饮的简单化与世俗化，以往由精英阶层主导的茶文化开始转向民间、深入市井，茶馆文化、茶俗文化走向繁荣。只是，随着清末西方列强的入侵，茶文化也就失去了依托的物质基础。新中国成立后采取了一系列措施恢复和发展茶业经济，茶叶贸易重新呈现欣欣向荣之势，自20世纪70年代以来，中华茶道开始复兴。茶艺、茶道、茶文化团体与组织纷纷成立，通过创办茶学刊物，撰写茶诗、茶文，创作茶画、茶歌、茶舞，召开茶文化讨论会，组织茶艺比赛等方式，大力弘扬中华茶道。

茶道自唐代形成，发展至今已有千年的历史。大体而言，每个时代都有它独特的文化特性，茶文化也不例外。日本冈仓天心在《茶之书》中对此有一番精妙的解读："茶的不同理想标志着东方文化各个时期独有的情调。煮的团茶、搅的末茶、沏的叶茶表现了唐朝、宋朝和明朝各自的感情方式，借用最近被滥用的艺术分类，我们大体上可以把它们称作：茶的古典派、茶的浪漫派和茶的自然派。"正是各具时代特色的茶文化为中华茶道注入源源不断的动力，使之生生不息，历久弥新。

直到今天，茶为国饮，无论是达官贵人，还是普通百姓，几乎家家备有茶叶。商务交际，奉上一杯清茶，可提神醒脑；有客来访，泡一杯茶献上，是待客之道；友人清谈，以茶为媒，可畅所欲言；自泡自饮，细细品味，别有一番闲适美妙的韵致。

就地域而言，"千里不同风，百里不同俗"，一方水土孕育一方独具特色的地区茶文化。人们对茶叶的需求及偏好也呈现很强的地区性，如江浙一带的人偏爱绿茶，北方人喜欢茉莉花茶，福建一带盛行岩茶、铁观音，云南风行普洱、滇红等。不同的民族也有自己特色的饮茶文化，如藏族的酥油茶、蒙古族的奶茶、客家的擂茶、苗族的油茶、彝族的盐茶、白族的三道茶等。

茶既可以是"柴米油盐酱醋茶"的下里巴人，也可以是"琴棋书画诗酒茶"的阳春白雪。中国人爱茶，不只爱它淡若清风的隽永，更爱它返璞归真的平和、爱它无欲固静的深邃——这正是中华茶道的精魂所在。

二、万里飘香

饮茶之风在全国的风靡，茶艺的形成，茶诗、茶文、茶学专著的骤然增多，茶叶经济的发展，贡茶、榷茶、税茶制度的确立，这一切因素促使唐代茶道日益成熟，并形成强大的向心力与吸引力。对内，由中原地区向边疆少数民族地区传播；对外，向南传播到与中国毗邻的东南亚各国，向西传播到中亚、西亚，向东传播到朝鲜、日本。这种传播既是物质上的输出，又是茶艺、茶俗、审美情趣、价值观念等精神文化上的传播，对周边地区及国家产生了深远的影响。

首先来看茶向边疆少数民族地区的传播。

传入吐蕃。

吐蕃是由古代藏族在青藏高原上建立的政权。青藏高原本身并不产茶，最早的茶叶据说是太宗贞观十五年（641）文成公主入藏嫁给松赞干布时带去的。1328 年索南坚赞撰写的《西藏王统记》中说"茶亦自文成公主入藏土也"，印证了文成公主对茶叶在藏地传播的贡献。不过，并没有明确的材料指明公主所带的嫁奁中有茶叶，即便有，茶叶在唐初只是流行于南方地区的饮品，甚至更多被当作药物使用，尚不是后来的全国性热门饮料。

这从藏文史书《汉藏史集》中记载的一则与茶有关的传说故事中也可以看出端倪。

吐蕃赞普都松莽布结（又叫赤都松赞）得了一场重病，偶然在王宫的屋顶上见到一只从未见过的美丽鸟儿，鸟儿口中衔着一根树枝，树枝上有几片叶子。于是派人查看，发现小鸟所衔的树枝是他前所未见的，品尝之后竟有神清气爽之感。于是，派遣心腹大臣四处寻找这种树叶，后来终于在汉地找到了，原来这就是茶树。赞普用属下带回来的树叶煮饮，身体便渐渐好了起来。

赤都松赞生活在 676—704 年，如果记载属实，说明在文成公主入藏后，吐蕃王室对茶及其功效尚未形成清晰的认识。在偶然发现后，将茶作为药品而非饮品使用，这倒是与茶最初在中原的使用方式不谋而合。

稍晚些的中宗景龙四年（710），金城公主入藏嫁给尺带珠丹，陪嫁品中有江南名茶。有意思的是，《汉藏史集》还记载，随金城公主入藏的工匠将神话故事中的鸟衔茶枝的故事绘制到了茶碗上。茶碗的出现表明吐蕃贵族对茶的认识加深，出现了专门的饮用器。

在7世纪末到8世纪，茶叶已经大量传入吐蕃。为了交换茶叶，吐蕃曾派专人经营藏、汉茶叶贸易，称为"汉地五茶商"。唐朝也专门成立"茶马司"，负责与吐蕃之间的茶马贸易。《唐国史补》中记载了一则小故事。唐德宗时期，常鲁公出使吐蕃，有一次在帐中烹茶，吐蕃赞普看到了就问他："这是何物？"常鲁公回答："这是涤烦止渴的茶。"赞普说："我也有这个。"于是命人拿出珍藏的茶，指给常鲁公看："这是寿州茶，这是舒州茶，这是顾渚茶，这是蕲州茶，这是昌明，这是濊湖。"寿州的霍山黄芽、舒州的天柱茶、湖州的顾渚紫笋、蕲州的蕲门团黄、蜀州东川的昌明、岳州的濊湖含膏都是茶中名品，可见最晚到8世纪末，饮茶之风已经在吐蕃贵族中盛行起来，他们对汉地的名茶如数家珍。

茶在吐蕃的传播，除了得益于唐蕃和亲政策以及茶马互市，还有一条传播渠道——僧侣。据《汉藏史集》记载："对于饮茶最为精通的是汉地和尚，此后噶米王（赤松德赞）向和尚学会了烹茶，米扎贡布又向噶米王学会了烹茶，这以后便依次传了下来。"可知精通茶道的汉地僧侣向吐蕃王传授了烹茶之法，由此促进了茶在吐蕃的流传。

从现实需求来讲，吐蕃人生活在高寒地带，以牛羊肉、奶制品为主要食物，不利于消化，生津止渴、去膻解腻、有助消化的茶一出现就深受吐蕃人的欢迎。最开始在上层贵族间流行，之后风靡到各个阶层，出现了《汉藏史集》所言"买茶叶的、卖茶叶的以及喝茶的人数目很多"的盛况。该书还有专门的章节介绍茶如何从汉地传入吐蕃、茶叶的种类、如何鉴别茶叶的好坏、茶叶的功能等，可见经过长期的发展，茶文化已经在藏区落地生根，融入到他们的日常生活之中。

传入回纥。

回纥又叫回鹘，于 7 世纪中叶兴起于我国漠北草原，之后活跃在今河西走廊、天山南北和楚河流域各地。回纥是游牧民族，畜牧业发达，盛产牛、马、羊，饮食以肉、奶酪为主，在与唐朝的互市中常以马易绢。

到了中唐以后，随着茶叶产量的扩大、茶叶贸易的兴起，形成了"穷日尽夜，殆成风俗"的全国性饮茶风尚，还进一步传播到边疆少数民族地区，正如《封氏闻见记》所言："始自中地，流于塞外。"其中，回纥是较早兴起饮茶风俗的。《封氏闻见记》紧接着就以回纥为例，说往年回纥入贡时驱赶着名马而来，在唐朝换取茶叶而归。这一说法后来被《新唐书·陆羽传》吸收，将之归为陆羽大兴茶道后出现的盛况。说明除以马易绢外，唐与回纥的互市中出现了以马易茶的现象。但要说"名马"就远够不上了。在回纥第二位可汗磨延啜与第三位可汗移地健（即登里可汗，又称牟羽可汗）在位时期，唐朝发生了安史之乱，回纥曾协助唐打败安史叛军，收复两京。战乱平息后，回纥恃功而骄，时常以互市的名义，用病弱、弩瘴的马匹低价换取唐朝的丝绸、茶叶等物资。每次交易的量还特别大，动辄数万至数十万，对于唐朝的经济造成了沉重负担。但从客观上来看，茶马互市促进了茶叶在少数民族地区的传播。而且，回纥从唐朝交易来的茶叶、绢帛数量很大，在内部消费有余的情况下，会通过"昭武九姓胡"运往西方销售，茶叶也就得以传播到更远的地方去了。

这是就官方交易或用"朝贡"与"回赐"方式而言的，至于民间也有回纥商人与唐人的贸易往来。代宗时期，常住长安的回纥人有数千之多，他们置产置业，殖货取利，从事各种获利丰厚的生意。还有"昭武九姓胡"假冒回纥之名，杂居京师进行商贸活动。在他们的诸多生意中很可能就有当时非常热门的茶叶生意。

传入南诏。

唐初，在洱海地区有蒙嶲诏、越析诏、浪穹诏、邆睒诏、施浪诏、蒙舍诏 6 个少数民族部落，称为"六诏"。其中，蒙舍诏在最南端，又叫"南诏"，唐开元二十六年（738）蒙舍诏首领皮罗阁在唐玄宗的支持下统一了六诏，南诏政权从此开始，皮罗阁也被玄宗册封为"云南王"。据成书于咸通四年（863）的樊绰《蛮书》记载，银生城界诸山也出产茶叶，但是不会制作茶叶，主要是用椒、姜、桂一起煮出来喝。银生城界诸山大体位于今天云南思茅、西双版纳一带，可见南诏早已开始饮茶，只是他们对茶的利用还处在比较原始的状态，没有"造茶法"，在茶中加入作料的饮茶方式与中唐以前的混饮法非常相似，可能是在与中原交往过程中受到的影响。尽管中唐以后流行煎茶法，但南诏似乎并未与时俱进地采用新的饮茶方式，这跟少数民族的饮茶习惯有关，直到今天，云南地区的彝族、白族、拉祜族等少数民族在煮茶时仍常有加姜、桂的做法，叫作"姜桂茶"。

再来看茶向周边国家和地区的传播。

　　唐朝国力强盛、交通发达、文化开放，与外国的政治、经济、文化往来十分频繁、密切。在茶成为普及性饮品后，茶叶贸易呈现出"万国来求"的盛况，茶文化也作为先进的唐文化的一部分受到周边国家的欢迎。

　　传往印度半岛。

　　古代中国与印度半岛的交流十分频繁。佛教早在公元前 5 世纪就在印度诞生了，在两汉之际沿着丝绸之路传入中国，经过魏晋南北朝的发展，到隋唐时已经进入黄金时代。在唐朝，高僧玄奘、义净、慧日西行求法，也有不少印度高僧入唐弘扬佛法。除宗教往来外，两国之间的物品交流也很多，吴枫、陈伯岩《隋唐五代史》称："唐代丝、茶、瓷及其他土特产品不断输入天竺，并成为帝国对外贸易的主要对象之一；由天竺输入中国的物品，有胡椒、棉花、砂糖、香料和奢侈品等。"而印度僧侣到了唐朝后，也免不了受到饮茶风气的影响。出身于北印度的密教高僧不空活跃于玄宗至代宗朝，受三代帝王恩宠，获得大量赏赐，其中不乏"茶"的身影。如大历八年（773），不空奏请在驻锡的大兴善寺建文殊阁，代宗出库财约三千万数，包括"茶二百串"。在中晚唐的译经、讲法等修功德活动中，皇帝赏赐食料、香、茶、药、钱等物是惯例，甚至会赐下一系列茶具。如贞元四年（788），北印度罽宾（今克什米尔）僧般若主译《大乘理趣六波罗蜜多经》，德宗恩赐钱 10 万文、茶 30 串、香一大合，以充译经院供养，后又赐铜水瓶 1 枚、铁锅 2 枚、三斗釜 1 口、白瓷碗 10 枚、茶瓶 1 枚、新茶 20 串并茶碾子 1 副。

传往阿拉伯地区。

唐朝称阿拉伯为大食。在高宗永徽二年（651），大食遣使与唐朝通好，在此后的 148 年间，共遣使 36 次之多。也有不少阿拉伯商人沿着陆上或海上丝绸之路，前来唐朝贸易，在长安、洛阳、扬州、广州、泉州等城市都有阿拉伯商人的身影，有的人甚至在唐朝定居、任职。9 世纪到过中国和印度的阿拉伯人苏莱曼在《中国印度见闻录》写道：“国王（唐朝皇帝）本人的主要收入是全国的盐税以及泡开水喝的一种干草税。在各个城市里，这种干草叶售价都很高，中国人称这种草叶叫‘茶’。此种干草叶比苜蓿的叶子还多，也略香，稍有苦味，用开水冲喝，治百病。”可见苏莱曼根据所见情形得到几点认识：茶税和盐税一样，已经成为唐朝国家财政的主要收入来源；唐末茶叶的产量很大，比随处可见的苜蓿叶还多；用水冲喝的干草叶似指散茶，而非团饼茶。据他所说，唐末在广州从事贸易活动的海商竟达到 12 万人以上，他们带着香料、珠宝与药物来换取中国的茶叶、丝绸以及丝织品等。

这可通过考古发掘来证明。1998 年，德国打捞公司在印尼勿里洞岛海域打捞发现"黑石号"沉船。据考证，这艘船是在 826 年左右从中国驶往阿拉伯的，经水下考古发掘，最终出水物品达 6 万多件，其中绝大部分是陶瓷器，包括长沙窑、越窑、邢窑、巩县窑，还有金银器和铜镜。因为有一只长沙窑瓷碗上带有唐宝历二年（826）铭文，结合其他器物考证，沉船时间被确认为 9 世纪上半叶。又有一只瓷碗的碗心书写着"荼盏子"字样，荼即茶，说明了最晚在唐敬宗时期，茶已经传向阿拉伯地区。

传往朝鲜。

朝鲜半岛与中国接壤，自汉代以来就与中国有着政治、经济、文化的往来。4—7 世纪中叶的朝鲜半岛上，高句丽、百济和新罗三国鼎立，后来，新罗在唐朝的扶植下统一朝鲜半岛。

从 7 世纪起，茶已经出现在三国时代的文献与碑刻资料中。金立之《崇严山圣住寺事迹碑铭》中有"茶香"字样，收藏于韩国东国大学的《崇严山圣住寺碑片》有"茶香手"字样。《三国遗事》《三国史记》等文献中已有 7 世纪中晚期朝鲜贵族饮茶的记载。

《三国史记·新罗本纪》有关于朝鲜茶文化发展历程的记录，

其云自新罗第 27 代君主——善德王（632—647 年在位）时已有茶，到第 42 代君主兴德王（826—836 年在位）时达到兴盛。善德王是新罗的首位女王，她在位时期与唐亲善，曾派新罗子弟入唐学习，并在高宗征高句丽时发兵相助。兴德王二年（即唐文宗大和元年，827）冬十二月，新罗又遣使入唐朝贡。文宗召对麟德殿，并进行了赐宴。新罗使者大廉归国时从唐朝带回了文宗所赐的茶籽，新罗王命人种植在金罗道之智异山。对此，《三国史记》说茶风"至于此盛焉"。说明由于茶籽的输入，朝鲜半岛开始了自主栽培茶叶的历史，茶文化进入了新的发展阶段。

在新罗宫廷，大多数国王都爱饮茶。第 35 代君主景德王曾请高僧月明师作散花功德，并赐品茶一袋，水精念珠百八个以示嘉奖。他还会在每年三月初三集百官于大殿归正门外，置茶会，并赐茶于民。

饮茶的另一群体是僧人。景德王二十四年（765）三月初三御归正门楼时，有一名僧人背着"樱筒"从南而来。景德王邀请他上楼，看到他的筒里盛着茶具就问他姓名及从何而来。僧人回答说自己叫"忠谈"，每逢重三（三月初三）和重九（九月初九）会向南山三花岭弥勒世尊供奉茶水，现在就是供奉完回来。喜爱饮茶的景德王希望能尝一尝忠谈的茶。忠谈于是煎茶献上，他所煎的茶香气浓郁，很是不凡。此处的"樱筒"可容纳茶具，随身背负，颇像陆羽茶具二十四器中的都篮，而忠谈煮茶的方法也被描述为"烹茶""煎茶"，似乎与唐朝流行的煎茶有些渊源。然而，765年正是唐朝的永泰元年，陆羽《茶经》初稿虽已广为流传，但从此前一年（即广德二年，764）名流李季卿尚分不清煮茶法是陆羽原创来看，很难说忠谈的煎茶法是从遥远的唐朝传来的。若记载属实，说明朝鲜半岛的茶叶煮饮方式更新得很快，但此处的"煎茶"大概率只是备茶的代称而已。忠谈向弥勒世尊供奉茶水的行为倒可作为唐朝佛教以茶礼佛习俗通过遣唐僧侣传播到新罗的证据。

新罗与唐通使120多次，派遣了大量的遣唐使、留学生、求法僧到唐朝，这些人在唐朝待的时间越长，与茶的接触就越深入、越广泛，回国时自然就将茶与茶文化带回了新罗。如前面提到过的大廉，回国时带回了文宗所赐的茶籽，被种植在智异山下。圆仁《入唐求法巡礼行记》中提到过很多他在唐朝碰到的新罗人，这些人滞留唐朝时间长，渐染茶俗，其中有个叫作李元佐的人与圆仁关系很好，当圆仁要离开长安时，李元佐送到春明门，一块儿吃了茶，还慷慨地送了圆仁"绢二匹、蒙顶茶二斤、团茶一串、钱两贯文"作为分别礼。说明新罗人李元佐已经非常熟悉唐人以茶饯行、以茶馈赠的习俗。

　　还有在唐生活了 16 年的崔致远。崔致远，字孤云、海云，生于新罗宪安王元年（857）。自幼聪慧异常，12 岁时秉承父命到大唐求学，6 年后，也就是唐僖宗乾符元年（874）高中进士。众所周知，唐朝的进士非常难考，很多文人熬白了头都不一定能考上，而崔致远这个外国人在唐朝学习了 6 年，就以 18 岁未及弱冠之龄考中了进士，可以说是非常难得了。之后，崔致远留在唐朝为官，混得如鱼得水。他擅长诗文，也嗜茶，俨然与唐朝士子无异。每获新茗，或喜而自饮，或邀人共赏。若得上级、友人赠茶，也会按照惯例，写一份谢茶状或者吟一首致谢诗。《全唐文》中保留了一篇崔致远的《谢新茶状》，其中写道："所宜烹绿乳于金鼎，泛香膏于玉瓯。"描述的就是陆羽所创的煎茶法。当他于僖宗中和四年（884）归国之时，携带的物品中就有茶叶。回到新罗后，他为创建双溪寺的真鉴国师撰写碑文，其中有一句"复以汉茗为供，以新爨石釜，为屑煮之"。真鉴国师也曾在唐留学，熟悉用茶碾将茶碾成茶末，用石釜煎茶的饮茶法。这也是煎茶法在新罗流传的证明。据说，崔致远还写过一本叫《茶谱》的书，惜已失传，不能得见其貌。

　　综上可知，茶文化在朝鲜半岛的传播时间早，范围广，程度也比较深。进入 9 世纪后，新罗人不再满足于从中国输入茶叶，而是开始尝试种茶、制茶；在饮用方式上，入唐新罗人对于唐朝流行的煎茶法非常熟悉，将之传回了朝鲜半岛；在用途上，以茶祭祀、以茶供佛、以茶钱行、以茶馈赠、赏赐臣民、日常饮用，可谓广泛。

传往日本。

日本的茶道享誉全球，几乎成为日本文化的代名词。而它的根，在中国。唐朝是当时世界上最先进的国家，先进的制度、繁荣的经济、灿烂的文化、开放包容的社会风气对周边国家产生了极其深刻的影响，其中就包括一衣带水的日本。从 7 世纪初到 9 世纪末约两个半世纪里，日本先后派出了 10 余次遣唐使团全面向唐朝学习。使团的成分相当复杂，除了代表日本朝廷进行国事活动的使节及随从人员，还有留学生、翻译、医生、祭祀、水手等各色人员。留学生中，除了学习政治法律、文学艺术的学生外，还有求法巡礼的僧人，日本称他们为"留学僧"或"学问僧"。遣唐使中人数最多的是留学生和学问僧，他们的目标也很明确，就是最大限度地吸收唐朝文化，政治制度、文化典籍、书画艺术、语言文字、音乐舞蹈、饮食服饰无所不包，恨不得将各种有助于日本发展的书籍、器物、技术、文化都打包带回。为此，他们活跃于唐朝各地，广泛交游、虚心求教。辗转各地的求法僧人们在这种深入的学习之中，受到了弥漫于唐朝全国上下浓厚的饮茶风气影响，回国时把先进的佛教文化带回日本的同时，也将饮茶风尚一同带了回去，充当了两国茶文化交流的使者。

有学者认为最早将饮茶风尚传到日本的是高僧鉴真，如日本森本司朗《茶史漫话》引言中说："作为文化之一的饮茶风尚，由鉴真和尚和传教大师带到了日本。"开元二十二年（734）日僧荣睿、普照来到中国学佛，后于 742 年专程到扬州请鉴真和尚东渡日本弘扬佛法。鉴真几经艰险，历经 5 次失败，终于在 753 年时第 6 次东渡成功，到达了日本，将大量佛经、雕刻、书法、绘画、医药等文化艺术品带到日本的同时，还将饮茶风尚传到了日本。他在日本创立的唐招提寺内设置"茶所""茶室"。在鉴真东渡时期，茶在扬州寺院里已有流行是有可能的。长江中下游地区是茶叶产地，而扬州是江南地区的物资集散地，是唐代商业最为繁华的城市。但当时的饮茶风气尚没有在全国范围内流行开来，如《膳夫经手录》所言"至开元、天宝之间，稍稍有茶"，也不像《茶经》问世后那样，形成规范化、礼仪化的种茶、制茶、煎茶、饮茶之法。鉴真和尚带到日本的饮茶风尚大概还是在茶中加入各种调味料的茶汤，口感不佳，可能并未引起较为广泛的欢迎。直到之后的求法僧永忠、最澄、空海先后将茶籽与煎茶法带回日本，才在嵯峨天皇在位期间掀起一阵饮茶热。

永忠和尚是日本第一茶僧。他约在 777 年入唐，于 805 年归国，在唐学习了 20 多年。据说，他回到日本后掌管崇福寺和梵释寺，率先引进唐朝的茶礼。根据《日本后纪》弘仁六年（815）四月的一条记载，嵯峨天皇游幸近江国滋贺韩崎港时，路过崇福寺。永忠和尚率领众僧奉迎于寺。之后天皇又到梵释寺。永忠亲手煎茶献给天皇。嵯峨天皇喝到这种美妙无比的茶汤时，兴奋得很，赐予永忠御冠作为嘉奖。两个月后，命令京畿内地区及近江、播磨等地种植茶叶，以备每年进贡。这就是日本的"御茶园"。

最澄，又称"传法大师"，俗姓三津首，幼名广野，日本近江国滋贺郡人。少从近江国师行表高僧出家，后赴南部，在鉴真生前弘法的东大寺受具足戒，并学习鉴真和思托带来的天台宗经籍。最澄在唐贞元二十年（804）时，随第 12 次遣唐使第二船入唐（空海乘坐第一船），先到达明州（今浙江省宁波市），随后前往台州，后跟随道邃、行满学习天台教义。天台山是唐代重要的产茶地，寺院中饮茶之风兴盛。行满更是曾任佛陇寺智者塔院的茶头，主要职责是向佛龛献茶，主持寺院茶仪，为客人奉茶等。在跟随行满学习期间，最澄对唐代茶文化有了深入了解。贞元二十一年（805）三月，最澄计划返回日本（后改变计划，在越州龙兴寺、法华寺修行月余），台州地方官吏及当地名流、高僧等10余人以当时最为流行的茶宴送别最澄。该年五月，最澄从明州出发回到日本，开创了日本天台宗，并将带回的茶籽播种在比叡山日吉神社。至今，日吉神社的池上茶园仍矗立着"日吉茶园之碑"，碑文中有"此为日本最早茶园"这样的句子。根据《日吉社神道秘密记》的记载，最澄不但将从唐土带回的茶籽播种在比叡山，之后还广植于京都、宇治、拇尾等处。

日本还有一位重要的茶人，即与最澄同年入唐求法的弘法大师空海。空海于明州登陆后没有前往天台山，而是辗转来到长安的西明寺，后来在青龙寺跟随密宗大师惠果受法，受密宗嫡传。空海到达长安的贞元末年饮茶之风已经非常盛行，陆羽所创煎茶法在寺院广为流行。空海所居的西明、青龙二寺乃长安名刹，茶事活动必不会少。1985年，中国社会科学院考古研究所西安唐城工作队发掘西明寺遗址，在出土文物中就发现有唐代茶碾。空海在长安深受茶文化的浸染，于806年归国时带回的不只有佛经、佛像、法器、诗文、字帖，还有茶籽，他回国后住持的首家佛寺奈良宇陀佛隆寺里至今保存着其带回的石碾及所植茶园遗迹。

815 年，空海在将梵文及释义文章进献给嵯峨天皇时，一并在附表里写下自己的日常生活："观练余暇，时学印度之文；茶汤坐来，乍阅震旦之书。"震旦是古代印度对中国的称呼。空海此句意为他在阅读梵经、佛典时，常以茶汤相伴。他还在一首感怀诗的序文中写道："曲根为褥，松柏为膳，茶汤一碗，逍遥也足。"面对天皇赐茶，他写信致谢："思渴之次，忽惠珍茗，香味俱美，每啜除疾。"这些文字表明空海在唐朝寺院修行的经历使他不仅养成了饮茶的习惯，还深知茶的功效，更重要的是，空海字里行间流露的是一种淡泊、简约、清净的茶道精神。

美国威廉·乌克斯在《茶叶全书》里这样记载空海传播茶文化的功绩：

"僧侣弘法大师（名空海）从中国研究佛学归去，亦对茶树非常爱好，且见邻国（即中国）皇室及寺院中茶文化发达之情形，深表羡慕，故极思在其本国内造成同样或更伟大之地位。彼亦携多量茶籽，分植各地，并将制茶常识传布国内。"

由于空海对茶叶在日本的种植、唐代茶文化在日本的传播方面起到了巨大的作用，故被称为"日本茶祖"。

最澄、空海两位大师之间还有一则关于茶的小故事。当时空海的法名要高于最澄，最澄非常敬仰空海，就与自己的得意弟子泰范一起接受空海的灌顶，并在其寺院学法 3 个月，还留下泰范继续学习。可是，泰范被空海的学识吸引，竟不愿再回到最澄身边，请求空海让他留下来学习密教。为使弟子回到自己身边，最澄写了封情真意切的信，并赠送茶叶 10 斤给泰范，希望能使他回心转意。但泰范执意改宗，空海就代他给最澄回信说明情况，并劝最澄也放弃天台宗而改习密宗。从此，两位大师交恶，不再往来。我们关心的是，此事发生在 816 年的春夏之交，距离最澄回国已经 11 年，在此期间日本并未派出过遣唐使，说明最澄送给泰范的 10 斤茶叶不是从唐朝带回的，而是日本自己所植。按照籽播法种茶，3 年可采，可见最澄回国后种下的茶籽经过 10 年的生长已形成颇具规模的茶园，但茶在当时应该非常珍贵，所以最澄才通过送茶来表达诚意。

　　由于永忠、最澄、空海等入唐求法僧回国后的大力推广，再加上当时在位的嵯峨天皇极爱唐文化，对茶文化的接受也非常迅速，日本很快迎来了早期茶文化的黄金时期，因其年号"弘仁"，因此被学界称为"弘仁茶风"。京都宫城的东北角建有茶园，设立造茶所，供宫廷和贵族饮用。王公贵族与僧人也时常举办茶会或者互赠茶叶。这一时期种茶、制茶、饮茶之风盛行，茶诗数量也有明显增加。

嵯峨天皇写有多首茶诗。《答澄公献诗》赞颂最澄不畏艰险，远赴唐朝求法，其中"羽客亲讲席，山精供茶杯"一句涉及了茶。《与海公饮茶送归山》中有"道俗相分经数年，今秋晤语亦良缘。香茶酌罢日云暮，稽首伤离望云烟"，言与空海重见时一同品茗、依依惜别的情景。最有名的是《夏日左大将军藤原冬嗣闲居院》：

> 避暑时来闲院里，池亭一把钓鱼竿，
>
> 回塘柳翠夕阳暗，曲岸松声炎节寒。
>
> 吟诗不厌捣香茗，乘兴偏宜听雅弹，
>
> 暂对清泉涤烦虑，况乎寂寞日成欢。

该诗作于日本弘仁五年（814）夏初，嵯峨天皇出席在左大将军藤原冬嗣宅院举办的茶会，参会者还有皇太弟（后来的淳和天皇）、滋野贞主以及诸多王公大臣，可见这是日本上层贵族举办的一次高规格茶会。皇太弟所作和诗《夏日左大将军藤原朝臣闲院纳凉探得闲字应制》也提到了茶："避景追风长松下，提琴捣茗老梧间。"滋野贞主《夏日陪幸左大将藤原冬嗣闲居院应制》亦以茶入诗："酌茗药室经行入，横琴玳席倚岩居。"在夏日傍晚的池塘边，翠柳依依、松声阵阵，带来凉爽舒适之感，茶会的参与者们或吟诗或捣茶或弹琴，泉水淙淙好似把烦恼一并带去，逍遥惬意之情跃然纸上。从捣茶程序、茶会环境到饮茶的感受来看，无不与唐代文人茶会相仿。

弘仁时期茶风浓郁，嵯峨天皇身边的女侍从惟良氏也有一首《和出云巨太守茶歌》：

山中茗，早春枝，萌芽采撷为茶时。

山傍老，爱为宝，独对金炉炙令燥。

空林下，清流水，纱中漉仍银枪子。

兽炭须史炎气盛，盆浮沸，浪花起，

巩县碗，商家盘，吴盐和味味更美。

物性由来是幽洁，深岩石髓不胜此。

煎罢余香处处薰，饮之无事卧白云，

应知仙气日氤氲。

采摘早春茶制成茶饼，再将茶饼放在金炉上炙烤干燥，碾成末。汲取空林下的清泉，用纱漉过滤干净。纱漉就是陆羽《茶经》中提到的漉水囊，是佛教为免误杀水中的小虫而使用的洁水用具，但这种用具在唐人茶诗中很少见，反而出现在日本茶诗中，足见对《茶经》观点的照搬。其后，点燃兽炭。兽炭是一种特制的炭火，属于奢侈品，也是风雅的代表。炭火烈烈、汤水沸腾，浪花四起，这个时候就加入茶末了。再和点吴盐，味道就更美了。盛茶要用巩县的碗才显得正宗有品位。巩县是唐朝有名的白瓷产地，吴盐指的是唐朝江南一带产的盐，对日本来说都是进口货。煎好的茶香气袅袅，意境幽洁，即使是深岩石髓也比不上。饮上一杯茶，好像闲卧在白云之间般悠闲，周身仙气氤氲、如处云端。煎茶的程序与陆羽《茶经》的描写如出一辙，对茶事的相关描写也与唐人茶诗相去无几，这是因为当时的饮茶风尚是由入唐求法僧人从唐朝带回的，尚处于直接引进、模仿的阶段，并未形成日本本土的茶道。这时期的茶事活动只是上层贵族以及留唐僧人中流行的一种风雅之举，尚未普及民间。也正因为如此，当嵯峨天皇于820年退位后，盛极一时的弘仁茶风也归于沉寂。

之后，还有一位茶人，正是我们前面提到了无数次的慈觉大师圆仁。圆仁15岁时师事比叡山最澄，学天台教义。在文宗开成三年（838）六月十三日以请益僧身份随遣唐大使藤原常嗣从日本出发，七月初二于扬州登陆，经楚、海、登、青、淄、齐、德、沛、冀、赵、镇、代、忻、汾、晋、绛等州，及太原、河中府和五台山，于开成五年（840）八月到达唐都长安。中间经历了武宗会昌年间的"毁佛"事件，于唐宣宗大中元年（847）九月渡海归日，前后历时10年。他将旅途见闻写成日记体的《入唐求法巡礼行记》一书，该书不但是研究大唐政治、经济、文化和风土人情的宝贵资料，其中还保存了阎闾乡村乃至大小城市的种种茶事信息，是大唐茶事的鲜活画卷。

在圆仁笔下，巡礼到扬州开元寺、延光寺，海州兴国寺，登州开元寺、赤山法花院、淄州醴泉寺、五台山大华严寺、王子寺、菩萨寺、供养院、金阁寺，镇州黄山八寺，代州竹林寺等，均受到了各大寺院的茶礼招待。到官府办事或官吏宅邸拜谒，地方官员会邀请他"吃茶""啜茶"，或者赠送他茶叶。经过乡镇村落，富裕的人家不但供给斋饭，还会请吃茶，如莱州掖县乔村王家、淄州长山县不村史家、镇州南街村刘家等。他也曾用一斤茶叶向掖县潘村的村民换取酱菜。当圆仁要返回日本时，唐朝的僧俗友人们以茶饯别、以茶馈赠。大理寺卿杨敬之"赐茶一斤"，职方郎中杨鲁士寄送绢二匹、蒙顶茶二斤、团茶一串。这些带回日本的茶除了自用外，想必会与此前的最澄、空海一样，用于献给天皇，或者馈赠亲友。

在平安时代中期（相当于晚唐），日本的茶文化虽然不如弘仁时期那么兴盛，但并未断绝。当时的一些诗文中有不少关于茶的记载。如日本著名的诗人岛田忠臣（823—891）在《乞滋十三摘茶》描绘了采茶的情景：

> 不劳外出好居家，大抵闲人只爱茶。
>
> 见我铫中鱼失眼，闻君园里茗为芽。
>
> 诗行许摘何妨决，使及盈筐可得夸。
>
> 庭树近来春欲暮，莫教空腹犹看花。

诗人闲来无事不爱外出，蜗居在家中与茶为伴。眼看着茶铫中茶水沸腾，微微有声，泛起如鱼目一般的小气泡。听说好友滋十三园中的茶树已经冒出了芽，于是写信乞摘茶。要求不高，摘够一筐就行。就是挺急的，春日将暮，采茶季快过去了，莫叫我空着肚子看着庭院中花开花落。诗写得活泼有趣。"乞茶"是茶诗中的常见主题，孟郊曾向他的好友周况乞茶（《凭周况先辈于朝贤乞茶》），稍晚一些的姚合（《乞新茶》）、北宋的黄裳（《乞茶》）都写过乞茶诗歌，大文豪苏轼亦曾向一位江南的老道人乞桃花茶（《问大冶长老乞桃花茶栽东坡》）。大概于文人而言，"不将钱买将诗乞"，以诗乞茶本就是件风雅而充满趣味的事。岛田忠臣的女婿菅原道真（845—903）也写了多首茶诗。如《八月十五日夜，思旧有感》："菅家故事世人知，玩月今为忌月期。茗叶香汤免饮酒，莲华妙法换吟诗。"《假中书怀诗》："一叹肠回转，再叹泪滂沱。东方明未睡，闷饮一杯茶。"《饮茶》："野厨无酒，岩客有茶。麈尾之下，遂不言家。"菅原道真的诗中带着惆怅之意，在这种烦闷、落寞的时候，以茶代酒，以茶破闷的情怀与唐代文人可谓一脉相承。

随着日本宽平六年（即唐昭宗乾宁元年，894）停止派遣遣唐使，日本与唐朝的外交关系暂告断绝，茶文化的交流也就停止了。此后，唐朝方面处在唐末五代的动乱之中，日本也趋于闭关锁国，致力于发展本土文化。两国的茶文化交流要到南宋才重新加强。

尾 声

千年茶圣

不知当陆羽垂垂老矣时有无想起年少时那句掷地有声的"终鲜兄弟，无复后嗣，称为孝乎"，终其一生仍是形单影只，孑然一身。以陆羽的名气并非没有机会娶妻生子，成家立业，只能解释为比起血脉的流传，他有了更加明确的、坚定不移的目标——茶道的永恒。

事实上，陆羽在当时已被称为"茶仙"，祀为"茶神"。耿沛赞其"一生为墨客，几世作茶仙"，元人辛文房《唐才子传》称陆羽时号"茶仙"。据《唐国史补》载，晚唐江西某驿吏迎接刺史视察，来到酒库，门外画有一神，刺史问何神，对曰："杜康。"来到茶库，又画有一神，对曰："陆鸿渐。"然后来到酱菜库，门上复有一神，问何神，对曰："蔡伯喈（蔡邕）。"刺史听后大笑（因"蔡"同音"菜"）。传说杜康善酿酒，被后世尊为酒神，陆羽因善茶被视为茶神，而蔡邕一代文章大家，因姓氏谐音被小吏当作菜神，刺史是故大笑。可见，陆羽已被视为茶业的保护神。又有河南巩县盛产瓷器，做瓷偶人号"陆鸿渐"，茶肆往往会放一个"陆鸿渐"来保佑生意兴隆，要是生意不好，就会烹茶灌偶人，以此来祝祷大吉大利、招财进福。

入宋以后，陆羽声誉愈隆。两宋文人充分肯定陆羽对茶业的功绩，并将其视作茶事与茶文化的代名词。如陈师道认为，"茶之著书自羽始，其用于世亦自羽始"；梅尧臣说，"自从陆羽生人间，人间相学事春茶"；范仲淹盛赞建溪茶，拉唐代两大名茶人背书，"卢仝敢不歌，陆羽须作经"；苏轼在饮用虎跑泉水点试的茶汤后，道"更续茶经校奇品，山瓢留待羽仙尝"；陆游因与陆羽同姓，便视茶事为"家风"，吟"遥遥桑苎家风在，重补茶经又一编"，又道"桑苎家风君勿笑，它年犹得作茶神"。元人方回亦云："茶之兴味，自唐陆羽始。今天下无贵贱，不可一晌不啜茶。"明太祖朱元璋第十七子朱权评价："（茶）始于晋，兴于宋，惟陆羽得品茶之妙，著《茶经》三篇。"又说："羽之功，固在万世。"陈文烛甚至将陆羽作比五谷之神后稷，认为陆羽辨水煮茶而天下知饮的功劳不下于后稷种植五谷而天下知食。

在日本，冈仓天心《茶之书》称陆羽是"第一个茶的改革家"，指出"诗人陆羽从饮茶的仪式中看出了支配整个世界的同一个和谐和秩序，在他的伟大著作《茶经》中，他制定了茶道。从那时起，他就被崇拜为中国茶商的保护神"。美国茶学家威廉·乌克斯也称陆羽为茶业界崇奉之祖师，"无人能否认陆羽之崇高地位"。

《茶经》的影响亦是深刻、悠远。唐代以来《茶经》版本甚多，据学者沈冬梅考证，自宋代至民国，传今可考的《茶经》版本共有 60 多种。在海外，则有日、韩、德、意、英、法、俄、捷克等多种语言文字的译本，尤以日本流布最广，有 20 多种版本。这些现象是极为罕见的，除了少量儒家和佛道经典外，没有什么其他著作能像《茶经》一样被翻刻、重印如此众多的次数，也没有哪部著作能像《茶经》一样被翻译成如此众多的文字，流行于如此广泛的范围。

历代为《茶经》作序跋者也多得出人意料，可考者凡 18 种，分别是唐皮日休《茶中杂咏序》、宋陈师道《茶经序》、明鲁彭《茶经序》、明童承叙《童内方与梦野论茶经书》、明吴旦《茶经跋》、明汪可立《茶经后序》、明李维桢《茶经序》、明陈文烛《茶经序》、明徐同气《茶经序》、明王寅《茶经序》、明张睿卿《茶经跋》、明乐元声《茶引》、清曾元迈《陆子茶经序》、清王淇《重刊陆子茶经跋》、清徐篁《茶经跋》、清张莲涛《茶经小序》、民国常乐《陆子茶经序》、民国新明《茶经跋》。历代诸家在序言中分别从《茶经》的意义、饮茶之风的盛行、陆羽的地位、对后世的影响等各个方面对陆羽进行了高度评价。

关于陆羽的研究亦是方兴未艾，自 20 世纪 80 年代以来，关于陆羽生平、思想、性格、情感、交游、行迹、形象、所处时代、茶学成就等各个方面的研究著作与论文不断涌现，《茶经》更是其中的重头，解读、译注、介绍、研究等方面的成果蔚为大观。

倏忽千年，多少王侯将相、风流人物早已是历史长河里的明日黄花，而龙盖寺的孤儿却跨越了时间、跨越了空间，成为古今中外吟咏不已、怀念不止的奇迹。时至今日，仍有多少茶人从《茶经》中汲取新意，有多少茶商顶礼膜拜陆羽像，有多少学人在研究陆羽、研究《茶经》，又有多少茶道爱好者踏上旅途，寻访遍布于全国的陆羽遗迹。

陆羽一生堪称奇迹，行文到此，以明人李维桢在《茶经序》里的评价作为结尾：

鸿渐穷厄终身，而遗书遗迹，百世下宝爱之，以为山川邑里重，其风足以廉顽立懦，胡可少哉！

后 记

　　2022 年 10 月底，耿元骊教授约我参加一套名为"唐朝往事"系列的通俗读物丛书，负责其中"茶圣"陆羽的传记写作。我自然十分愿意承担这一任务，却不免有些惶恐，在此之前，虽有参与撰写图书的经历，却没有独立承担过一本书的撰写，深恐自己难当此任。但是，在收集资料的过程中，我很快就被其貌不扬却精神可嘉的陆羽吸引了，想要向读者展现陆羽及其所处时代的愿望越来越强烈。

　　这是一本普及型读物，主编耿元骊教授确定的原则主要有两